文艺与国家形象的建构传播：

——"第三极文化"论丛

（2023）

主　编　黄会林

副主编　向云驹

　　　　罗　军

　　　　刘江凯

北京师范大学出版集团

BEIJING NORMAL UNIVERSITY PUBLISHING GROUP

北京师范大学出版社

图书在版编目(CIP)数据

文艺与国家形象的建构传播 / 黄会林主编. – 北京：
北京师范大学出版社，2025.5.--（"第三极文化"论
丛）. -- ISBN 978-7-303-30762-3

Ⅰ.G125

中国国家版本馆 CIP 数据核字第 202520Y1Z4 号

WENYI YU GUOJIA XINGXIANG DE JIANGOU CHUANBO

出版发行：北京师范大学出版社 https://www.bnupg.com
　　　　　北京市西城区新街口外大街 12-3 号
　　　　　邮政编码：100088

印　　刷：北京虎彩文化传播有限公司
经　　销：全国新华书店
开　　本：787 mm×1092 mm　1/16
印　　张：19.75
字　　数：283 千字
版　　次：2025 年 5 月第 1 版
印　　次：2025 年 5 月第 1 次印刷
定　　价：80.00 元

策划编辑：王则灵　　　　　　责任编辑：朱前前
美术编辑：李向昕　　　　　　装帧设计：李尘工作室
责任校对：郑淑莉　　　　　　责任印制：马　洁

内容简介

　　本书围绕"文艺与国家形象的建构传播"主题展开，收录了中外学者的相关讨论文章近40篇。这些论文具体分为文艺与国家形象的建构、中国文化的天下情怀、中国电影的国际传播、中国文艺与国家形象的建构、当代中国文化的生成经验五部分展开，相关讨论涉及中国文化、影视、艺术、文学等不同学科领域。

代序
掌握历史主动，展示真实、立体、全面的中国

　　党的二十大，是在全党全国各族人民迈上全面建设社会主义现代化国家新征程、向第二个百年奋斗目标进军的关键时刻召开的一次十分重要的大会。党的二十大报告，全面回顾总结了过去五年的工作和新时代十年的伟大变革，科学谋划了当前和今后的一个时期党和国家事业发展的目标任务。我们在北京师范大学召开中国文化国际传播研究院第13届年会，即文艺与国家形象的建构传播国际论坛，就是要把思想和行动统一到党的二十大精神上来。推进文化自信自强、掌握历史主动，向世界展示真实、立体、全面的中国，为打造与我国综合国力和国际地位相匹配的国际话语权献计献策。

　　因此，我分为三个方面进行论述。

　　其一，掌握历史主动，就要坚定文化自信自强，牢固中国文化主体意识。文化主体意识，是指作为特定文化主体的民族群体及其成员对本民族文化传统的集体认同与尊重遵循，对本民族文化价值的坚定信仰和坚强信念，对本民族文化基因的自觉延续与改良优化，对本民族文化发展趋势及良好前景的理性把握和憧憬，以及对外来文化的科学鉴别与积极吸收。一段时间以来，一些文艺作品充斥拜金主义、享乐主义、极端个人主

义，严重侵蚀了民族精神；一些理论评论脱离文本、佶屈聱牙，以西方话语剪裁中国审美；一些消费主义包装下的"洋节"登堂入室，而承载着悠久文明的中国传统节日被淡漠遗忘……这些现象的背后，都有文化自卑心理的影响。与文化自卑心理相反，文化自负心理将带来文化上不加辨别的全盘因袭、故步自封与因循守旧。文化自卑与文化自负，都是对自身文化的误读，而文化自信自强，是基于对中国文化的全面体认。优秀的中国文化不仅为文艺批评打下了扎实基础、确立了符合中国人审美的标准，而且为文艺作品注入了活的灵魂："澄怀味象""传神写照""外师造化，中得心源""陈言务去""辞必己出"等美学命题，至今仍富有审美价值判断的充沛生命力；《唐宫夜宴》《端午奇妙游》《中秋奇妙游》《只此青绿》等作品的走红，也释放出文化自信自强的有力信号。

其二，掌握历史主动，就要把握好国际舆论引导的主动权。"人生天地间，长路有险夷。"身处百年未有之大变局，保护主义、单边主义上升，世界经济低迷，全球产业链供应链因非经济因素而面临冲击，国际经济、科技、文化、安全、政治等格局都在发生深刻变化，世界进入动荡变革期，各种矛盾交替出现、不断升级，对经济全球化与多边合作带来冲击与影响。

中国取得的伟大成就以及中国在国际各个平台对国际事务作出的积极贡献是有目共睹的，在促进人类发展和捍卫世界和平方面，中国发挥了举足轻重的作用。然而美国民调机构皮尤研究中心2024年7月发布最新报告称，高收入国家对中国的总体好感度相对负面。这也从一定程度说明，以美国为首的西方国家对中国进行战略打压，其话语体系中对中国的排斥态度没有根本性改变。在西方的宣传叙事下，中国站在它们意识形态的对立面。西方国家对中国也往往带有偏见，难以接受中国经济发展的客观事实。这表明国际社会受众获取中国新闻的渠道在很大程度上依赖于西方主流媒体，中国国际形象塑造在很大程度上是依赖于"他塑"，而非"自塑"。面对国际局势的急剧变化，我们"务必敢于斗争，善于斗争"，在斗争中扭转国际传播领域"西强我弱"的过往局面，维护国家尊严和核心利益，牢牢掌握我国发展和安全主动权。一方面，我们应围绕中国式现代化的丰富内涵与世界贡献积极设置议题，对西方国家炮制的谎言及时揭穿，以有风骨、敢亮剑、接地气的新语态阐明立场、讲明真相；另一方面，随着一大批区域、次区域经济合作组织的出现，我们应进一步同其他新兴市场、发展中国家建立起区域内的信息传播合作关系，积极带动国际舆论场共同发出正义之声，为全球治理提供正能量。

其三，掌握历史主动，就要充分调动自身主观能动性，做文化"两创"的先行者，文明互鉴的领路人。经过几代学者接续努力，中华文明探源工程等一系列重大研究成果，实证了我国百万年的人类史、一万年的文化史、五千多年的文明史。如何让收藏在博物馆里的文物、陈列在广阔大地上的遗产、书写在古籍里的文字"活"起来，进一步提升中华文化的影响力、感召力？致力于中国文化国际传播的工作者大有可为。我们不仅要推动中华优秀传统文化的创造性转化、创新性发展，如近年来《国家宝藏》《典籍里的中国》《中国考古大会》《古韵新声》《遇鉴文明》等一系列活化文化遗产的精品节目让文明信物飞入寻常百姓家，而且要通过各国文明的交流互鉴，积极构建人类命运共同体，最终以文明交流超越文明隔阂，以文明互鉴超越文明冲突，以文明共存超越文明优越，弘扬中华文明蕴含的全人类共同价值。

牢固主体意识、把握话语主动权、调动自身的主观能动性，其目的都在于以历史主动的姿态对外展示真实、立体、全面的中国。2016 年，北京师范大学中国文化国际传播研究院成功申报了国家社科重大课题"当代中国文化国际影响力的生成研究"，经过课题组为期 5 年的共同努力，取得了各项相关理论性成果与实践性成果：5 年500 部"看中国·外国青年影像计划"中英双语文化纪录短片、157 个国际性奖项、高水准论文近 30 篇、出版重大课题相关图书近 15 部……这些沉甸甸的成果背后，离不开各位秉持历史主动姿态、积极致力于提升中国文化国际影响力的新老朋友。

未来，面对多变的国际局势，中国文化对外传播之路不可能是一帆风顺的，甚至还需要准备经受惊涛骇浪的重大考验。但我想，越是这种情况就越需要我们大家怀有"不管风吹浪打，胜似闲庭信步"的定力、心态、智慧与胸襟，始终坚持把我们自己的事情做好，努力在危机中育新机、于变局中开新局。

北京师范大学资深教授，中国文化国际传播研究院院长

黄会林

目 录
CONTENTS

第一辑
文艺与国家形象的建构

作为人类经验审美化的中国文明

[美]安乐哲

　　《易经》中清晰呈现的中国早期宇宙观是一种唯美主义，这一世界观也是广义儒家哲学传统，以及更具体的儒家角色伦理的阐释域境。用英国数学家、逻辑学家怀特海的话来说，儒家宇宙观之所以是一种审美秩序，而不是一种还原论、逻辑或理性秩序，是因为它是具有活力的、整体的、无边界的、包容的。

　　在怀特海看来，与审美秩序相反，逻辑秩序始于细节本身，并逐渐发展出一些抽象原则，即逻辑建构（理性、物质、意志）过程，这些抽象原则（从而"理性化"）的这些细节，形成单一秩序。用怀特海的话来说，"（逻辑秩序）注重抽象细节，允许抽象统一"。

　　另外，在审美秩序中"存在一个揭示其所有组分的整体"①，其中：

　　整体先于细节，然后分辨细节。就在这一瞬间，这些细节通过对整体产生的效果对我们施加影响。

　　在这种早期儒家宇宙观的"宇宙"中，我们首先陶醉于未分化的整体之美，之后开始欣赏合力产生整体效果的具体细节本身。这就是说，在模式化秩序的世界中，没有任何单一秩序占据优势，

---

① Alfred North Whitehead (1938). *Modes of Thought*, New York, Free Press, pp. 60—61.

所有事物，或者更准确地说，所有"事件"——无一例外，不仅被视为在宇宙秩序的各个层次产生对位和谐的参与要素，而且发挥其独特作用，与周边细节合作，生成其他事件。

在解释审美秩序概念时，首先我脑海中浮现出的情景是欣赏郭熙的《早春图》。一开始我被整幅画的美感所征服。这种审美享受也是身处不同时代和境遇的鉴赏家在欣赏这幅图时被激发的感受。然后我们开始仔细欣赏画中的每一个具体细节，这些细节相互映衬，共同产生了这种幽深迷离的整体效果。

通过细节与整幅画作的关系来欣赏画中细节创造了一种全息审美，《早春图》的整体效果体现在各个具体细节中，并且可以从具体细节中检索出来。同样，在《易经》的世界观里，任何特别的存在都在一定程度上与其他一切事务的构想有关，从这个意义上来说，存在的独特性体现了无边界的整体。同时，这种"混沌的"整体效果总是从一个或另一个特定角度进行解释的。

儒家角色伦理是这种宇宙观的必然结果，是一种伦理唯美主义。它记录了共同构成了"人"的所有关系，这些关系在一定程度上与这个人持续不断并且不断演变的叙事身份所体现的整体效果息息相关。这一道德生活的愿景激发了生命关系的整体、无边界和嵌套性质，以及对"人"的全息概念，因为人是采用焦点-领域术语，而不是部分-整体术语进行定义的。

"礼"通常被翻译为"ritual""rites""customs""etiquette""propriety""morals""decorum""rules of proper behavior""worship"等词。在适当的语境下，这些英文单词有时可以表达"礼"的部分含义。然而，在古汉语中，"礼"在所有情况下都包含上述所有单词的意义，并且在具体语境下侧重于不同含义。我选择将"礼"翻译为"在角色和关系中追求举止得体"。这一表达是我反复推敲的结果。

在正式语境中，"礼"是被赋予意义的家庭和社会角色、关系和机构，促进沟通和交融，进而构建亲密社区的总和。"礼"的范围很广泛，包括所有正式行为，从餐桌礼仪到问候和告别、毕业典礼、婚礼、丧礼，从谦让姿态到祭祖。所有这些都属于"礼"。

　　总的来说，礼是一种社会语法，为每个成员在家庭、社区和社会中提供一个明确的位置、地位和角色。"礼"是代代相传的生命形式，作为意义的储存库，让子孙后代能够践行并捍卫这些价值观，并根据他们的具体情况进行适当调整。

　　虽然一个人在个人角色和关系中举止得当明显存在一个正式和冗余的度，但是这些活动在定义家庭和公共生活方面的主要优势仍然在于那些非正式、个人和特定的方面，而这些方面有助于实现真正有意义的经验，并且对于实现这类经验必不可少。

　　这些"礼"有一个深刻的躯体维度，即，在传达谦让姿态（这是加强参与各种生命形式的人们之间的联结的必要要素）方面，社会和人们的身体语言往往比口头语言更高效。"礼"还有一个重要的情感方面，情感渗透，加强我们所有的关系活动，为公共结构提供一种抗压韧性，可以抵御相关生活中不可避免的张力和破裂。

　　通过践行"礼"来追求雅必须根据参与深刻审美项目的各个参与者的独特性来理解，这些参与者希望成为卓越的、无法效仿的人。"礼"也是一个自我表达过程——培养和展现一种文雅气质、一种态度、一种姿态、标志性风格，以及最终一种持久而独特的身份。

　　对孔子本人而言，"礼"是一种坚定的个人表现，展示了他对自身和所属社区的价值。

　　礼是一种公共话语，通过"礼"，一个人可以成为并表明自己在品质上作为一个独特个体，一个完整的人，他所做的一切都是为了所有人包括他自己的利益。重要的是，践行礼涉及方方面面，没有任何松懈空间。践行礼要求孔子在每一时刻，在做每一件事时，高度关注每一个细节，从宫廷社交活动到睡觉姿势，从待客之礼到独处时保持端庄整洁，从正式用餐礼仪到交朋会友。

　　区别包容性和整体性儒家角色伦理与更形式化、还原论的基于原则的伦理理论的一种方法是，说明在儒家道德视角下，经验的特定、非正式和情境化方面并没有被轻视或边缘化，而且在事实上仍然具有核心重要性，地位相当于可用于最大化特定人类活动的生产成果的资源。

这一审美维度——伦理学对雅和道德艺术性的需求——是理解人类行为整体不可或缺的要素，即生活经验的方方面面或多或少具有相关性，因此，在一定程度上可用于决定有价值的结果。正是因为儒家角色伦理的道德视角与协调经验的各个方面促进实现整体效果有关，它所呼吁的规范语言和所追求的秩序感从根本上来讲是审美秩序。

在儒家典籍中，整体效果本身往往被表达为真实和虚假、坦诚和伪饰，而不是对与错、善与恶等理性化语言。礼与道德之间存在一种感知的、不可分割的关系，而卑鄙与不道德之间也存在这种关系。

例如，当被问及"孝"时，孔子坚持认为，这一道德责任不能通过正式规定的重复性活动来履行，这些活动可能会被解读为二元的对与错，"孝"应当取决于行动时表达的具体态度。

在伦理学中，粗鄙和不道德在表面上是有区别的。

然而，在孔子看来，它们只是不同程度的不恰当行为、有损人格且有害，在这一连续体上，个人回应不当不仅仅是不礼貌，而是道德责任缺失。由于道德本身也不过是一种有助于加强关联的行为方式，任何可能破坏家庭或社区结构的行为从根本上来讲都是不道德的。考虑到行为不当的人对社区造成的负面影响，我们会发现生活方式具有至关重要的意义。

此外，当我们思考魅力和风度与构建整体适宜并得体感的相关性时，我们就会发现仁慈亲善的重要性。道德远远不只是形式正确，更重要的是体现在我们与他人闲谈时的风度和举止。

这种审美在儒家哲学的各个维度都处于核心地位。宇宙论唯美主义为这些典籍提供了阐释域境。从目的论上来讲，追求优化共生（"和"）的价值是这一宇宙论中心意义的最终来源。的确，正是这种对"和"的追求，使得家庭制度通过对家庭成员提出最终要求，成为生活文化代际传递中的具有支配力的隐喻。

当这种审美秩序被延伸到儒家伦理中时，它就变成了我们所扮演的角色对道德生活的整体愿景。它是理性伦理学理论的另一种选择。理性伦理学理论基于对先验原则、价值和美德的呼吁。

作者系国际儒学联合会副主席，北京大学博古睿讲席教授

不同面孔下的同心

吴为山

人类的生命本源是共同的，最终理想也是共通的，这种认知可追溯到公元前 2 世纪丝绸之路的开辟，13 世纪马可·波罗东游，15 世纪末哥伦布横渡大西洋发现美洲大陆，16 世纪初远航，人类不断打破地理限制，进行科学探索与人文交流，促进了世界文明与和平。实际上人们的交流在国家与国家、民族与民族、人民与人民之间，是十分重要的。

习近平总书记在党的二十大报告中提出，坚守中华文化立场，提炼展示中华文明的精神标识和文化精髓，加快构建中国话语和中国叙事体系。讲好中国故事、传播好中国声音，展现可信、可爱、可敬的中国形象。同时强调，深化文明交流互鉴，推动中华文化更好走向世界。

中华文化走向世界，要通过艺术的具体形式和文化载体进行传播，探索出一条向世界传播中华文化的有效途径。

近 30 年来，我创作了 600 多件雕塑立在中国和其他国家的土地上。情感的融汇，思想的共通，价值的共鸣，需要文化交流。而文化交流的本质是心与心的交流。我们要用美向世界传播中国声音，在相互尊重中以对话的方式，把中国文化走出去变成中国文化被请过去，使中国文化的独特价值为世界所共享，在构建人类命运共同体的过程中提高中华优秀文化的影响力。

高达 4.5 米的孔子塑像立于巴黎广场，由此这座广场也被命名为中国广场。孔子不仅教我们怎么样做人，而且教我们怎样理政，可见孔子为政以德譬如北辰的思想反映了全人类共同的价值。2019年，雕塑《超越时空的对话——达·芬奇与齐白石》在意大利艺术研究院揭幕，这个雕塑灵感来自 10 多年前我在意大利威尼斯访问，于烟雨朦胧中乘船时突发奇想，产生了超越时空的东西方文化代表在人类文明长河中共同产生的意象。这件作品塑造的是欧洲文艺复兴巨匠达·芬奇与中国近现代大师齐白石的像。达·芬奇的写实、齐白石的写意，分别代表着西方与东方的审美追求，预示着两国话语时空文化艺术交流。雕塑达·芬奇长发如瀑，手指向上，表现对科学和理性的尊重。齐白石手举手杖，该姿态有着"扶摇直上九万里"的气势。在我的眼里手杖是一条线，上连天下接地，象征着中国的文化观、宇宙观，也连接着东方、西方，它也象征着丝绸之路上一条友谊之线。达·芬奇和齐白石生活的年代相距数百年，他们之所以能在一起对话，完完全全是艺术的精神、人类的情感。

希腊文学巨匠卡赞扎基斯有一句名言，苏格拉底和孔子是人类的两张面孔，面具之下是同一张人类理性的面孔。在新的历史时期，面对世界格局的多种变化，需要从人类文明的高度寻找国与国之间深度理解的方式。

2021 年 9 月，青铜组雕作品《神遇——孔子与苏格拉底的对话》在希腊雅典的古市集遗址揭幕，希腊总理在致词中表示，神遇组雕反映了中西文化虽然不同，但是具有超越时空的共同价值观。市集是古希腊时期政治、宗教、文化等方面互动交流的重要场所，苏格拉底曾多次在此讲学，向世人阐释他的哲思，具有重要的历史和人文价值。苏格拉底身着古希腊经典男装，饱含深情地滔滔不绝地讲述。而孔子温文尔雅，如沐春风，向苏格拉底做交手礼。神遇组雕象征着中西文化交流融合进入新的阶段、新的模式。

2021 年 11 月 14 日，应日本长崎县邀请，我创作的雕塑《隐元禅师像》在日本长崎揭幕。这个也是具有特别意义，因为隐元当年不畏艰难地到日本传播中国文化，所以受到日本人民的尊重。长崎县的知事表示此像将成为日本与中国友好交流的新象征，不仅可以让更多日本民众和海内外游客了解这一段中日交流历史，而且寄托了双方以艺术为桥梁，温暖民众心灵，增进中日人文交流，拉近人文纽带的美好祝愿。

2022 年 7 月 20 日上午，我创作的雕塑《鉴真像》在日本东京落成，永立于上野公园。东京都知事在揭幕仪式上致词表示，鉴真大师克服重重困难东渡日本，对日本文化产生了深远影响，今天吴为山先生的雕塑立于上野公园，这是日本人民的幸福。象征中日友好的大熊猫也生活在上野动物园。相信鉴真像落户上野公园将为中日深化友好交流构筑美好未来，发挥新的作用。

隐元、鉴真，他们的外貌在时间的流逝中，逐渐被他们的精神所取代，留在人们生活中，他们所传播的文化形态和精神价值在日本产生深远影响。这两尊塑像的落成，在日本引起热烈的反响，他们刻载到中华文化的立场里，在日本人民的心中也化为最美好的形象，永远耸立于有着 400 多年历史的兴福寺和最著名的东京上野公园，表达同样的一颗心，那就是人类的幸福和美好。

文明对话还要深入研究不同程度的文化传统、价值取向和接受心理，因地制宜，因人制宜，这是价值的双向交换，也是推动人类文明进步和世界和平发展的重要动力。我认为文化交流的本质在于三个一：一张脸、一颗心、一个魂。一张脸是指民族国家的文化特征；一颗心是彼此坦诚真挚温和之心；一个魂是共同珍爱维护世界和平之魂。只要人与人之间面对面、心连心，就能心相应、脉相连，在人类共同命运的海洋里相互依存，扶助共行。

作者系中国美术馆馆长、法兰西艺术院通讯院士

所谓"中国威胁"，并不存在

[德]顾　彬

最近德国总理提到划时代的转折点（Zeiten-wende），他的观点①，我不同意。汉学家在柏林的一个会上专门谈到所谓的西方人目前怎么看中国，总的来说，现在的世界已经经历了三个阶段。第一个是古代，无论是古代中国还是古代希腊，他们的哲学基本是从伦理开始。第二个是欧洲18世纪以来的现代性，也是我们一直以来看到的世界。今天我们已经走入第三个社会，即后现代性社会。这个时代我们好像走入了一个新的社会，不论是欧洲人还是美洲人，在心态上都发生了很大的变化。我们似乎都习惯于从情绪和道德上来谈我们周围的社会和变化。

在现在的一些德国人看来，或者也可以用西方新闻界的话来说，比如一个非常重要的德国纸媒的代表，认为我们现在不是在做我们该做的事，而是把通胀放在事业的中心，因此我们老在否定。否定谁呢？比方说中国。因此有些人，具体是谁我不多说，还对丝绸之路的内容争论，认为丝绸之路没有给整个世界带来好处，这些观点我是反对的。德国等欧洲国家、美国，现在的问题在哪

①　德国总理的观点指现在中国与德国的关系，中国与欧洲的关系，中国与美国的关系等正从好走向坏，从近走向远。德国政府内各党派都主张与中国疏离、切割，甚至反对德国总理访问中国。但德国经济界反对德国政界的这种观点和做法，目前德国正在寻找一条与中国经济合作的道路，同时把目光和投资转向越南、印度、印度尼西亚、新加坡等国家。

里？我们基本上都是以我们自己的价值来看其他国家，特别是欧洲以外的民族文明。另外，我们老把自己的利益放在思考的中心，因此会在柏林看到一个问题，什么问题呢？人权是好事，但是好像我们把人权延伸了，因此中国批评我们在人权问题上搞双标是对的。现在也有不少德国人同意这个观点。

媒体总是努力影响着人们的看法。比方说，对中国，我很清楚德国的杂志关于中国的报道。20 世纪 50 年代我们看了一部美国电影，电影讲述了一个中国人的目的就是占领世界，这现实吗？如果我们现在看德国新闻的话，会发现似乎又出现了一个这样的中国人，我们盲目相信某个博士之类的人物，同时也盲目相信美国的宣传。我们应该对这类观点持怀疑态度，媒体避免与汉学家见面，政治家们也不愿参考我们的知识，因为他们知道，如果他们能正确地采纳和接受我们关于中国的看法，他们就不能再继续沿用他们原来那一套对中国的理解和说辞了。

无论是美国还是德国，说中国代表一种威胁的论调，我都不同意。中国对我来说代表着一种帮助，对世界的帮助，也包括德国在内。如果我们还是继续坚持"中国威胁论"的话，说明我们不再是强者了，我们是弱者，那么我们应该怎么办呢？

怎么能够帮助中国在德国甚至西方提升中国的形象呢？我认为在德国有不同的方法，在新闻业者角度看来，我们的记者需要的是德国的说法，他们每个星期都要通过各种报道来驱赶中国。而我们汉学家不少是从德国学习哲学转来的，包括我在内。我认为解决所有问题唯一的方法就是对话。但是这个对话，很可惜有一些西方国家，有时候也包括德国在内，他们不愿意参与。如果我们不能保持见面进行对话，我们的世界就会面临更多的混乱。

作者系德国波恩大学荣休教授，中国汕头大学特聘教授

文字的诗性功能，以汉字为例

[法]白乐桑

　　我曾经对汉字做过这样的概括，汉字应该是建立第二文字的语言教学论体系的一个重要单位。汉字也是汉语独有的一个语言教学单位，也是一个语义单位和组合单位。对汉语二语学习者来说，汉字也是一个记忆单位，有必要向学生提供一些记忆依据、记忆方法。最后两个层面的意义是，汉字是中华文化之根、世界文化的根本，还有汉字是一个美学单位。我今天讲的诗性功能与最后一个层面的意义相吻合。

　　在湖南长沙的橘子洲景区里，有一块诗词碑，上面刻着毛泽东的一首词《沁园春·长沙》。乍一看，这个石碑上的文字可能看不清是什么，走近了以后就会发现，这是草书，甚至是有一些狂草色彩的一首词。如果现在给大家看正楷版本，那么有人可能会认出是毛泽东的那首词。问题在于这首词的版本和石碑上那首词的版本到底有什么本质上的区别。这是我今天的一个话题。我觉得后者是展现并发挥了中国文字的诗性。

　　先回到著名语言学家雅各布森(Roman Jakobson)关于语言功能的理论，他论述了日常语言沟通的六个组成因素及其表现出的六种相应功能。这些因素是说话者(发出信息的一方)、受话者(接触信息的一方)、语境、信息本身、交际，最后就是代码。代码是沟通双方共享的编码。言语信息会有多元言语功能，而不止一个，可其中一个会占据主导地位。对应的功能有指涉功能、表达功能、意动功能、互动寒暄交流功能、元语言功能、诗性功能。

第一是指涉功能。指涉功能牵涉外界背景所指的事物或事实。这一功能是集中在内容本身，比如说"今天天气好，不太热，23摄氏度"。第二是表达功能，就是把重点放在情绪，是表达说话者的情感，如"哎呀，天气真好！"。第三是意动功能，表达对受话者的要求，像命令、广告等，如"你看，天气多么好"，这个"你看"会反映出意动功能。第四是互动寒暄功能，比如说"行行行行"，就是跟对方保持联系的。第五是元语言功能，是语言用于描述自身的功能。比如"我说张老师是张明老师，弓长张那个张"，这是对语言的解释。"就是说"就是典型的元语言形式的表现。第六是诗性功能，即审美功能、美学功能，把重点放在语言的形式上。我认为，由于汉语的特殊性，诗性功能也应该涉及文字的形式，把语言或文字当成一个美观事物。比如说"四十不是十四"，显然这不一定把重点放在内容上，而是放在语音上，要辨别出语音的不同。作为学习者接触过这样的，就是所谓的诗性功能。诗性功能不一定完全是美观，而且不一定跟诗歌有关。文字游戏、笑话当然也属于诗性功能的表现。我认为说到中国文字，书法显然是中国文字诗性功能最独特的表达形式。所以尊重汉语的独特性是区分汉语的诗性功能和汉字的诗性功能。

另外，语言的诗性功能越强，就越偏离使用目的，而指向自身的形式因素，如音韵、词语的色彩、语体等。毛笔字，有的写法很难界定到底是什么。是语言，是文字，还是绘画？比如说，陈德宏先生的一幅水墨画，它只是水墨画还是只是一个汉字？其实都可以考虑。比如，水墨画马，呈现的是"马"这个字，还是一匹马？这是用中国传统水墨画的形式来表现的，其实都可以考虑。再比如，北京的一家用书法艺术展示名字的饭店，显然是显示出其诗性功能，不只是提供一些文字上的信息。

书法是中国文字的诗性功能最典型的例子。无论是书法的各种书体，包括日语假名的审美功能，还有类似于标志（logo），当前生活中，文字和商标之间的界限很难划分。其实都是反映了某一个特定字的诗性功能。比如大家比较熟悉的这些用剪纸做的寿字、双喜字、福字，重点显然不在于信息，不仅在于简单的指涉功能，而且其中也在于发挥中国文字所特有的诗性功能。双喜字是汉字还是福牌，答案其实应该是多元的。还有中国街头或公园独有的情景和现象，即所谓的"地书"，到底应该如何归类？将其归类为书法是大家应该能接受的看法。属于街头艺术的一种吗？本人可以接受。这也算是一种晨练吗？我觉得都可以接受。因此用诗性功能概念能涵盖这种多元性。

中国的一些自然现象也可以体现出文字的诗性功能，有的是跟视觉反应有关系的。中国采奇石和赏析奇石的传统也与之有关，奇石属于自然资源。然而西方哲学一直把自然和文化对立起来，中国文化可能不然，可能倾向于天人合一，倾向于像刚才所说的，就是自然与文化合一的。

可以作为一个起点来更好更深入地了解中国文化国际影响力与美学之间的交汇的一个很好的例子，就是欧洲 19 世纪的东方主义思潮，然后逐渐发展出另一层意义，即东方学。在过去几个世纪中，尤其是法国比其他任何欧洲国家都对东方文明深深着迷，这种迷恋在启蒙时代和浪漫时代均出现。诗歌、绘画、文学作品作为体现方式，于 1826 年以东方主义的名义汇集在一起，当时很多法国作家，追求异国情调，而且前往东方追求。其中一位诗人就是著名诗人戈蒂耶的女儿朱迪特·戈蒂耶（Judith Gautier），她从小学了一些中文，后来出了法译中国古体诗选集，书名为《玉书》，在法国比较流行。值得注意和分析的是法国诗人特别与中国的美学传统、书法和汉字有一种特殊的联系。

以上就是几个例子，这些是不是反映了中国文明的思维渠道？是否可以分成两种渠道，像中国戏曲和西方古典歌剧反映了本质上的不同方向：一个以视觉渠道为主，另一个以听觉渠道为主。欧洲文明优先发展了古典演讲艺术或者音乐。文字学在中国历史相当悠久。中国现代语法的研究只是在 20 世纪初才开始兴起。相反，欧洲文明是 20 世纪才接触所谓的文字学这个概念。所以还是有必要对现代语言学之父索绪尔那句话进行反思："对汉人来讲文字是第二语言。"

佛 手

最后想以一幅《佛手》水墨画为结尾，画中当然是佛手，可是佛手跟福、寿谐音，因此又反映了一种要传递的信息，以此画作的两层诗性功能作为我想要表达的最后一点。

作者系法国国立东方语言文化学院教授、法国国民教育部原汉语总督学

创新文艺表达　增强人民精神力量

田沁鑫

一、当代中国价值观念发生的变化

习近平总书记在二十大报告中明确提出："推进文化自信自强，铸就社会主义文化新辉煌。"当前，广大文艺工作者坚持以人民为中心的创作导向，以昂扬的精神和饱满的热情，真诚书写生活风貌，热忱描绘时代气象，努力讲好中国故事，增强中国人民精神力量，营造了新时代健康蓬勃的文艺生态。2021 年 12 月 25 日，中国国家话剧院收到习近平总书记的回信，激励我们再接再厉，为新时代文艺事业繁荣发展、为丰富人民精神世界作出更大贡献。

在中国社会飞速发展的今天，中国的价值观念变得日趋多元和丰富。随着互联网科技的高度普及，5G 技术的日益推广，电子产品的更新换代，老百姓的生活方式、生活观念发生了翻天覆地的变化。

中国民族工业的崛起，一批批中国的民族企业应运而生，他们为社会创造巨大财富的同时，也为人们带来了更加丰富的产品，满足了更广大范围人们的物质需要。同时随着国际市场的开放，老百姓可以足不出户，通过手机在中国的线上购物平台购买到世界各地的特色产品。

这些生活方式的变化，催生了各式各样先进的生活理念和更加开放包容的社交需求。这些变化和革新共同成为中国的主流价值体系的一部分。

如今的世界充满不确定性：世界政治多极化充满变数，经济全球化遭遇新挑战，文化多元化面临新问题，诸多问题相互交织。如何打破西方发达国家的文化封锁，让中国声音、中国文化、中国故事传播到世界各地，成为一个关键性的课题。

在此，我想提供一条破题之路——那就是用艺术的形式传播中国先进文化。

二、当前国内文化传播的主要形式

目前国内文化传播的途径主要分为三类。

首先是政府层面的文化传播。这是目前文化传播的主要形式。这一类的传播主要代表国家形象，以官方的、正式的、政府间的交流沟通为主要形式。

其次是非官方的协会、民间组织主导的文化传播。非官方的协会和各种民间组织散落在世界各地，因为组织形式相对自由，所以在文化传播方面起到了一定的积极作用。

最后还包括自媒体和艺术家个人的文化传播。随着社交媒体的兴起和互联网经济的飞速发展，很多艺术家都通过自媒体平台进行文化传播，而且因为艺术家本身的社会影响力和号召力，自媒体平台上的文化传播可以突破时间和空间的限制，最大限度地辐射到世界各地。

三、中国国家话剧院在艺术传播中的主要举措

习近平总书记指出，"数字经济事关国家发展大局"。作为国有文艺院团，要创新艺术创作方法，促进线上线下融合，把挑战转化为机遇，加强艺术科技融合，引领未来发展方向。近年来，中国国家话剧院持续践行艺术为民的崇高使命，勇立数字演艺潮头，推动科技与艺术融合共进。

2017 年，中国国家话剧院与上海戏剧学院合作话剧《狂飙》，使用 8 台摄像机进行即时无线传输拍摄，成为中国舞台剧界首次尝试"即时拍摄"技术的文艺院团。2019 年至 2022 年，在大型文化节目《故事里的中国》《典籍里的中国》中，中国国家话剧院创新探索"戏剧＋影视"拍摄模式和"1＋N"多舞台空间的沉浸式表达，获得观众好评。2021 年，在参与《伟大征程——庆祝中国共产党成立 100 周年大型情景史诗》演出时，中国国家话剧院与中国移动咪咕团队运用"5G＋4K"超高清视频实时传输技术，"即时拍摄、瞬时剪辑、实时投屏"，完成晚会的戏剧呈现部分，为观众带来全新的观看体验。同年，中国国家话剧院制作完成首部"现场影像话剧"《英雄时代》；创作演出话剧《红色的起点》，尝试 VR 联屏的舞台视觉效果；推出原创话剧《直播开国大典》，持续探索科技与艺术的融合发展，创新创造文艺表达。

2022 年，11 月 18 日 20:00，《抗战中的文艺》在中国国家话剧院各平台官方账号、央视网、央视频、新华网、咪咕、中国联通、沃视频、腾讯视频、优酷、爱奇艺、芒果 TV、抖音、快手、视频号等全平台首次线上同期演播，正片首播当日点击量破千万，相关微博话题阅读总量超 5 亿、全平台直播超 40 次、导赏直播两场、观看人数超 500 万。话题总阅读量超 21 亿，覆盖用户超 80 亿。

此次《抗战中的文艺》线上首播，打破了时空限制，通过高科技数字技术，影视化的拍摄手法，展现科技与艺术结合的最新成果；

创造性地运用"影像＋舞台"的当代创作语汇，将装置影像艺术和戏剧表演艺术融合，在光和影、演与歌的诠释中，追忆峥嵘岁月，具有深刻的思想性、探索性与艺术性。这是中国国家话剧院立足戏剧民族根脉，弘扬戏剧时代大美，对戏剧"高峰"之路的又一实践探索。44 位明星的同时亮相，彰显了文艺的力量，同时有利于文化的对外传播。

中国国家话剧院继续坚持线下演出和线上演播并举，在 2023 年推出音乐话剧《敦煌》，在 YouTube 上进行免费直播，让中国的文化艺术精品得到世界范围内的推广和传播。

同时，中国国家话剧院将进一步探索更适合线上演播新业态的互联网营销模式，培养戏剧观众线上消费理念，吸引转化更多互联网用户文化消费行为，开拓线上数字演艺新市场，推动文化产业科技创新。

将中国变革、中国精神、中国价值、中国力量进行艺术化表达，为当代中国价值观走向世界作出新的贡献，为中国式现代化强国建设贡献出文艺的力量！

最后，祝大会取得圆满成功！谢谢大家！

作者系中国国家话剧院院长，一级导演，第十三届全国政协委员

基于人工智能技术的国际传播新特征

张洪忠

我将从技术传播的角度来做基于互联网信息国际传播角度的分享。

首先跟大家讲一个2022年2月24日发起关于俄乌冲突的案例。北京师范大学新闻传播学院组织6个团队全程跟踪俄乌冲突在互联网的博弈情况，3月中旬发现在海外主流机构媒体中反复提到一个账号UAWeapons。我们调查到它是2月20号才专门为俄乌冲突注册的账号，这样一个账号为何如此有影响力呢？我对它做了社交检测，发现它是一个典型的社交机器人，能够自动发送信息、自动加人好友来进行传播，是一种人工智能技术的应用。

于是我就让团队把它4月份之前发的1000多条帖子拷贝下来，就看是哪一条帖子把它在短时间内传播为一个大号。我们团队做了很多分析，发现有14个节点被推起来，形成这样一个网络。它形成一个很强大的社交机器人集群之间的网络，推成一个热点，这些账号之间互相连接形成一个有影响力的网络，这就是今天在国际传播中新的信息扩散方式。进一步看这个账号为什么能够做起来，我们就看是谁在操控这样一个社交机器人账号。尽管我们找不到源头，但是找到了同类账号，发现整个俄乌冲突里面信息的传播有一个很强大的群体叫超级赋权个体。这样的赋权个体形成一个网络，叫社交媒体的开源情报网。这类开源情报网有几十万、数百万的粉丝，传播整个俄乌冲突的信息，我们的主流媒体引用他们的信息。这在现在国际传播里面形成一个基于社交媒体的开源情报网络，它是基于人工智能技术自动挖掘、分析信息、形成信息，然后通过众包方式集合和分享信息。

从这个案例看来现在国际舆论传播有几个新特征，一是信息生产正在由农业社会的手工生产转变为信息社会的智能生产。今天我们每一个人用手机传信息就是农业社会的手工生产转变为信息化社会的机器生产，信息社会大规模使用人工智能技术进行机器生产。比如机器写作，人写几千字的一个新闻稿可能花一天的时间，而机器写作可能只花一两分钟。北京师范大学新闻传播学院和微软亚洲工程研究院合作过一个机器写作，在 2017—2018 年有一个产品，两分钟内写出四五千字，而且人是没有办法分辨的，所以机器生产成为一个重要方式。社交机器人在国际舆论场里，在国家之间也是互相应用的，从 2011 年到 2017 年、2018 年有大量国家层面的使用。叙利亚战争里有一个叫萨拉的女性社交机器人就成为一个"意见领袖"，发布的信息都成为舆论场或大或小的舆论风波。

二是国际传播正在转变为技术之间的博弈。大量的信息通过很多的渠道传播，但是互联网渠道是我们最大的信息通道。我们通过人际传播在做人与人之间的交流，但是通过互联网的交流是最大的渠道。我们今天开会就是通过互联网，互联网之间的交流成为重要的技术之间的博弈。这次俄乌冲突中，"深度伪造"3 月 15 日发布泽连斯基的视频，这是一个伪造的视频，但是很快扩散，3 月 16 日也出现了普京在克里姆林宫宣布俄罗斯错误战争要求士兵撤回的虚假视频。这次俄乌冲突的时候，双方都在使用特定账号进行标签战，社交媒体里的标签是一个重要的传播手段，一个信息的集纳。左边是支持乌克兰的热门标签，右边是支持俄罗斯的热门标签，大家都在进行标签推动战。当某个标签成为热门以后，就会进行劫持。比如，我们做的中美贸易战标签，2018 年我们团队发现 20%～30%的信息是社交机器人发起的。

　　三是音量大小的影响超过话语权威性与理性。牛津大学研究发现，大量的政治机器人被用于多党制国家政治选举，包括在选举和公投期间传播垃圾新闻，或通过分享无关内容制造虚假的受欢迎感或支持感，营造所谓的"人造草坪"。大量人工智能生产或扩散内容的时候，有时候声音过大反而压制了理性和权威，这是值得我们关注的。中美贸易战最顶峰的时候，我们团队发现一个月的顶峰期间有100多次产生舆论热潮。产生的舆论波峰中有73次是基于人工智能技术的社交机器人引起的，65次是媒体引起的，33次是公众自发的。社交机器人可以做虚假的，这就是声音量的大小，因为社交机器人通过机器生产，数量非常庞大，机器人所做的工作是我们人类无法比拟的。

　　整个互联网空间正在走向Web3.0，由PGC(专业生产)，机构生产信息，二三十年前都是机构媒体，报纸、电视、电影，十多年前是UGC(用户生产)，各种微博、微信等社交媒体，到今天的AIGC(人工智能来生产内容)。面临这样的转变，未来内容生产的主体转变为机器，我们该如何看待建立在人类基础上的传播模式，该如何适应发展呢？我们以现有的学科范式和知识，当面对这样一个新的问题的时候，应该建立我们的影响力、解释力，更好地分析新的国际传播和人类文明交流的新技术形态对我们的冲击和影响。

作者系北京师范大学教授、博导，新闻传播学院院长

在中国教授跨文化纪录片创作：探索平行宇宙

[美]方家麟　戴　菲

"所有传播模式都被包裹和雕刻在特定的社会文化政治架构和关系中。"

——索尼娅·塔斯康，科廷大学传媒、传播和社会调查专业讲师

方家麟：

作为一名在中国执教纪录片的美国教师，以及"看中国·外国青年影像计划"①项目的指导教师，我非常清楚与跨国团队进行沟通的过程。

在"看中国"项目中，中国的学生电影制片人与国际学生导演携手创作关于中国的纪录片，以外国导演的视角讲述中国故事。2020年至2021年，我担任了约40个跨国团队的指导老师，指导的学生来自约20个国家。此外，我还在两所中国大学教授本科生和研究生的纪录片创作课程。

除了制作影片之外，"看中国"项目还旨在培养学生在全球背景下的工作和交流能力。这个项目为青年电影人提供了一个宝贵机会，让他们能够体验和了解一直以来并且正在影响他们自身和

---

① "看中国·外国青年影像计划"（简称"看中国"）是北京师范大学会林文化基金和中国文化国际传播研究院共同发起的一个跨国项目，两个机构的负责人均为北京师范大学的黄会林教授。北京师范大学会林文化基金的使命是在全球范围内推广中国文化，这既是一个学术主题，也是一项具有战略意义的文化使命，目的是提升中国文化的软实力。

他们的作品的具体社会文化和政治环境。跨文化团队合作是一种体验，揭示了不同思维方式和解决问题的方法。它提醒所有参与者，任何特定个人的观点和规范都不是全球规范，也并非普遍规范。

对我本人而言，"看中国"项目提醒了我，我本人对于纪录片和电影创作的假设和期望远非普遍认知。在中国执教时，我需要努力向学生解释一些内容，而如果我的学生和我来自同一背景，我就无须解释。例如，我需要解释，为何我认为一部展示令人心旷神怡的绝佳风景，颂扬当地城镇和工匠艺术的影片，尽管它记录的是真实的人物和事件，但看起来像是一部旅行日记或旅游宣传片，而并不是一部纪录片。它们之间的界限是什么？在不同文化中，纪录片的定义有何区别？另外，如果一个人眼中的纪录片在另一个人眼中属于宣传片，那么他们在合作创作电影时需要具备什么技能？

戴菲老师，你曾就职于中央电视台纪录频道，目前也在大学任教，你的经验非常丰富，我希望你能够帮助大家了解中国纪录片美学、电影伦理学和独立纪录片的发展趋势。首先我想请你谈一谈为什么许多学生在第一次走进课堂时都坚持认为，纪录片应当是真实和客观的，并且认为明显表达制作人观点的影片不能算作纪录片？

戴菲：

首先我想介绍一下纪录片在中国的发展历史，并与美国进行比较。事实上，人们对纪录片的定义和对纪录片在社会中扮演角色的期待，以及对纪录片定义的看法存在显著差异。

中国的纪录片起源于电视媒体，并且是作为电视媒体的产品发展起来的。而在美国，第一部纪录片摄制于1922年，这一基于现实的体裁最初是以电影艺术的形式呈现在观众面前。中国的纪录片摄制可追溯至袁牧之和吴印咸等人于1938年成立的延安电影团。这个机构由中国共产党领导，最初的工作人员不到10人。

延安电影团早期的作品多为新闻电影，如《延安与八路军》和《生产与战斗结合起来》等。1953年，中央新闻纪录电影制片厂成立，传承延安电影团的使命，为中央新闻纪录电影制片厂制作纪录片。新闻与纪录片关系紧密，纪录片在本质上被视作一种题材局限于新闻、考古、科学研究和人类学的电视媒体产品，是记录一个时代的档案。

这与世界上杰出的纪录片《北方的纳努克》的起源和分类方式截然不同，这部纪录片有意识地引入了讲故事的技巧、角色发展，并使用冲突或危机和解决方案来推动影片发展。影片甚至对因纽特人的日常生活进行了重现和重建，这是目前在纪录片界极具争议的一个问题。例如，在影片中，导演要求因纽特人放弃枪支，像他们的祖先那样使用长矛狩猎，这也导致影片受到诸多批评。为了拍摄影片，导演让主人公纳努克搭建了一个类似冰屋的场景，来展示一家人起床的情景。

中国的纪录片由电视发展而来，从未真正达到其在西方拥有的艺术地位，也从未脱离人类学或考古学的分支范畴，一直以来都处于社会现实主义范畴①。中国纪录片的故事通常以工人阶级和为推动社会进步作出巨大牺牲的英雄人物为主人公。

值得注意的是，一些中国电影学者（任远、聂欣如等）编写的教科书批判了美国著名电影理论家比尔·尼科尔斯（Bill Nichols）对纪录片的定义。尼科尔斯称，纪录片是对现实的"再现"，而什么是现实通常是由电影制作人通过其独特视角进行判断的。他说这是一种没有明确界限的实践。但是，中国电影学者却认为尼科尔斯将纪录片和情节剧混为一谈。他们反对在纪录片中添加动画等虚构元素及主观视角和个人表达，认为这些元素挑战了纪录片本体论，与人们对真实性和准确性的期望背道而驰。

方家麟：

我想要补充一点，在美国等国家，对纪录片的定义远未达成一致，仍然极具争议，并且仍在不断发展。

介绍全球佳片和电影制作人的知名电影杂志 *Little White Lies*（《善意的小谎言》）曾刊发一篇文章，采访了多位知名纪录片制作人，他们对纪录片的定义各种各样。

----

① Wang chi(2020). A Review of Bill Nichols' Documentary Theory, *Dang Dai Dian Ying*, No. 9.

　　伊丽莎白·伍德(Elizabeth Wood)是伦敦一家名为 Bertha Doc-House 的纪录片剧院的导演,她在一篇题为《何谓纪录片?》的文章中写道:"纪录片一直以来都是我们发现世界、开阔视野、加深理解和调查复杂社会问题的方式。纪录片激励我们探索未知的世界,并在这个过程中向我们介绍一些了不起的人物。我不确定是否可以将纪录片归类为单一体裁。这类影片只是基于现实的创造性阐释,而我们都可以从中获得丰富的滋养。"

　　但是电影制作人、《柏京的白人》的导演马克·艾萨克斯(Marc Isaacs)说:"可能有我本人过度解读的风险,纪录片这个词本身正在毫无意义的边缘徘徊。"

　　"在我看来,纪录片这个词的含义越来越狭隘。"艾萨克斯写道。他说纪录片"只是它的制作人为表达他们的主观真实而创造的叙事"。艾萨克斯说,电影可能包含事实和真实人物,但最好的电影都是表象真实。

　　戴菲老师,艾萨克斯还表示,你在中国纪录片起源故事中提及的电视的桎梏也适用于他的国家。

　　"英国的纪录片在历史上与电视和新闻业紧密关联,这也导致我们受到纪录片这一术语的桎梏。如果你的纪录片的主题不是拯救世界或其他重要议题,你就很难获得经费。我们需要挣脱这些桎梏,接受探讨人与人的关系和人是什么的纪录片——就像电影一样。"

　　我发现,无论是在课堂上还是在"看中国"项目中,我很难说服中国学生接受这样一种观点,纪录片是表象真实或主观真实,以及对客观真实存在的可能性的质疑。

　　在"看中国"项目中,我曾多次发现团队成员在剪辑愿景上存在意见分歧。许多分歧都与纪录片的定义或者对纪录片的期望有关。中国学生倾向于创作描述性影片,而不是探寻一个想法或更深层次的哲学问题,即真实。一些学生在拍摄以社会公正(许多其他国家常见的纪录片主题)为视角的影片时感到非常棘手,因为他们并不清楚构成社会公正的因素,或者并不愿意讨论不同社会群体遭受的不公平待遇这个话题。在这种情况下,外国导演和中国电影制作人都会产生挫败感，因为他们的愿景差异如此之大，对此我已经见怪不怪了。

作为回应，我为暨南大学硕士研究生一年级的学生设计了一门纪录片课程，向他们介绍在中国以外的其他国家被广泛视为纪录片，但在中国可能不符合纪录片主流定义的影片。在这个课堂上，我遇到的第一个障碍是向学生传达这样一个信息：虽然电影可以通过提供不同的视角来保持中立立场，但"客观"的纪录片是不存在的。所有媒介都是从某个人的视角出发的。事实上，在选择影片主题时必然会遵从一些标准，而这也导致影片具有主观性。例如，为什么这个主题比其他主题更重要？主题的选择传达了什么信息？

戴菲：

事实上，这个概念并不符合中国关于纪录片的常规话语。

中国的许多电视纪录片都是"专题片"。这种影片的特点是多使用 B—roll 镜头（辅助性镜头），而非主线镜头，并配以说教口吻的解说。专题片不使用同期录音，而是由一个解说者，从全知视角进行解说。专题片的主题有限，通常以视频论文的形式探讨社会和历史问题。另外，教育视频和科普视频也很常见。

专题纪录片通常与官方或政府批准的媒介产品有关，因此并不允许掺杂个人观点。这里的基本假设是，作者的观点应归入"神圣的现实"。也就是说，纪录片应当传达"真实"。作者的身份被忽视。因此，在中国，观众和电影制作人都将纪录片视为一种传达知识的方式，而非讲述故事的媒介。

方家麟：

以我的经验来看确实如此。让我举个例子，然后再讨论我如何鼓励我的中国学生尝试拓宽他们对纪录片的定义，以接受更多类型的风格和内容，并为他们自己争取更多自我表达的机会。

2021 年春季，"看中国"项目大胆尝试，让外国学生导演远程参与影片创作。"看中国"项目发布与中国文化有关的主题，而创作方法则由团队自行决定。斯里兰卡导演参与的主题是"家庭·家园·家国"。他们和我还有中国制片人通过视频召开了多次会议。一位中国制片人坚持拍摄广东点心文化。但当我们询问她关于角色发展和角色旅程的构想时，她却无法回答。这令斯里兰卡导演和我有些焦急。我们认为制作美味点心的过程不足以持续吸引观众的兴趣。我们需要一个故事。

斯里兰卡导演随后联系到了一位曾在中国留学后来回到斯里兰卡的研究生。他们构思出一个以运动和食物为纽带串起来的关于食物、时间和友情岁月的愉快故事。他们使用了这位研究生在中国留学时拍摄的照片，构建了一个从中国留学回国的斯里兰卡学生给中国朋友打电话的场景。这部构思巧妙的作品《寻味》以一个时钟作为开场第一个镜头，而在最后一个场景中，则以一个摆满中国食物的转盘餐桌作为呼应。这与你所说的专题片风格相去甚远。

遗憾的是，如此一来，这位中国制片人的角色就被简化为拍摄广州一家餐厅的空镜头。虽然这也是一个有价值的贡献，但我更希望制片人能够深度参与构思一个充满冲突、紧张和转折的故事。这些往往都是中国纪录片文化缺乏的要素。我认为这对制片人而言是一个机会，她可以借此跳出"这就是美味面条的制作过程，请欣赏这种文化"的纪录片形式，可惜她没有抓住这次机会。

这只是众多例子之一，中国的纪录片制片人拍摄的镜头符合他们在成长过程中熟悉的格式，但这与国际导演的愿景不匹配。大多数制片人力求传达事实，而不是讲述故事。在这种情况下，双方都会产生挫败感。我合作的不少团队最后都已放弃尝试跨越文化和概念障碍，并发展出一种在创作过程中不需要太多合作的变通方法。

戴菲：

您说的例子让我想起了 2012 年在中国爆红的纪录片电视节目《舌尖上的中国》。第一集讲述了让人垂涎欲滴的食物来源，播出后大获成功。当时《舌尖上的中国》的导演是我所在频道的同事，我们召开了几次会议，分析这个节目如此火爆的原因。这个节目成功的秘诀是以富有诗意的方式介绍美味菜肴和当地饮食文化。食物是主角，人物是背景。节目的大获成功也掀起了一股模仿热潮，这毫无疑问对你的学生造成了影响。

事实上，与接受过相关教育的从业者相比，我发现从小就接触短视频、视频博客和社交媒体视频片段的"00后"数字原住民受到电视纪录片叙事传统的影响比较小。

例如，在我的纪录片创作课程上，许多学生表示他们不喜欢全知全能视角的解说，认为其说教意味过于浓厚。不同于专题片里关联甚微的空镜头和书面稿解说，我的学生更喜欢使用访谈和实时展开的真实行动的镜头。换句话说，他们更喜欢观察和参与模式的纪录片。

方家麟：

我还发现，我和一位曾在美国攻读纪录片学位的中国电影制作人共同任教的一门课程中的本科生比研究生更具有实验精神。这些本科生创作了多部富有创造性和启发性纪录片，尽管他们之前并没有电影创作经验，甚至并未接受过相关培训。他们都是新闻专业的学生，以前从未拿过摄像机，但对讲故事和将他们的想法传播给世界非常感兴趣。这些表现优异的学生称他们的影片是"他们的孩子"。

我把这些技术上非常简单的影片分享给高年级的学生，鼓励他们突破边界、勇于提出不同想法，不要害怕失败或者对有冲突的故事情节唯恐避之不及，告诉他们冲突是电影吸引观众的关键要素。我还在我的电影课程中使用了一些材料，批判影片中出现的陈词滥调，帮助学生了解如何利用反直觉来吸引观众。观众可能更容易被标新立异的纪录片所吸引，无论是创新风格，还是挑战观众固有观念或世界观的可信、有趣的内容或信息。我在课堂上播放了一些在这一方面做得很好的影片，并让学生们分析他们喜欢或不喜欢一部影片的内容，以此吸引了他们的注意力。

戴菲：

事实上，我正在努力帮助学生挣脱传统叙事的限制，寻找独立视角，但可能并非所有大学都是如此。（这里还有一个问题，我们教育的目的是否是向主流媒体输送人才，或者纯粹是为了艺术，或者两者兼顾？这一问题稍后再做讨论。）

我目前任教的大学是北京师范大学和香港浸会大学合办的一个

国际学院，是首家中国内地与境外教育界合作创办的合资大学。所有课程采用英文授课，课程设置符合国际标准。毕业生可以拿到香港浸会大学学位。北京师范大学和香港浸会大学要求教师为学生提供跨文化视角。我在课堂上和学生分享多样化的国内外独立电影，培养学生的独立思考能力和审美表达意识。

我想在这里分享一个学生项目来说明我的学生是如何突破老套陈旧的纪录片模式的。这个小组的拍摄对象是一个对森林里的昆虫和生物非常着迷的年轻人。他在一个儿童夏令营做兼职辅导员。在拍摄了几天之后，这名男子突然表示不愿意继续拍摄，因为学生们问了他一些关于他私生活的问题，还问他是否想要有一个自己的孩子。在与学生们进行艰难的谈判之后，这名男子退出了项目。幸运的是，他同意学生使用之前已经拍摄完成的素材。

项目最初的构思是讲述一个关于一位投身于自然、科学和儿童教育的伟大人物的故事，未免有些老套。但是在对主人公有了更深入的了解之后，他们考虑讲述一个除了与孩子们互动之外拒绝参加所有其他社交生活的孤独、曾遭受过心理创伤的男子的故事。

最后，学生们做出了一个明智的决定，将协商失败的过程加入影片中。遗憾的是，他们在协商时关闭了摄像头，因此相关素材有限。他们并没有试图回避或掩盖未能获得主人公同意的遗憾结果，而是将这一场景作为开篇，勾起观众的好奇心。他们还使用黑色背景加文字来展示未被摄影机记录下来的对话。

如果这些学生坚持中国纪录片的惯例，他们就可能会采用画外音的方式结束这个故事，并隐藏他们与主人公的分歧。但是他们主动选择了一种含糊其辞的结局，这是一个积极信号，表明他们愿意追求一种开放式叙事结构，不再执着于找到所有问题的答案。这打破了权威纪录片传达"真实"的传统。虽然最后的作品看起来不够完整，但它打破了"皆大欢喜"的故事模式，给观众留下了更多想象空间。

更宝贵的是学生们的自我意识和通过揭示他们和主人公或社会角色之间的关系，以及幕后过程来暴露他们作为电影制作人身份的意愿。毕竟，纪录片是电影制作人、社会角色和观众之间的关系的体现。如果影片讲述的是人际关系则更容易打破陈旧框架，实现创新。

方家麟：

对昆虫着迷的夏令营顾问的例子涉及我一直在思考的一个问题：对于被拍摄者来说，在什么情况下同意；在不同的文化中，同意如何发挥作用；以及我如何和我的中国学生讨论这个问题。

在美国，广播公司坚持要求对纪录片投保，以便在影片参与者提出诉讼时保护发行公司。保险公司要求电影制作人获取经参与者签署的同意书，以表明参与者同意在影片中使用他们的个人肖像、声音、故事和其他材料。协议一般会说明影片将在何地上映或发行，参与者同意不收取任何报酬，导演拥有版权，以及参与者了解导演拥有剪辑自主权。

同样，一些电影节也要求提交同意书或授权书。美国适用这种做法，但这些做法并非适用于所有国家。

但是，知情同意是一个非常重要的伦理问题。尽管新闻报道不要求记者获取同意，但对纪录片的要求却要高得多，尤其是对于关键角色而言。获取同意的过程强调，对于个人肖像和作品尚未公开发布的在世参与者，在广泛传播其肖像和故事之前，必须获取其授权。

毕竟与潜在的大量观众分享个人故事必然会影响到一个人的生活。

然而，如果一部影片涉及被视为不道德或对他人造成伤害的个人或组织，且这些人和组织不太可能同意制作方使用他们的肖像，同意所涉及的伦理问题将变得更加复杂。如果电影制作人仅拍摄经其同意的人，这实际上可能会帮助那些被普遍视为坏角色，不愿参与拍摄的人掩饰他们的行为。这将如何影响可以创作的影片类型？如果纪录片实际上保护了坏角色，那么这会对社会造成什么样的影响？

在这里可以考虑一下另一个例子：一个人一开始同意参与，但是之后改变了主意。导致他改变主意的原因是否会使得电影制作人放弃一个已花费数年时间和投入大量资金的项目？例如，如果被拍摄者只是单纯地不想向别人讲述他的故事，尽管他在多年前曾经同意，但是电影制作人是否应当尊重他的决定，停止拍摄并承担损失？如果影片发行可能对被拍摄者造成伤害，甚至导致他死亡，难道仅仅因为他已经签署同意书，电影制作人就可以继续拍摄吗？这些问题没有简单的答案。

在中国如何处理这些问题？我教导我的学生，他们有义务向被拍摄者解释拍摄计划、影片的发行范围、主题，以及可能需要参与者配合的大致时间。他们应当告知被拍摄者，拍摄计划和故事线可能会随着项目推进而发生变更，并且应当获得被拍摄者同意，表明其了解学生拥有剪辑权。但我的学生不赞成收集书面同意书。其中一名学生称，过于正式的书面协议可能令被拍摄者产生不信任感，进而不愿参与项目。我要求我的学生至少录下来他们向被拍摄者解释项目的对话。

一些国际学生导演也对未获取授权书的问题表示担忧。他们不清楚影片的被拍摄者是否同意将影片放在导演的国家或其他国家放映，国际导演能否将影片提交至电影节。

就像"摸着石头过河"，戴菲老师，希望您能帮我找到下一块石头！

戴菲：

2011 年至 2015 年，在我任职于中央电视台纪录频道期间，获取影片被拍摄者的授权书是一种常见做法。然而，在放映时并不要求提交这些材料。导演会保存这些授权书，并负责确保不会产生法律纠纷，但并没有明确规定董事责任的书面协议，也没有相关的严格法律程序。并且相关的判例数量也不多。

但是在我的学生身上，我并没有发现对获取同意的反对或抵触。我的学生在网上找到同意书样本，并在课堂上介绍项目时展示这些材料。但是，正如你所说，一般来说，当被拍摄者发现他在影片中被塑造成的形象时——尤其是被塑造成不道德的人——或者当他发现导演将影片用于赢利时，他可能会后悔参与。我的观点是，同意只能方便律师的工作。授权书无法成为绝对保障。

方家麟：

在这一点上我与你的意见不同。授权书至少能够提高人们的认识，让他们意识到角色是有权利的，而且电影制作人不应滥用他们的权利。它强调了电影制作人应当充分考虑影片中的主体的利益，尤其是当主体属于社会处境不利群体时。这是非常重要的。

2009 年发布的报告《诚实的真相：纪录片制作人在工作中面临的伦理挑战》采访了 45 位纪录片制作人，并得出结论，大部分电影制作人认为，伦理行为是纪录片创作（或者更具体地说独立纪录片创作）不可分割的内容。

美利坚大学的帕特里夏·奥夫德海德（Patricia Aufderheide）教授是该报告的合著者，她是纪录片伦理领域的领军人物，她发现"纪录片制作人将他们自己视为具有创造性的艺术家，而其在面对主体时秉承的原则包括'不伤害'和'保护弱势群体'"。

然而，值得注意的是，电影制作人通常并不认为其有义务"保护他们认为对他人造成伤害的主体，或者可以自行联系媒体的主体，例如，拥有公关团队的名人或者企业高管。"

请允许我说几句题外话，我曾在我的中国纪录片班级中开展一项调查，绝大多数同学认为电影制作人应当平等地保护社会中的弱者和强者，不论其社会地位或抵抗能力。

关于伦理问题，我不仅提出了对观众、影片主体和制作团队负责的必要，而且指出这些群体的利益很容易发生冲突。这一方面的例子包括为保护主体的利益而导致影片不能达到观众希望或期望的透明度，或者揭露主人公不愿意公布的信息，以牺牲角色利益为代价提高影片透明度。

戴菲老师，在中国是如何讨论这些问题的？纪录片教育如何处理伦理问题？教材和课堂上是如何处理伦理问题的？

戴菲：

我曾对中国的纪录片教材开展一些研究。为此，我查阅了多所重点大学在 2002 年至 2021 年出版的 10 本教材。出乎意料的是,大多数教材并没有开设关于电影伦理的章节。伦理似乎被视为一个边缘化主题。这是中国教材与西方大部分教材的主要区别。

　　然而,中国国内也有一些文献着重探讨纪录片伦理问题。高校教师可能会将这些材料用于课堂。大学并不要求教师拘泥于教材,因此我也不能妄下结论。但我可以和你分享一下我的教学方式。

　　我会在课堂上介绍西方关于伦理学的主要哲学思想,例如,功利主义、规则等。我鼓励学生在拍摄期间的具体情况中应用这些哲学理论。我们也会在课堂上进行案例研究。学生经常会被同学们对伦理行为的不同看法感到惊奇。

　　我也会和学生讨论纪录片原罪的观点。纪录片必然会侵入主体的生活,并且可能揭开他们的创伤和伤痛。我们应当真诚感激那些愿意在镜头前展示真实自我的被拍摄者。我们需要帮助学生认识到处理与被拍摄者关系的重要性。我们需要帮助学生理解纪录片导演与影片主人公之间的权利义务关系。

　　这种关系基本上可以分为两种类型,第一种是电影制作人处于更强大的位置,掌控故事和角色的表现方式。通常,在这种情况下,影片主体往往来自边缘化群体或处境不利群体。这类纪录片的目的可能是为这些群体带来积极变化,但可能以牺牲影片主体的利益为代价。

　　总有一些人不愿透露他们的故事。但这不是新闻工作者和记者一直在做的事吗?每个社会都有它的禁忌话题。我们是否应当避而不谈?权力关系不平等是否可以作为剥夺导演拍摄资格的理由?这里的关键问题是,自由表达是否是电影制作人的最高道德标准,或者是否应当将利他主义和艺术气节放在第一位。

　　如果创作电影具有合理价值,那么如何才能更好地处理这种不平等的关系?我认为吴文光对这种剥削关系感到不适,并且试图向观众坦白。

　　那么,现在让我们谈谈第二种类型的关系,即在权力阶梯上,电影制作人位于被拍摄者之下。在这种情况下,电影制作人最终会被社会角色所操纵，这类社会角色包括他们的雇主或出资人。这是学生在拍摄项目中经常会遇到的情况。

我的一名学生就曾遇到一种特殊情况。学生 A 想要拍摄一部关于电车司机的故事。电车公司同意拍摄的条件是，A 将最终作品和所有原始镜头交给电车公司，用作宣传材料。我建议 A 不要签署这份协议，但为时已晚。在项目后期，A 遇到了很多问题。公司对最终作品不满意，并要求 A 删除一些有损其形象的场景，例如，有人指出公园铭牌上介绍电车历史的部分存在错误。电车公司也不希望影片在社交媒体上传播。因此，A 犹豫是否将这个作品投递至电影大赛。他失去了对影片的控制权。

我的学生经常会问我，是否应当为了确保影片继续拍摄而同意潜在利益交换？如果一个潜在角色对拍摄有所顾虑，那么我是否应当停止与他进行交涉？我应该如何说服他们改变主意？

这些问题没有简单的答案。能否实现互惠互利的关系取决于诸多因素，包括利益、权力和电影制作人的技巧。帮助学生认识并意识到伦理问题至关重要。我只能帮助他们不断反思他们的伦理标准，以便更好地了解他人和自己。共同价值不足以覆盖电影创作的现实世界。

方家麟：

戴菲老师，你一语中的，抓住了核心问题。你的例子强调了一个以人际关系为基础的社会和一个在原则上重视艺术气节并且更加强调法律的社会之间的差异。

在这里我想花一点时间讨论一个哲学问题，以及一个在英文语境中非常重要的词汇"integrity"，但目前我尚未找到一个能够完全表达它的意思的汉语词。根据斯坦福哲学百科全书，integrity 是"最重要和最常被引用的美德之一"。但是，我认为，作者应当对他所谈论的文化或背景进行详细说明。我的许多学生都对艺术气节的概念有些陌生。我在这里引用学者克劳迪娅·米尔斯（Claudia Mills）的解释。

克劳迪娅·米尔斯在《美学与艺术评论》上主张"如果艺术家在创

作过程中，以违背其自身艺术标准的方式，将一些其他——竞争性、破坏性或腐化性——价值置于艺术作品本身的价值之上，那么他就失去了艺术气节"。

根据我个人的有限经验，我合作过的许多中国学生制作人都不太注重艺术气节。他们已经习惯根据老师的指示，或者规定的标准来塑造自己的思想和作品。他们也不明白为何他们对国际导演愿景的干涉会被视为对重要价值观的侵犯。

让我举个例子。我最先想到的一部影片就是《祠别车陂》。这是一个巴西团队制作的一部长约 5 分钟的影片，通过一次"想象"的祠堂之旅，探索个人身份和探寻家庭根源。影片旁白是一位导演在"观察"沿途的当地人。影片由中国制片人拍摄。这部影片在巴西第 14 届 MOSCA 电影节上获得了观众奖。影片结合了动画和旁白，导演通过影片反思自己对祖先知之甚少，并展现了他对家的意义的思考。

团队中的中国和巴西电影制作人对作者身份持有不同意见。远在大洋彼岸的导演们发现，中国电影制作人在未告知他们的情况下，在首映前几小时对影片做出了一些看起来微不足道，但在剪辑上具有重要意义的修改，为此他们向"看中国"项目官方发送了一封愤怒的电子邮件。制片人作出的修改包括：将一只猫在苏氏宗祠独自清理身体的镜头替换成了一只猫与一位制作人互动的镜头。而此时的旁白却在思考猫在没有人打扰时是不是更舒适，这与影像相冲突。（中国电影制作人认为猫清理身体的画面不卫生或者不雅观）。而在旁白提到苏氏宗祠的宁静环境时，制作人添加了预先录制的鸟叫声。

导演们对他们的影片遭到篡改，并且不得不在首映式上播放被篡改的版本感到非常愤怒。他们在向"看中国"项目官方发送的邮件中严正声明他们的影片在未经授权的情况下被篡改，未经授权的版本不得在任何地方分享或放映。

这个团队里的中国学生制作人显然不理解艺术气节的概念，也不知道导演在一些文化中是备受尊敬的，而作者身份是不可侵犯的。单方面更改他人的智力或创造性工作是绝对不被允许的。

另一个问题是，"看中国"项目的原始合同中并没有明确导演的权利。合同只是简单地注明："如果项目作品涉及知识产权问题，双方应根据工作范围和相关事项另行签订知识产权保护协议。"

然而，据我所知，没有任何团队签订了单独协议。在中国工作期间，总是有人对我仔细阅读合同条款感到惊奇，对此我已经见怪不怪。

尽管团队中的巴西电影制作人签署了一份合同，声明他们同意"接受甲方对其工作表现进行监督和审查"，但这项条款模糊不清。他们没料到制作人会修减或删减他们的作品。

让我们再回到"integrity"的概念上来。Integrity 包括透明度、诚实和清晰意图，意味着不虚伪。我们很难找到一个完全对应的汉语词，我认为这是问题的根源。

我曾询问过数百个以汉语为母语的人，希望能够找到一个与 integrity 对等的词汇——integrity 指的是，无论与谁打交道都坚持原则立场，毫不动摇。到目前为止，我能找到的最接近的词语是"有原则"，或者"原则性强"。但是，"有原则"缺失了对不动摇的强调，比如，一个建筑师可以说一座建筑具有 integrity。

根据上下文，integrity 可以译作"诚信""可信"或"诚实"，或者"正直"。但是，这些词在原则方面没有体现"所见即所得"的这一不妥协的概念。

有趣的是，我还发现了一个重要的儒家价值观"中庸"，目前也没有与之对应的恰当英文翻译。根据字典释义，中庸系指"中庸之道"或者"折中调和"。我发现中庸——双方必须做出妥协，折中调和——与 integrity 相冲突，integrity 不允许在原则问题上让步。

戴菲：

许多人都认为中庸是一种睿智而深刻的哲学思想。如果你有兴趣深入了解，那么你可以去拜访一位儒学家。在我这个外行人看来，中庸是一种通过妥协来调和分歧的价值观或哲学。如果两个社会地位相近的人出现分歧，中庸可以作为协助解决问题的有用原则。双方都向对方做出妥协，找到双方都能接受的解决方案。实际上，在有些情况下，有些人也会将中庸作为一种屈从于他人要求的在社会上可接受的借口。另外，中庸也可以提醒人们不要走极端。明智之举是避免直接对抗或直接冲突。

当然，这只是我在日常生活中对中庸的解释。您认为这一价值观是中国学生与一些国际导演相比更容易在艺术愿景上妥协的原因，这个观点比较有趣。

实际上，我并不认为您提到的巴西导演的例子与中庸有关。在我看来，这场冲突的核心是权力之争。这在学生项目中非常常见，因为他们认为彼此是平等的，所有问题都是可以协商的。在不了解具体情况的前提下，我觉得有一种可能是，团队中的中国电影制作人可能认为老师——即权威人士——可能会认可他们的剪辑，而如果他们的剪辑版本获得上级的批准，它就是最终版本。换句话说，这可能是他们获得更符合他们审美的影片的一种方式。当然，这纯粹只是我的猜测。但我在媒体行业工作时就有过这样的经历。我曾在一个视频分享平台担任制片人和经理。许多员工会绕过我直接将视频发给我的老板，因为老板才是最终拍板的人。

方家麟：

这是一个有趣的观点。我想知道的是你所描述的中庸情景是否能够解释为何"看中国"项目与国际导演签订的合同如此含糊不清。也许他们的想法是所有问题都可以通过协商解决。但是，对于一些来自特定文化背景的导演来说，这一点可能在翻译中被遗漏了。

我个人的观点是，在项目启动前对这些潜在分歧作出明确规定能够极大促进相互理解，并促进实现项目目标。清晰的规定还能够避免一些因规则模糊而产生的摩擦。

例如，和我合作的参与者通常都知晓他们的作品可能接受审查，但是他们并未被明确告知审查的内容或者由哪些人负责审查。有些参与者对于被迫修改作品，或者对作品做出他们认为毫无意义的修改感到非常惊讶和不满。他们完全没想到学生制作人会对他们的作品进行删减。

如果由于法律原因，在中国放映时，需要删减为"看中国"项目创作的影片中的部分内容，一种方法是用黑屏替换删减的镜头，这样观众就会意识到他们看到的并不是完整影片。合同可以规定，如果影片在中国境外放映或发行，国际导演拥有自由剪辑权。如此一来，可以为国际参与者留下更多积极回忆。

戴菲：

你对"看中国"项目的看法非常敏锐。这个例子是典型的个人与机构权力失衡。这是所有学生都将面临的一个问题。

这也是我们在对学生进行职业培训时应当考虑的问题。

我在前面提到，大学应当培养独立的故事讲述者。但实际上这是一个有争议的问题。虽然许多学生非常欣赏我在课堂上播放的独立电影，但也有一些学生对此感到困惑，他们担心这类课程对他们未来的职业生涯没有帮助。

一些学生要求我在课堂上教授他们如何创作宣传片，因为这很有可能是他们日后从事的职业工作内容。如果只有宣传片才有市场，那么创作独立电影有何益处？

这个问题问得很有道理。独立电影制作人需要承担巨大的经济、政治和心理风险。因此，许多学生会揣测他们的老师或纪录片竞赛想要的是什么样的作品，丝毫不会表现出对这些影片与他们自己的愿景存在冲突的疑虑。他们的目标是获奖——帮助他们获得更好的工作，而不是自我表达。

这里的关键问题是，高等教育的目标是培养能够无缝对接适应行业的专业人士，还是鼓励投身于独创性表达的独立故事讲述者，我试图两者兼顾。学生应当将扎实的讲故事技巧作为硬通货。好的故事才能产生真正的影响力，即使你的目标是创作一部宣传片。

然而，现实情况是，许多机构仍然更偏好仅展现正面形象的传统宣传视频，国有媒体想要的也是拥有宣传技能的人才。话虽如此，我鼓励学生们尽其所能挑战现状。作为新一代电影人，他们肩负着推动行业变革的使命。否则这一行业永远都不会有改变。

方家麟：

说到宣传片，我发现我的许多学生都不清楚宣传片与纪录片的区别。很多学生认为宣传片和纪录片就是一回事！更令人困惑的是，宣传片往往被翻译为"propaganda film"和"publicity film"，并且经常互换使用。在这里我必须解释一下，propaganda（侧重于政治宣传）和 publicity（公共宣传）在英文中的含义差异非常大，不能互换。

"公共宣传片"的目的是介绍某件事物的正面形象。影片的目标是说服观众。导演在影片中呈现精心筛选的服务于这一目标的信息和影像，这类影片通常是出于商业、政治或意识形态目的。传媒素养较高的观众不会期望在宣传片中看到故事的全貌。

"政治宣传片"使用虚假或误导性信息来操纵观众，以达到宣传某件事物的目的，而且通常是不道德或有害的事物。虽然独立纪录片也可用来说服观众，并且可能无法提供一个中立立场，但观众希望纪录片扎根于现实世界，并且清晰地表明其观点。我意识到我现在处于一种如履薄冰的状况。我不喜欢使用"看见才知道"标准，但是为了不偏离这篇文章的主题，我在其他地方再讨论政治宣传与公共宣传影片和纪录片之间的差异。

戴菲：

学生接触的独立纪录片较少，对这些术语产生困惑也是可以理解的。独立纪录片的市场极小，而且很难有机会公开放映。近年来，中国大部分独立电影节都已停办，包括云之南纪录影像展、中国独立影像年度展时。这些电影节在构建独立电影人社区方面发挥了重要作用，应在历史上占有一席之地。

好消息是新的线上和线下电影节正在兴起，社交媒体平台也在构建以粉丝为基础的社区，组织电影竞赛、大师班等活动，并为电影制作人提供筹资机会。这类平台包括凹凸镜 DOC、"后浪电影"微信公众号和深焦。

互联网还催生了各种创新放映模式，将独立纪录片介绍给更多观众。例如，大象点映采用基于兴趣的模式，构建了一种新的点播影院形式。在他们的专用软件上，同一地区的观众可以在线上报名想要观看的特定电影。报名人数达到要求后，当地影院会安排放映。CathayPlay 是一个会员制网站，致力于构建一个华语独立电影档案。

方家麟：

在美国也是如此，创作独立纪录片是一个经济风险极高的工作！在我的纪录片《无处为家》在我的家乡进行首映时，我结识了当地一家名为"最后5美分"的电影公司。他们愿意倾尽所有追求心中的激情。观众对视频内容的渴望一直都是对纪录片制作人的恩惠，但是具有商业头脑的发行商却仍然对偏离经过验证的可靠盈利模式的电影保持谨慎。和在中国一样，能让电影制作人赚得盆满钵满的电影屈指可数。因此，在过去几年里，Show & Tell 等新兴咨询公司建议独立纪录片制作人通过其他渠道来筹集资金。例如，向特殊机构、国际会议和公司全体大会推销付费放映，并在放映后开设制作人问答环节。

此外，现在还出现了另一种模式。公司和品牌聘请电影制作人制作看似独立的短纪录片——可能会在网络和媒体上迅速传播——事实上这些影片是品牌宣传片。《我名血液》就是一个典型的例子。这部短片的导演获得了谷歌的资金支持，但未限制其创作自由。导演前往尼日利亚拍摄了一部纪录片，讲述一名摩托车骑手在遭遇交通堵塞的情况下，将承载着生命希望的血液安全送到医院的故事。当然影片中也出现了一些与谷歌地图相关的无关超长镜头和音频。

这部扣人心弦的 7 分钟左右的品牌短片在谷歌频道和 YouTube 上播出，并获得了 2021 年威比奖。电影制作人还制作了一部没有广告植入的影片，时长为 17 分钟，后来被《纽约客》杂志收购。和《纽约时报》和《卫报》一样，《纽约客》现在也在其新闻网站上发布独立纪录短片。

总而言之，所有界限都在日益模糊。传统的内容和发行分类一直在不断演变。

戴菲老师，我相信你会同意我的观点，随着世界不断缩小和即时通信的实现，技术和趋势的发展和融合速度要比以往任何时候快得多，因此下一代电影人不仅要关注他们周围发生的最新事情，而且必须了解在世界的另一端发生的事情。

"看中国"项目是睁眼看世界的典范。事实上，至少有一位参与者有意将这个模式搬到他自己的国家！但是，这个项目目前仍然存在较大的进步空间，例如，制定更明确的规则，开设一个项目前培训计划，帮助学生等参与者更好地了解不同国家的纪录片文化，了解项目推进过程中可能出现的障碍，以及如何发现和纠正出现的问题。

毕竟在纪录片创作过程中，不是所有事情都会严格按照计划进行。

戴菲老师，我们是否已经准备好揭露下面这个秘密？

事实上，这并不是一次专门录制的"真正"的对话。

就像一部纪录片，它是基于我们在上下班途中、在咖啡馆和我们的客厅中进行的长达几小时的真实而诚实的对话重建的。这是对现实的重建，过程类似于制作一部纪录片。

作者方家麟(Jocelyn Ford)系香港浸会大学联合国际学院媒体与传播专业实践教授；戴菲系北京师范大学香港浸会大学联合国际学院媒体与传播专业讲师。

第二辑
中国文化的天下情怀

从整体观到系统观：中国电影国际传播的思想底蕴

侯光明

作为中华文明的内核和支柱，中华优秀思想文化对包括电影在内的文化事业产业具有内在支撑与引领作用；作为文化艺术产品和大众传播媒介，电影以具象化的视听语言传承与转化着社会、历史、文化、情感等人类经验，而其内核正是一个国家或民族的思想文化。

纵观世界其他电影大国，其国家电影在国际传播过程中逐渐确立起话语权的方式正是对于其国家思想文化内涵的创造性转化与创新性发展。然而，与西方相比，中国电影表达的思想文化核心并不明确，特别是在国际传播过程中更是无法清晰呈现出完整而集中的样貌，显得散乱而面目模糊。

与此同时，中国电影在世界上面临的传播力、影响力、接受度不高等问题也一直没有得到有效解决，中国电影在国际传播领域的境遇与其产业规模、综合实力、国际地位并不匹配，中国电影面向国际讲好中国故事的能力依然不足，国产电影海外票房依然较低，国内电影节的海外影响力依然较弱。特别是面对"两个大局"，面对数字时代的快速变革，面对"后疫情时代"的不确定性，中国电影、中国故事、中国文化在海外所面临的失语境况更加复杂，中国电影在国际传播中的思想表达与精神引领性不足，中国电影的国际传播力亟待提高，中国电影的国际话语权亟待建立。

面对这一问题，我们需要回到中华优秀传统文化本身，思考作为中华优秀传统文化核心的中华优秀思想文化所蕴含的内在力量，以中华优秀思想文化赋能中国电影国际传播。

一、整体观是中华优秀思想文化的重要特征，蕴含着中国电影面向国际、对外传播的思想文化基因

从中华文明的发展来看，中华民族历来注重从整体观进行思考，整体观是中华优秀思想文化的一大特征。早在先秦时期，《尚书》等典籍中的整体观念便已初具规模，《易经》亦是把天、地、人看作有机整体，我国现存最早的医学著作《黄帝内经》，以及我国现存最早的军事著作《孙子兵法》，都是以一种整体性的观念将万事万物联系到一起。

如张岱年先生指出的，中国传统思维方式有一个特点，就是整体思维；[1] 方立天先生亦是揭示出，儒、道、名、阴阳诸家都强调整体观点，认为整体由相互联系的各部分组成，而要了解各部分，又必须了解整体，从整体的视角去把握部分的实质。[2]

整体观作为中华文化的一大传统和重要特征，是具有与世界文明汇通对话、为全球治理问题提出新方案的重要思想基因，如费孝通先生所言，"中国传播文化思想的一大特征是讲平衡和谐，讲人际关系，提倡天人合一。在文化上表现出来的文化宽容与文化共享的情怀……"[3] 与此同时，整体观所蕴含的"天人合一"的整体目标、

---

[1] 张岱年：《中国传统哲学的批判继承》，载《理论月刊》，1987年第1期。
[2] 方立天：《先秦哲学与人类生存智慧》，载《光明日报》，1999-03-19。
[3] 费孝通：《论和而不同》，载《人民日报(海外版)》，2000-11-15。

"生生不息"的整体功能、"中和"的整体审美倾向以及"和合"的整体价值取向，也是便于在电影中进行影像转化与创新发展的中国话语核心概念。

例如，就"中和"思想来说，如《礼记·中庸》所言："中也者，天下之大本也；和也者，天下之达道也。致中和，天地位焉，万物育焉。""'中''和'及'中和'的含义极其丰富，贯穿于中国传统文化的宇宙本体论、生成演化论、社会历史观、认识论、价值观和伦理思想之中，引导人们正确处理人与人、人与社会、人与自然、人与自身等各种社会关系，体现着人们对宇宙、社会、人生、自然的总体认识、价值理想和行为准则。"①"中"与"和"是中华优秀传统文化的思想精髓，与"和平、发展、公平、正义、民主、自由"的全人类共同价值一脉相承，可以为处理全球共同面临的生态自然问题、社会矛盾问题，以及国际交流过程中的差异性等问题提供中国智慧与中国方案。与此同时，长期以来，"中和"思想深深影响了中华民族的审美追求和艺术精神，影响了中国电影的美学传统与题材。这在早期中国电影经典之作中便有所显现，如《巴山夜雨》将对历史的反思融入诗意的表达中，以良知和温情直面时代和现实的苦难，又如《城南旧事》用细腻的手法、冲淡的意境表达出对于乡愁、离别与纯真人性的感悟。

因此，面向国际传播，新时代中国电影可以将"中和"思想巧妙融入现实、情感的逻辑之中。例如，基于"中和"思想，中国电影在塑造人物形象之时注重美善合一、宽厚包容的伦理品德，在处理叙事矛盾之时注重温柔敦厚、含蓄蕴藉的情感诉求，在情境营造之时注重情景交融、虚实相生的审美品格；又如，基于"中和"思想，中国电影在国际交流题材中融入协和万邦、世界大同的价值理想，在社会现实题材中融入和而不同、执两用中的价值理念，在面对个体自我问题时融入致中和的价值追求。通过鲜活生动的人物形象、情

---

① 魏长领：《中国传统"中和"思想的伦理内涵及其方法论意义》，载《河南社会科学》，2021年第7期。

景交融的美学风格、和谐圆融的情理结构，满足观众的感性需求与理性需求，使世界不同地区观众都能从中寻得现实生活中的情感支点和价值支点，通过影像的艺术化表达为解决全人类共同面对的现实问题提供中国智慧与中国方案。

二、整体观是新时代系统观念形成和发展的思想基础，系统观具有指导包括中国电影国际传播在内的当下问题的历史逻辑、理论逻辑与现实逻辑

作为中华优秀思想文化的一大精髓和重要传统，整体观奠定了新时代系统观念的思想基础。虽然现代系统观念的形成及发展与系统科学理论有直接关系，但其产生逻辑与中华优秀思想文化中的整体观有其内在一致性。

如英国汉学家李约瑟在《中国科学技术史》（第三卷）中指出的，"在希腊人和印度人发展机械原子论的时候，中国人则发展了有机宇宙的哲学"。① 美国系统哲学家拉兹洛也曾指出，中国古典哲学的优秀传统中就表现出综合化和整体化特点②，蕴藏着系统思维的范式，即把世界当作整体来考虑。虽然中西方存在文化差异，但中西方哲学可以达到用同样的思维方式——系统哲学来进行思维。又如法国汉学家汪德迈等国内外一些研究者，直接将中国古代哲学和中医理论的思维方式看成"前系统思维"③。

相较于西方，中华优秀思想文化中的整体观更注重整体论，强调统一性，注重整体把握和直觉体悟。而西方传统的系统科学，由于是伴随着 19 世纪科学技术大发展而产生、伴随着几次工业革命的

---

① ［英］李约瑟：《中国科学技术史》（第三卷），337 页，北京，科学出版社，1990。

② 张硕城、陶原珂：《美国系统工程学者依·拉兹洛谈中国改革与哲学》，载《学术研究》，1988 年第 4 期。

③ ［法］汪德迈：《中国文化思想研究》，55 页，北京，中国大百科全书出版社，2016。

发展进程而形成的，因此从美籍奥地利生物学家路德维希·冯·贝塔朗菲创立系统论，到耗散结构论、协同学、突变论、超循环理论，以及混沌理论和分形理论等，西方相关理论更多的是在还原论上取得突破，强调客观世界的物质性构成，注重细部、分解和联系。

随着世界复杂性的发展趋势越来越明显，特别是系统科学进入中国后还需与中国长期以来的具体实践经验相结合，在我国，系统科学先驱钱学森较早地提出了系统科学的概念，首次澄清了系统科学体系结构的层次与地位，从而促进了系统科学体系的有序发展。[①]此后钱学森、于景元、戴汝为等一批学者深入系统科学领域，提出了一些较有影响力的理论。对于系统科学的中国贡献，协同学创始人哈肯曾说过，"系统科学的概念是由中国学者较早提出的，我认为这是很有意义的概括，并在理解和解释现代科学，推动其发展方面是十分重要的"。[②] 钱学森后期一直致力于系统科学研究，作出了建立中国系统科学的体系结构、系统学的研究框架，提出开放的复杂巨系统、大成智慧工程等卓越贡献。钱学森等学者构建的系统科学体系，为解决中国实践问题提供了丰富的理论支撑。我国目前的系统科学体系及系统思维、系统观念，正建基于此。

如钱学森明确指出的："我们所提倡的系统论，既不是整体论，也非还原论，而是整体论与还原论的辩证统一，是更高层次的东西，即我们的系统论既要包括整体论，也要包括还原论。"整体论认为系统的整体功能不等于其各个组成部分的综合，具有各个组成部分整体涌现的新功能；还原论认为复杂系统各个组成部分的行为可以反映体系的性质，将体系简化成多个要素，分别研究其行为和性质，可以代表整体的行为和性质。对于复杂巨系统来说，不还原到组织要素层次，不了解局部的精细结构，我们对系统整体的认识只能是直观的、猜测性的、笼统的，缺乏科学性。没有整体观点，我们对事物的认识也只能是零碎的，只见树木，不见森林，不能从整体上

---

① 姜璐：《钱学森论系统科学》，北京，科学出版社，2011。

② 许国志：《系统科学大辞典》，昆明，云南科技出版社，1994。

认识事物、解决问题。

因此，新时代系统观念正是将整体论与还原论相结合，在中华文化传统的整体观基础上，吸纳了系统科学理论的方法论基础和马克思主义中国化的现实精髓，具有指导中国现实问题的历史逻辑、理论逻辑与现实逻辑。

党的十八大以来，习近平总书记在许多场合多次强调用系统观念认识世界、改造世界的重要意义，并审时度势地将这一思维方法进行了一系列深刻论述，是在新的历史起点上实现高效治理、推动高质量发展的必然要求。特别是党的二十大着眼于实现中华民族伟大复兴的战略全局和当今世界百年未有之大变局，提出"六个必须坚持"，其中重要的一条就是"坚持系统观念"。

作为具有基础性的思想和工作方法，系统观注重系统内部要素之间、系统与各要素、系统与环境之间存在相互影响、制约，以及相互作用的关系。系统观是立足整体视域来认识和把握事物发展的客观规律、对事物结构要素及相互关系进行系统分析，进而从整体上实现系统整体最优解的思想方法论。

三、新时代中国电影国际传播应以系统观为指导，以此整体构建中国电影国际传播战略体系

电影具有技术性、艺术性、商业性、产业性等多重属性，不仅是国际交流的重要手段，而且肩负着塑造国家形象、传递国家好声音的战略重任。在此背景下，一部电影走向世界、走进不同国家，需要生产制作、发行放映、消费接受等各环节的有机联系，更与国际政治、经济、文化、军事等外部系统环境密切相关，是众多内外部要素相互作用的整体结果。

从系统观角度看，新时代中国电影国际传播作为一个开放复杂巨系统，其外部与政治、经济、科技、军事、文化等多维的社会系

统相互作用，其内部又由传播主体、内容、受众、方式等相互联系的结构要素组成，系统内部要素之间、系统与各要素、系统与环境之间存在相互影响、制约，以期达成"讲好中国故事，传播好中国声音，展示真实、立体、全面的中国，塑造可信、可爱、可敬的国家形象"的战略目标与重要任务。运用系统观念构建新时代中国电影国际传播战略体系，有助于立足全面视角和整体视域来认识和把握事物发展的客观规律和历史演变法则，深入中国电影国际传播系统的内在机理和逻辑关系，有助于将创意、生产与传播、接受联系在一起，将历史与现实、理性与感性相结合，弥合国内与国外的文化差异与话语裂隙。

在系统观念指导下，任何系统的环境、功能、结构都是相互联系、相互影响的，共同决定了系统的状态。所谓"环境"是指存在于系统内外部，通过要素交换影响系统发展的集合体。"结构"是指由人主导，重组各要素在实现目标与功能过程中的排列顺序、聚散状态及相互联系、相互作用方式，从而形成一套交互、联系形式，如架构、机制、文化等。"功能"则是指基于外部环境的变化及内部发展要求，决定系统发展方向，并通过调动组织成员的活力以实现组织功效与能力。环境、结构、功能三者之间相互作用，环境及其变化的预判及可能的结构分析，决定功能定位；而在环境不变的情况下，功能一旦确定，就要最大限度地调整结构，以最大化实现功能；同时还应关注环境的变化，随时调整功能及结构。

逆全球化趋势下，世界各国硬实力和软实力竞争都在不断加剧，西强东弱的国际传播格局仍未改变，与此同时，中国在经济、政治、科技、文化、军事等各方面实力不断发展壮大，作为新兴大国的国际影响力和关注度不断提升，中国电影国际传播面临着更大的机遇与挑战。特别是，从技术环境来看，数字时代新一轮科技和产业革命在宏观上加速世界重塑的同时，也在微观上带来了电影产业生态和传播思维的更迭，这给中国电影国际传播提供了"弯道超车"的关键机遇，如何充分利用科学技术的快速发展提高中国电影国际传播效能，显得尤为重要。

基于对中国电影国际传播系统"环境－结构－功能"的分析，中国电影国际传播战略体系应从整体性、适应性、联系性、发展性、复杂性五大系统原理出发，通过五大战略相互作用，总体建构战略体系。

第一，就系统引领战略来说，应加强顶层设计，创新构建综合集成的国际传播"总体设计部"，构建多层次电影传播战略，优化管理体制机制，调动各主体的积极性，并整合资源共建以我为主的国际电影节与评价反馈机制。

第二，就系统定位战略来说，应不断探寻传播主体与传播受众能够相互对话的"文化间性"，先聚焦主体与受众所共通共情的全人类共同主题，后根据世界不同国家和地区的传播受众进行精准化的国际化表达、区域化表达、分众化表达。

第三，就系统协同战略来说，应以跨地域、跨媒介、跨文化，以及整合、融合、联合、混合的生产与传播逻辑，推进中国电影国际传播系统内外部之间的协同发展。

第四，就系统支撑战略来说，中国电影国际传播系统的可持续和高质量发展还需要以科技赋能电影工业体系作为基础支撑，并在高新技术驱动下不断拓展国际传播的"新赛道"，积极推动中国电影企业的规模化发展和集团化合作与出海，并积极打造规模化、类型化、智能化、IP化的电影品牌。

第五，就系统内核战略来说，面对新时代中国电影国际传播系统优化所面临的复杂性问题，最深层次的内核还是以中华优秀思想文化为生产与传播内容根源，创造性转化与创新性发展出既能彰显新时代中国形象又能融通中外的电影主题、人物形象及精神内核。

总体来说，系统引领战略具有核心地位，是其他战略实施的前提基础；系统定位战略是重要抓手；系统协同战略是重要方式；系统支撑战略是面向未来的，也是动态变化的，可以给整个系统赋能；系统内核战略则是实现系统优化发展的关键。

在系统观指导下，整体论与还原论相结合，一方面，五大战略各具不同的功能和目标，相互联系、相互作用、相互影响，总体构成中国电影国际传播战略体系；另一方面，中国电影国际传播战略体系又与中华优秀文化走出去、中国国际传播能力建设等战略体系有机协调，与中国整体的政治、经济、科技、军事、文化等外部环境大系统相辅相成，整体提高中国国际传播影响力、中华优秀文化感召力、中国形象亲和力、中国话语说服力、国际舆论引导力。

当前，民族复兴、百年变局、数字变革等多重因素叠加共振，中国电影国际传播系统环境更具多变性、不确定性、复杂性、模糊性。在系统观指导下，任何战略体系的执行都并非一成不变、一帆风顺的，必须及时关注系统环境的变化，随时调整其功能及结构。在这一过程中，体制机制设计的合理性及实际运行中的组织和控制能力便显得尤为重要，而政策优势、组织优势、人力优势，这也正是中国特色社会主义制度的鲜明优势所在。

面对纷繁复杂的环境变化，我们必须坚守定力，将政策优势、组织优势、人力优势充分转化为传播优势，如习近平总书记所说："我们要不畏浮云遮望眼，准确认识历史发展规律，不为一时一事所惑，不为风险所惧，勇敢面对挑战，向着构建人类命运共同体的目标勇毅前行。"①

作者系北京电影学院原党委书记、教授

---

① 出自 2022 年 6 月 22 日习近平主席在金砖国家工商论坛开幕式上发表的主旨演讲。

共同体美学新思考：共同体美学作为传播的方法论

饶曙光

"共同体美学"是我国的原生电影理论，有着历史、现实和未来三重维度。从历史维度看，它是对作者美学、文本美学和接受美学的融合与超越；从现实维度看，理论总结和思辨了中国电影的发展现状和问题；从未来维度看，它助力中国电影从高速度发展转为高质量发展，实现电影强国目标。近年来，以此为视角的研究成果频出，但理论需应对形势的多样化等问题也不容忽视。对此，共同体美学需要对作为思维、创作、产业和传播的方法论进行再思考、新思考。

自 2018 年被正式提出，共同体美学不仅响应着国家的顶层设计，而且始终坚持观照和指导中国电影实践，对献礼片、新主流电影、乡村振兴题材影片、少数民族题材影片、"国潮"电影、科幻电影、中小成本影片等提出了丰富的研究视点。毫无疑问，共同体美学具备的实践性、承继性和集大成的品质，针对性点明了主旨目标、理论根基和体系建设三个维度，其所倡导的立足于"我者思维"基础上的"他者思维"，生发出了共同体叙事和共同利益观两条路径，兼顾了文本层面和产业层面。与此同时，作为中国原生的电影理论，共同体美学始终秉持着开放、包容和发展的态度，面向实践、面向观众、面向世界、面向未来和面向现代化。还需要注意的是，共同体美学是由大家一起创造、分享和推进。在共同体美学阐释过程中，不少学者都提出了很多建设性的意见和建议。学者周星建议："廓清细致性和聚焦性的含义等问题十分关键。"学者陈犀禾也指出：如何在共同体之下回应多样化，是共同体美学面临的一个挑战。无论如何，当世界处于百年未有之大变局中，中国处于"两个一百年"的历史交汇点，2035 年实现"电影强国"的目标，必须让共同体美学真正有利于中国电影的可持续繁荣发展，真正惠及中国电影理论体系的建设，真正助力实现强国目标。

作为一种理论方法、理论构架、理论模型的共同体美学，有着极大的理论空间和理论张力，在被提出的近 5 年里，有着丰富的研究成果，"在宏观上作为美学理论主体，通过对改革开放时期的电影理论和电影语言现代化进行当下环境的再一次研读，并就当下社会语境提出重写，为进一步提升中国电影适应新变化与世界电影接轨定下基调。其次，微观也即细分类型的研究是筑成电影共同体美学的重要基石，共同体美学的完善与发展需要各分支类型的塑造，继而形成一个具有包容性的美学理论体系"。诚如上文所说，廓清含义和回应多样化等现实性问题，对理论提出了更高的要求。共同体美学也进行了再思考、新思考，使其能作为思维、创作、产业和传播的方法论，助推中国电影和中国电影理论的高质量发展。今天重点讨论的就是共同体美学作为传播的方法论，有效建构中国电影实现国内国际双循环的新格局。

电影传播是一个过程，同时也是一种态度。在坚持文化主体性的同时，也要考虑传播者的感受和接受度。事实上，传播者与接受者是利益攸关方、情感攸关方，唯我独尊是难以奏效的。以共同体美学作为传播的方法论，能确保达成国内国际双循环的格局。具体来说，对内的传播，应当以铸牢中华民族共同体意识为旗帜；对外的传播，则须以人类命运共同体为指引。

铸牢中华民族共同体意识，是建设中国特色社会主义伟大事业的内在要求。党的十九大报告指出："全面贯彻党的民族政策，深化民族团结进步教育，铸牢中华民族共同体意识，加强各民族交往交流交融，促进各民族像石榴籽一样紧紧抱在一起，共同团结奋斗，共同繁荣发展。"作为一个历史悠久的统一的多民族国家，构筑各民族共有精神家园的中华文化认同，是"确立反映全国各族人民共同认同的价值观'最大公约数'"的文化认同基础。共同体美学的核心理念便与此相呼应，它在内容层面让电影与观众同频共振，进而也能在传播时，激发观众共同的历史记忆、文化、身份和认同意识。献礼中华人民共和国成立 70 周年的影片《我和我的祖国》，其宣传口号是"历史瞬间、全民记忆、迎头相撞"，精准抓住了不同代际人群的历史记忆点。作为一个多元一体的"大家庭"，中华民族的精神家园里理应是"各美其美，美美与共"的，具体到少数民族题材电影的创作，共同体美学强调以一种交融性、对话性、平等性的思维方式进入民族电影叙事中，在共同体叙事中建构起新时代少数民族的认同观。2022 年上映的《海的尽头是草原》，讲述的是 1959 到 1961 年间，为缓解灾荒问题，三千上海孤儿入内蒙古的真实历史事件。影片通过独到的镜头，将孤儿在异地的成长故事，凝缩为消除民族间"他者"误解、建构民族共同体的历史。

人类命运共同体是人们在共同条件下结成的最具凝聚力的集体，也是人类获得文明幸福及可持续发展的保障。它有着国际体系层次的"命运与共"，内蕴着新型的权力观、义利观、文明观和交往观。在电影传播领域，共同体美学同样提出了新型的电影与观众的关系，不能一味地、片面地、固执地强调中国电影的民族性，而是要与世界电影有更大的通约性，并强调了用共同利益观缓解产业格局中的利益冲突，形成良性互动，实现双赢、共赢和多赢。2020 年 11 月，由东南亚十国发起的《区域全面经济伙伴关系协定》（RCEP）正式签署，涉及 15 个国家的经济伙伴关系确立。在此之前，东南亚早已创办过亚太国际电影节和东盟国际电影节等区域性电影节。此次经济上的合作，或将推动"东南亚电影共同体"和"亚洲电影共同体"的达成。

同时，铸牢中华民族共同体意识的实践成就，决定着倡导人类命运共同体的实现程度。此外，我国当前的战略部署是构建基于"双循环"的新发展格局，电影也同样如此。国内传播能够把事情做到、做好，才能为国际传播提供经验和帮助。

结　语

共同体美学是对中国电影正向经验和反面教学经验的总结、提炼和阐释，是对中西方电影理论的融合、转化和"中国性"审思，在近 5 年的摸索中，理论也对如何作为思维、创作、产业和传播的方法论，进行了再思考。在"两个一百年"的历史交汇点，在世界百年未有之大变局的考验中，在 2035 年实现电影强国目标的引领下，共同体美学一方面着眼于百年中国电影史和电影理论批评"中国学派"，打造中国电影自身的话语体系、学科体系和学术体系，实现中国电影可持续繁荣发展。另一方面也积极向世界电影提供中国经验、中国方案和中国价值，与各国电影保持良性互动。未来，共同体美学还将继续与电影人一起共同创造和共同分享！

作者系中国电影评论学会会长、中国电影家协会原秘书长

文明互鉴和视域融合：中华文化辨识度提升的两种进路

戴元初

当我们讲不同文化的国际传播时，有一个前置性的预设，就是文化是各种不同文明的一种外在表现形式，而不同的文明是文化的底层价值和意蕴。因此，要发展中华文化国际传播力或者中华文化整体辨识度的提升，需要深刻地体会中华文明作为其底层支撑价值和价值意蕴。从这一基本前提出发，我们认为，文明互鉴和视域融合，是在价值层面寻求中华文化国际传播力提升的解决之道，换言之，我们可以将其作为中华文化走出去过程中提升传播效果和整体影响力的两个基本支撑性方法或工具。

文明交流互鉴，是在思维方式上采取包容、多元和交流互鉴的姿态，这一点和费孝通先生提出的"各美其美，美人之美，美美与共，天下大同"方向是一致的。但是在我们讲各美其美，美人之美和美美与共，天下大同之间，它中间有一个鸿沟：当我们各美其美的时候，也就是自我文化价值体认的时候，相对比较容易，因为我们一出生就在这样的文化环境下熏陶和浸染；美人之美大体上也是容易的，只要我们能够采取他者视角或者是设身处地的他者思维，基本能够做到这一点。但是要美美与共，天下大同，也就是说我们要在各美其美，美人之美的基础上实现所谓的共同体思维，或者说在重大文化价值关键处要达到一种共识，实际上是相当困难的，这种困难在于不同的文化背景下生存、熏染，最后形成了自身的核心价值之后，要突破这样的思维定式，打破自己的文化边界，非常困难。

那么，如何完成这种鸿沟的跨越，这就需要我们引入新的思想工具和交流工具，这就是在阐释学领域和接受美学领域被很多思想者加以发掘并且不断深化的思路，叫视域融合。当我们讲视域融合的时候，实际上就已经有了他者思维，就有了文化间交流的思想前提。换句话说，在讨论视域融合的时候，前面有一个前置视域，后面有一个期待视域。就像刚才侯老师和饶老师都提到的，当中国电影走出去的时候，需要考虑传播对象在想什么，他的文化背景、他的文化价值取向等，在这个意义上，所谓视域融合就是要寻求我们的视域和受众的视域进行重叠和交融的可能性。这一点，正如习近平总书记提出的，在国际交往中，致力于寻求"形成共建美好世界的最大公约数"。也就是说，不同文化有其边界，生活在其中的人有不一样的思维方式和价值取向，但是这中间是有共同的、大家都能够认同的公约数存在的，也就是价值重合点。这与中国一直倡导的人类命运共同体价值理念之间是有契合之处的。

整体而言，文明交流互鉴与视域融合两种进路不是相互独立的、分岔的，而是互补的、共生的，它们共同为推进中华优秀文化走出去、中华文化辨识度的提升提供基础性条件。具体来说，大概体现在以下四个方面：

第一，以开放、包容、平等、互鉴的心态关注不同文化间的差异所提供的想象新的共同现实的创造性潜力。也就是说，在中华文化走出去的过程中，我们在坚持中华文化的独特个性的同时，可以在和不同文化之间的差异缝隙里寻找创造性的可能空间，在一个全新的空间中实现文化之间的视域融合。

第二，充分发挥视域融合的预判性和可能性。视域融合的前提条件是我们知道自己和传播对象之间是存在着视域差异的，在这个时候，我们要想实现良好的传播效果，要想实现中华文化更大的影响力，就必须看到这种视域之间的差别以及可能的重合处。在这个基础上，强化我们的传播重点，缩小文化间的差异性，提高传者和受者之间达成共识的可能性。

第三，创造和营造开放的条件，让不同的声音都有相互竞争和解释的空间。这不仅包括自我和他人层面的对话，而且包括自我设想本身和现实回应之间的对话。后边这一点是我想特别强调的，当我们讲文明交流互鉴和视域融合的时候，它不是一次完整的单次循环，恰恰相反，它是在反复的交流、沟通过程当中实现的。也就是说，我们每一次对外传播和交流所获得的反馈本身就是我们寻求视域融合可能性的最好的工具和方法。

第四，增强中国故事的情境性。这一点我特别认同侯老师和饶老师提到的中国电影在中国文化走出去过程中的独特价值。中国电影在提升中华文化传播力和影响力方面的特别的价值点在哪儿？在我看来，就是它的情境性。电影特别善于营造一个共生的情境，也就是说传播者或电影生产者和电影接受者之间共同融入的那个情境，而这个情境本身，一方面它是我们交流和借鉴的一个共同的、现实的话语空间，同时它也是我们相互之间视域得以融合的一个情感空间和思想空间。

关于两种进路的互补和共生，我们有很多非常具体的工作要做，寻求和传播对象之间视域融合，不能总是期待通过反复交往过程中的反馈来实现，特别是那种很强烈的且带有挫折性的反馈来调整我们的叙事方式和情境设置方式，这样的代价过高。我们要提前做一些非常具体、细致的工作，那些基于现实文化传播过程中不同的现实场景研究得出来的更具有操作性的结论，对于中华文化国际传播来说是更为重要的。

在此基础上，我提出一个对于两种进路未来价值实现可能性的基本判断：一方面，文明交流互鉴和视域融合是提升中华文化辨识度的两种进路，两者一体两面，相互之间是互补的，同时也是共生的，共同为中华文化的传播力和影响力提升提供思想资源和方法路径；另一方面，它们两者之间关系可以概括为这样两句话：一个就是文明交流互鉴为视域融合提供了前提，也就是说没有交流和互鉴，视域融合就没有基本的前提。同样，视域融合又为文明交流互鉴提供了深化的基础，也就是说只有不断寻求文化间视域融合的可能性，才能不断提升不同文明之间交流互鉴的深度，从而为文化走出去或者说不同文化之间的交融提供一种现实的基础。

作者系山东大学教授、舆论研究中心执行主任

"第三极文化"：从"本土"到"世界"的理论建构

曹　霞

　　说起北京师范大学的资深教授、中国文化国际传播研究院的院长黄会林先生，可能很多人不熟悉，但要说起"北京大学生电影节"却是众所周知。殊不知，黄先生正是这个电影节的奠基人和开创者。不仅如此，这位精力充沛的黄先生还有着众多与中国电影、电视、话剧相关的"第一"的头衔：1985年，她和绍武先生在北师大创办了"北国剧社"；1992年，她受命出任艺术系主任，创建了"影视教育"专业；她是全国高校第一位电影学专业博士生导师，是北京师范大学艺术与传媒学院的第一任院长……面对如今动辄过亿的国产电影票房和庞大的电影市场，大概很少有人会想到，正是黄先生，以及她带领的电影学科团队的筚路蓝缕、辛勤耕耘，这才使得中国影视教育工作在社会中产生了重大的作用和影响力。

　　在《学术知行》中，可以清楚地看到，黄会林先生的学术思想是如何从"影视"扩展到了"文化"，从"传统"联结起了"当下"，从"本土"走向了"世界"。在黄会林先生的文化艺术教育思想发展中，有一条"红线"从未改变过，那就是她提倡的"民族化""本土化"文化建设。20世纪90年代，目睹中国影视受到外来文化的冲击，她忧心于中国文化的优势被压制、被漠视，从而产生了提倡和推动中国传统文化的建设期望。在坚持"影视民族化"的同时，她以敏锐的学术洞察力和丰富的实践经验，从世界性角度对于中国文化重新进行思考和定位。这位当年参加过抗美援朝战争、在保卫清川江战役中立下战功的女兵，一直有着浓烈的家国情怀，一直在寻求对于中国文化更为深刻的理解和建构路径。

2009 年，黄会林和绍武先生提出了"第三极文化"。这一理论是在对东/西、中/外文化二分法的反思基础上提出的，也是在总结、继承和发扬中国文化中最突出、最具特色和最有代表性的内容的基础上提出的。它借用地理学概念，将欧洲文化和美国文化分别比喻为"南极"与"北极"，将中国文化称为世界文化中的"第三极"，使三者分别呈现为"人类文化地理学"中的最南、最北和最高。在《学术知行》中，黄会林先生对这一理论进行了翔实的阐释和谱系性梳理。她指出，"第三极文化"的内涵是中华民族在几千年来生息繁衍过程中逐步创造、积累并传承下来的文化复合体。最重要的内涵是，"作为主导文化的儒家文化在与其他文化派别（道家、墨家、法家等）、少数民族文化及外来文化相互影响、相互融合、相互吸收、共存共生、共同发展的过程中，逐步形成、确立、巩固并为人们普遍认同、自觉遵守、代代相传的核心价值，和基于这些核心价值所生成和建构的民族精神"。正是对于"民族化"问题始终如一的重视，使得她坚定了这样一个信念：在世界历史上，中华文化是唯一一个从古代传承而来、在现代得到发展、具有历史连续性的文化，是一个历经千年沧桑而依然绽放光彩、熠熠生辉的文化有机体。

20 世纪以来，中国必须拥有自己的文化话语和理论，以此为抓手，将中华思想的文化影响力辐射到全世界。大时代呼唤大理论，大理论需要大学者。黄会林和绍武两位先生之所以能提出这个概念，是源于他们深厚的学养及所受中华传统文化的教育和熏陶。可以说，正是古老文化的"易"的思维、"儒"的观念、"道"的超然、"释"的感悟、"心学"的智慧，使得两位先生在思考中国文化价值时采取了深入的探索和辩证的态度，析出并强化与人类文明发展密切相关的文化信念，将之放在世界文化的进程中进行创造性转化。2010年，美国"国际数据集团"(IDG)在得知"第三极文化"的构想后，认为中国文化将来会在全世界发扬光大，主动提出与北京师范大学共建"中国文化国际传播研究院"，由黄会林先生担任院长。2010年和2011年，美国前总统卡特参加了中国文化国际传播研究院的会议。他说中国是一个伟大的国家，中国人民是伟大的人民，中美人民必须友好，才有共同的明天。

在《学术知行》中，黄会林先生指出，作为"第三极文化"的中国文化，其根本特点是以中国核心价值观念"和谐"为特征。"和谐"意味着天人合一、天人和谐、人人和谐，"充分体现了中国传统文化中处理人与人、人与自然、人与社会之间关系的重要准则，即包容天下的胸怀和海纳百川的气度"。"和谐"之所以能为当代社会和世界所接纳，是因为它不仅仅是中国人的理想，还具有人文化和共同价值，是人类在经历了两次世界大战之后亟须和平环境的强烈诉求。为了提升和强化"第三极文化"的实践品格，会林先生从"和合""弘毅""人为贵""仁、义、礼、智、信"等方面归纳了其重要精神，从可操作层面将之具体化为学术研究、艺术创作、文化传播、资源整合四个途径，倡导本土艺术工作者要创作出富有中国精神、中国气派、中国风格的作品。

对于"第三极文化"这一提升中国文化软实力的重要战略，黄会林和绍武先生不但有理论设计和战略蓝图，而且，多年来是知行合一，将"第三极文化"相关的艺术、影视、传播、交流、研究等活动落到实处。在两位先生的主持下，"第三极文化"论丛每年推出一部，"请进来""走出去"国际学术论坛在中外学者的共同探讨下结出了丰硕的成果，"看中国"项目极大地引发了外国年轻人对于当代中国的兴趣。会林先生将这10年来的实践概括为7个字：看、问、论、研、刊、创、会。理论与实践相得益彰，文化交流和艺术生产又不断地深化着"第三极文化"的研究，使得这一具有原创性和革新性的文化理论在学界、文化界产生了深远的影响。

任何民族的文化都离不开自己的"根"。黄会林先生指出，"第三极文化"理论体系吐故纳新，与时俱进，其"根"深植于中国文明传统之中，因此具有尊重文化差异的包容性特征，同时又鲜明地反对文化殖民和文化霸权。更为重要的是，"第三极文化"并非追求一家独大，而是在文化"会通"的基础之上实现自我"超胜"和整体性"超胜"，最终构建起和谐的世界文化，实现系统论的"1＋1＞2"的效果，这是最高层次和终极目标的"会通以超胜"："这种和谐的世界文化对整个人类文明与进步的贡献，比各种文化'单打独斗'要大得多。"这种"美美与共，天下大同"的气魄可谓毛泽东思想的继承与发扬。1935年长征胜利后，毛泽东主席作了一首《念奴娇·昆仑》："安得倚天抽宝剑，把汝裁为三截？一截遗欧，一截赠美，一截还东国。太平世界，环球同此凉热。"毛泽东主席从来都是走自己的路，但又从不拒绝人类文化的精华。

当前经济全球化与文化多极化、政治多元化同行并存，世界局势日趋复杂多变，疫情更是让全世界前所未有地结成了"命运共同体"。在"危"与"机"并存、"时"与"势"共生的局面下，中国发挥着重要的大国角色和担当。党的十八大以来，发扬中华文化传统、树立文化自信等观念已经逐渐成为人们的共识。"第三极文化"的提出适逢其时。围绕着这一概念，"自强不息""厚德载物""天人合一""道法自然""天下为公、世界大同"等人类共同价值理念得到了强化，为解决世界文化隔阂提供了有效的策略，也为中国在世界格局中的文化交流提供了强有力的理论支持。

"第三极文化"是一个具有强大生命力、生长性和延展性的概念，它的"跨学科"气质和"在路上"的状态表明，它拥有极为广阔的发展空间，在未来将成为一个重要的文化和社会现象，一个推动中国文化走向世界、世界文化走向和谐共融的重要支点。

作者系北京外国语大学教授

《老子》道本体诠释学特质

李瑞卿

引　言

　　本体诠释学是成中英先生针对伽达默尔哲学阐释学提出的一个重要的概念，成先生区分了与哲学诠释学的不同，在《本体与诠释：中西比较》中说："追求与发展本体的认知可以是一个经验的过程，有其历史性与时间性，但它同时也是一个超越时间与历史的过程，至少是不容许陷溺于某一特定的历史或时间的境域之中。但这非谓脱离时间与历史，而是在理解的意向上允许以某一特定时间与历史为例证的，而不是以某一特定的时间与历史境遇为主体的。在这一意义上说，本体的理解与诠释是以超越伽达默尔所说的'有效历史'为目标的。也就是说，本体的理解在以上对本体解说中就已包含了对偏见和成见的剪除，剪除偏见与成见的过程见诸自我的内在反省修持与外在学习致知，以求得内外的贯通与整合。"[①]即是说，成中英先生提出的本体诠释学目的在于超越伽达默尔的"有效历史"界域，而捍卫道本体的共

---

①　成中英：《诠释空间的本体化与价值化——本体诠释学与哲学诠释学的比较与整合（代序）》，见成中英主编《本体与诠释：中西比较》，9—10页，上海，上海社会科学院出版社，2003。

同价值，所谓"偏向追求一元的理"①，以便克服伽达默尔"相对主义的偏向"②；而在本体诠释上"剪除成见"是可以通过自我的修持实现的，同时，本体诠释学不仅是重视意义和语言表达的诠释的方式和手段，而且以实践理性为其核心精神，"故在中国哲学传统中，本体已早被视为具有道德的以及实践的内涵与价值"③。

此种本体阐释学受《周易》"观"卦影响而形成，它强调"综合的创造"，"综合就是体会及体验不同的事物与观点以达到一个整体思考并表现一个整体的秩序；创造就是有意识地提出和表现整合不同事物的了解及不同观点的思维和认识。很明显，'综合的创造'是一种逻辑上的归纳，但绝对不是单纯的归纳，它是紧密联系经验及体验的一种思想创造，有其广大的客观性与主观性的基础，更重要的是融合客观经验与主观体验的一种观照"。④ 王峰先生给予了比较全面的评介，并质疑。⑤ 但值得肯定的是，"综合的创造"是体验性的思想创造，儒家和道家"采取了一种内容丰富的观察和反思来理解这种最终被命名为'道'的内容丰富的实在"⑥，孔子和老子也就是这样通过对道的理解而阐明其观点的，成中英先生将孔子和老子的道论，称为"本体——宇宙论"。这一理论认为世界万物从源头有序地展开了内容丰富的体系，或者说是一个过程。中国哲学中承认道作为一个绝对的存在，同时，也深刻洞悉"道"在时空中开显了一个历史过程，而对道本体的诠释不仅建构理论体系或树立价值坐标，而且本体诠释也是一个付诸实践的过程。

---

① 成中英：《诠释空间的本体化与价值化——本体诠释学与哲学诠释学的比较与整合（代序）》，见成中英主编《本体与诠释：中西比较》，12 页，上海，上海社会科学院出版社，2003。

② 同上书，11 页。

③ 同上书，14 页。

④ 成中英：《中国哲学的综合创造与创造综合——兼论本体诠释学的涵义》，见成中英主编《本体与诠释》，30 页，北京，生活·读书·新知三联书店，2000。

⑤ 王峰：《西方阐释学美学局限研究》，131—140 页，哈尔滨，黑龙江人民出版社，2007。

⑥ 成中英：《本体诠释学洞见和分析话语——中国哲学中的诠释和重构》，见成中英主编《本体与诠释：中西比较》，10 页，上海，上海社会科学院出版社，2003。

　　因而我们可以把《老子》的道论看作一种本体诠释，它是具有体验性、实践性的综合的创造，其理论拓展与道的实践是同步的。将《老子》之道置于本体诠释学的视野来观察，借此我们可以体会《老子》关于道的元理论，可以更加明晰地体察《老子》之道是如何在理论领域和实践领域中展开的，并进而探讨其哲学理论体系的建立与具体讨论其本体论与宇宙论的接榫点，等等，这无疑有助于我们回到《老子》哲学现场。在这个意义上，我们借助省察《老子》本体诠释学而获得对《老子》更加准确的理解。

　　成中英先生开创的本体诠释学无疑是中国当代哲学的创新性成果，但其产生的基础在于正视了中国古代道的哲学现实。道本体是本源，但这个本体并非割裂于现象，而是必然地存在于现实，这也就是成中英先生所说的中国哲学的"本体—宇宙论"思路。不过，道不是理念，道也不是超然的神秘力量，道的存在是无法离开人而存在的。成中英先生在诠释道本体的存在的终极动因时，将道阐释为"一个两极分化的创生过程"①。这一见解存在两处疑问，其一，是否所有的道都是一个两极分化的创生过程？其二，我们如何能知道这是一个两极分化的创生过程——除非形而上地假想与设定。特别是后者，轻率地将气化思想引入到哲学中是不严谨的。道是绝对的形而上本体，它又是如何蕴含着对立的两极并产生气的化生呢？显然这是形而上的说法，它无法用来描述《老子》的本体论。有论者说，我们无论如何也没有必要高估气的概念及其理论在老庄哲学中的重要性，更没有必要把道家哲学归结为宇宙创化论，因为老庄哲学已显示出超越物理学（自然哲学）而趋于形而上的宛然之迹。② 这一说法，绕开了将道阐释为气的思维惯性，颇有见地，但否定《老子》宇宙论，则值得商榷。成中英在解决道物关系问题时，直接提出了"道物无际"的观点，即所谓道的世界贯彻于物的世界之中，而不是居于

---

　　① 成中英：《本体诠释学洞见和分析话语——中国哲学中的诠释和重构》，见成中英主编《本体与诠释：中西比较》，23页，上海，上海社会科学院出版社，2003。
　　② 郑开：《道家形而上学研究》，71页，北京，中国人民大学出版社，2018。

物的世界之外，物的世界也不是道的世界的沉沦，而是道的世界的展现。① 这与其主张的道本体的形而上性存在矛盾，而且此种道物无际是道物分际以后的结果，如果不考虑道的存在或宇宙化——道物分际，而混沌其道，在逻辑上也是值得推敲的。

道本体既不是借助气化而展开的，也不是遽然认定为道物无际，那么，《老子》是如何建构其道本体—宇宙论的呢？

一、道与说

《老子》中的"道"是独立不改的先于天地的绝对的形而上的本体，"道"是强名，它不能被命名和限定，必然是要独立于世，寂兮寥兮。但"道"又天然地与人世存在关联——"可以为天地母"，如此，道之本体与宇宙化生便是一体的。《老子》有言："有物混成，先天地生。寂兮寥兮，独立而不改，周行而不殆，可以为天地母。吾不知其名，字之曰'道'，强为之名曰'大'。大曰逝，逝曰远，远曰反。故道大，天大，地大，王亦大。域中有四大，而人居其一焉。人法地，地法天，天法道，道法自然。"②（二十五章）道之本体超出了天地时空，"曰逝""曰远""曰反"，在所谓"四大"中道之自然最为根本，足可以为"天地"法。同时，"道为天下母"，表示它存在于天地与人之先，接着有宇宙化，"人""地""天""道"便同处于一"域"之中。

那么，形而上的绝对之道本体是如何衍化的呢？道之本体与宇宙化生是如何成为一体的呢？"道为天下母"是比喻的说法，事实上"道"无状无物，何以能生成世界？"道"也非绝对理念生成现象，道也没有生成万物的神力。《老子》道的开显正在于命名。《老子》第一章说："道可道，非常'道'；名可名，非常'名'。无名，天地之始；

---

① 郑开：《道家形而上学研究》，81 页，北京，中国人民大学出版社，2018。

② 陈鼓应：《老子注释及评介》(修订增补本)，159 页，北京，中华书局，2009。本文所引《老子》原文皆据此本，正文标章名，不另注页码。

有名，万物之母。常无，欲观其妙；常有，欲观其徼。此两者同出而异名，同谓之玄，玄之又玄，众妙之门。"①《老子》所谓"道"是在诠释中走向现实存在的。当人没有给万物命名的时候，正是天地之始；人给万物命名后，万物就产生了。这里的命名是语言学意义上的称谓，也更是实践意义上的文化与价值体系的确立，因此开启天地和世界。而常无与常有之观，应当是从人的认知和体验的角度而言，常无的状态下，可见其妙，常有的状态下，执守其边际界限。无论是无名或是有名，常有还是常无，这些分野的存在乃是因为命名而来，所谓"两者同出而异名"。可见，无名与有名就是道的门径与开关，因为有无名、有名之命名，而产生了道的衍化。

《老子》一方面将道阐释为形而上本体，另一方面又将道拉入到人的体验中，尽管无法用感觉体验道，但通过描述进入到人的意识之中。

孔德之容，惟道是从。道之为物，惟恍惟惚。惚兮恍兮，其中有象；恍兮惚兮，其中有物；窈兮冥兮，其中有精；其精甚真，其中有信。自古及今，其名不去，以阅众甫。吾何以知众甫之状哉？以此。（二十一章）

视而不见，名曰"夷"；听之不闻，名曰"希"；搏之不得，名曰"微"。此三者不可致诘，故混而为一。其上不皦，其下不昧，绳绳兮不可名，复归于无物。是谓无状之状，无物之象，是谓惚恍。迎之不见其首；随之不见其后。执古之道，以御今之有。能知古始，是谓道纪。（十四章）

"道之为物"中之"物"，被训为"无物"②，其实不然。在此是对道的描述，"其中有象""其中有物""其中有精""其精甚真"以及惚恍之态都是体察之结果，也即所谓道是对象化于人的意识的。"孔德之

---

① 这段文字是讲道的开显与命名。不采用陈本标点。

② 郑开说："可见'道之为物'的'物'实际上就是'无物'（无物之物），近乎古希腊哲学中的 to on（即后来所说的 being），却不同于一般（物理学）意义上的'物'，或者说'有'，即西方哲学时空里的存在'存在'（existence）。"见郑开：《道家形而上学研究》，74 页，北京，中国人民大学出版社，2018。

容，惟道是从"以及"执古之道，以御今之有"即显示了人与道的现实关系，这个道就是属于人的方法论，而"其名不去"也即说明"道"必然是名言中的道。《老子》第十四章所谓"道"，虽然超出了人的感官，但却是在人的感知之后的体验性获得，道必须被命名，但道又不可名而归于无物，而成无状之状、无物之象的恍惚之境，尽管如此，道没有一刻离开过人的体验。"道之为物"与"复归于无物"都是道本身，道物无际且超于物的前提必然是要克服对道的对象化与命名，在《老子》语境中，道与物、无与有是天然一体的。《老子》之"道"克服了人格化的神，它是天地之始、万物之母、众妙之门，同时，它的存在无法脱离人对它的对象化与命名。

《老子》中有"自化"一词，"道常无为而无不为。侯王若能守之，万物将自化"（三十七章），"故圣人云：'我无为，而民自化；我好静，而民自正；我无事，而民自富；我无欲，而民自朴。'"（五十七章）"自化"这里当指万物或民众的自化，特别是"民化"与教化相关，所以，我们在理解其"自化"思想时，一方面，需要肯定《老子》的本体—宇宙论中具有"自化"论思想，但它的前提却是"无为"，是虚无而存在。另一方面，这些"自化"的万物是"有名"的万物，它天然地具有界限感，无法抹去与制度、礼仪、称谓等的联系。进而言之，在《老子》的哲学中，并未将万物的"自化"作为世界变化的根本原因。在《老子》哲学中，他所理解的"道"寂寥独行，是超越时空的曰逝曰远。它在宇宙中的演化则是始于"命名"。

"道"的显现依赖于"有名"，也即是说，道必须道，名必须名。李景林先生说："'同出异名'，既指'无名'与'有名'的统一，亦指'观妙'与'观徼'的统一。这个统一，不是西方思想中对立面统一的意思，而是讲'无名'即'有名'而显。"[1]此论诚是，而有名与无名的划分与共存是一种现实必然。《老子》第三十二章："道常无名、朴。虽小，天下莫能臣。侯王若能守之，万物将自宾。天地相合，以降

---

① 李景林：《通以显体——从老庄道论看中国古代哲学的本体学说》，见成中英主编《本体与诠释：中西比较》，180页，上海，上海社会科学院出版社，2003。

甘露，民莫之令而自均。始制有名，名亦既有，夫亦将知止，知止可以不殆。譬道之在天下，犹川谷之于江海。"道如何"在天下"，也即道本体如何衍生在宇宙中，在此讲得非常明白。道之在天下，就如同河流归于江海一样，"在天下"一方面是道物分际，另一方面是汇合为一，道的衍化的前提正是分际。而这种分际正是价值的确立与命名。"天地相合，以降甘露"这是指自然的变化，但天地不单是指自然物理意义上的，也指一种秩序的建立，与"始制有名"互文。这就是说"始制有名"如同天地秩序一样是一种必然，也就是说制度的建立与发生导致名分尊卑之别乃必然之事。名分与秩序既有，其本分就在于"知止"，唯有"知止"可以入于不殆之道。这里的"知止"依然与命名与名分有关。"命名"是修辞行为也是文化实践，在《老子》看来既有文化是道之衍化的基础，也是某种障碍，此种诠释思想表达着他对现成的制度、文化、礼仪、名物彻底的反思。他既承认人文因素的不可抛弃性，又期望着重建文化的秩序。叶秀山先生说："《老子》第一章从'道'、'名'的问题马上提出'有'—'无'这个哲学概念。天下万物本来'无（有）名（字）'，'名字'都是'人'起的，'人'为'无物—万事''命名'。不过，'命名'也有个'权力'问题……"①此论诚是。

　　赵汀阳先生认为将"道可道"的第二个"道"解释为"言说"不对。他说："我们把第二个'道'理解为'言说'，这不对，因为先秦的时候，'道'在绝大多数的文本里面，都应该是与践行相关的意思。""你会发现，把'道可道'理解为'有规可循之道'，就进入到了中国哲学最拿手的实践问题，这个才是中国思想的核心。"②这种将践行与言说割裂的观念是值得商榷的。我们不否认《老子》之道充满着实践的精神，他对言说或命名的实践意义给予充分肯定，也饱含了怀疑和困惑。他恰好是在实践的最初、接物的发端——"言行"，来反思

　　① 叶秀山：《哲学的希望——欧洲哲学的发展与中国哲学的机遇》，315 页，南京，江苏人民出版社，2019。

　　② 赵汀阳：《继续生长，经典才能不死》，载《中华读书报》，2015-01-21。

"道"的存在的。有论者支持赵汀阳先生的观点，通过考察历代《老子》注疏，认为"道可道"的第二个"道"有作"言说""称道"解的，也有将第二个"道"与践行、施行等相关联；并主张将第二个"道"理解为践行。他说："老子所关心的问题是如何超越春秋时期僵化的礼乐制度、伦理道德，以及政治制度的人为宰制，回到自然、无为、富有创造力的、变动不居的道，从而为人类社会提供新的安身立命基础。因此，'道可道，非常道；名可名，非常名'是关心如何超越具体的人为规制，从这个意义上说，将'道可道'理解为，如果是可以践行的具体规范就不是恒常不变的道，更符合老子的问题意识"；"如果将道看成一般事物的定理或名言，如韩非、王弼和吴大椿的解释，反而会掩盖《老子》一书对于春秋末期战国初人为具体规范制度僵化、虚伪化的批判。"①其实这是隔离了践行与言说之间的关系，无论是践行还是言说，都是一种理性实践，是道在现实中的存在。而笔者在此将第二个"道"解读为言说或命名，旨在揭示《老子》本体论是如何开出宇宙论的。因为如果泛泛地将第二个"道"，解读为践行，就掩盖了《老子》本体诠释的精义。而《老子》正是将道的衍化精准地定位在名言之上。当然，我们并不是将老子名学思想诠释为一套语言论，而是指出"说"与命名是老子道哲学的关键。《老子》虽然讨论的不纯粹是语言哲学，但其中不乏语言哲学之因素，只是这种语言或实践更具有现实与历史内容，他以这种语言或实践作为时间之始，作为宇宙的开始。同时，也敏感地体察到言说及制度礼仪名物等对理想之道本体的伤害。在返回本来之道的途径上他又是常以无言作为途径的。

---

① 高海波：《〈老子〉"道可道"的一种新的可能诠释》，载《中国哲学史》，2015 年第 3 期。

二、道与一

我们知道《老子》确实反思了礼乐制度、伦理道德等对人的伤害与牵制，但这属于其社会政治思想，其本体——宇宙论的建立是服务于这一目的的，因而在逻辑上更为精密坚实，否则无法支撑其具有丰富内涵的思想体系的大厦。无与有、道与物、本体与宇宙，开启于命名或言说。无名与有名的间隙或关联是什么呢？《老子》在理论诠释中提出"一"的概念。

"道生一，一生二，二生三，三生万物。万物负阴而抱阳，冲气以为和。"(四十二章)这里的"生"是"化生"，但不是生物学意义上的，因为"一""二""三"只是数字，因而此处的"化生"是数理意义上的，其逻辑是由无到一，由一到二乃至三以后有万物。《老子》固然有"负阴而抱阳"的说法，但我们不能将此种化生理论混同于阴阳和合的自然化生理论。《老子》始终强调道的根本性，如第五十一章："道生之，德蓄之，物形之，势成之"，不可否认其理论阐释中有仿生论之因素，但强调的是"道生"而非阴阳和合，"负阴抱阳"是道生以后的结果，而不是化生的根源。第五十二章曰："天下有始，以为天下母"，"有始"即是最初的开始，以母为喻说明并不将阴阳作为化生之根源。因此如果泛泛地将道阐释为两极分化的创生过程是违背《老子》道论的。成中英先生阐释"道"与"一"之关系时说：

> 我相信《道德经》中的许多部分已经提供了对"道"的理性重建。首先，很明显"道"是永不枯竭的力量源泉以及万物存在的终极根源，它也是维持万物形成和转变的经久不衰的能量和活力。在这种意义上它是万物的生命之根。"道"为"一"的观念也强调了"道"的产生"阴""阳"二者的唯一性，而阴阳生三，三生万物。"道"是万物存在的唯一终极源头也是生生观念的理论基础。因此很明显，"道"是生生万物的唯一创生力。就像创生涉

及"二"的产生过程，我们能看清男性和女性之力(也就是"阳"与"阴"的象征物)在万物的世界形成中起到了产生和转变的作用。我们看清了"道"的功能是作为一个两极分化的创生过程。但在这种分化过程中，道是"一"的单一个体性原则也在万物中多样化地表明和持存。"道"的唯一性也产生了"和"的观念，"和"表明在差异者和对立物之中相互协调的状态。①

"道生一"可以解释为"道"为"一"，但"一生二"解释为道生阴阳或两极分化的过程则不妥。如果这样阐释，其实就将道纳入到阴阳体系中。老子哲学中存在某种阴阳意识，但不能将道直接与阴阳结合起来。其道或广大无边，或细微无际，是无法用语言来表述的，它不能被纳入到任何一种现成模式中。魏源《老子本义》云："一谓气，二谓阴与阳，三谓阴与阳会合之气，即所谓冲气也。"②将"一"阐释为是"道"所化生之"气"，也是因妄执阴阳观念所致。《老子》有其独特的阐释模式。

"一"是数之初，也是语言，《老子》本体论与宇宙论的统一之处不是气论，而是通过语言发动的。这个语言中的"一"就是有名之初。正如徐大椿《道德经注》所云："一者，名之始、数之端，乃道之所生也。""一"是"有""无"的界限，也是道物的分际。《老子》第三十九章说："昔之得一者：天得一以清；地得一以宁；神得一以灵；谷得一以盈；万物得一以生；侯王得一以为天下正。"陈鼓应先生将"得一"训为"得道"③，其实并不准确，牛贵琥先生说："这一段讲'得一'。老子认为一是各种事物开始时的状态。'万物生于有'，'有'的起始便是一"④，此论诚然，其实，"得一"，应是"得道"之初，即道的宇宙演化之开始，因而清、宁、灵等成为天、地、神等的本性。但是，

① 成中英：《本体诠释学洞见和分析话语——中国哲学中的诠释和重构》，见成中英主编《本体与诠释：中西比较》，23页，上海，上海社会科学院出版社，2003。
② (清)魏源：《老子本义》(卷下)，清光绪袁氏刻《渐西村舍汇刊》本。
③ 陈鼓应：《老子注释及评介》(修订增补本)，212页，北京，中华书局，2009。
④ 牛贵琥：《老子通释》，18页，北京，商务印书馆，2016。

《老子》并不将道作神秘的阐释，它甚至是超乎"神"的，超乎"神"则不落入"神"的窠臼。这个"一"本身不是"道"，而是道本体的衍化之开始，也是建立秩序之开始。那么"二"是"得一"以后的状态，这当然是从逻辑先后来说的，"一"的初现即意味着事物的无限衍生。

　　"一"来自何处呢？它是一个数字概念。这个"一"携带着作为体验者或实践者的体温，它依然是一种命名，否则我们无法找到"一"的来处。但是另一方面，"一"又不单指数的发端，或"有名"之初，它同时也是进入无名或虚无而达到道物无际的一丝缝隙。"载营魄抱一，能无离乎？"（十章）"是以圣人抱一为天下式"（二十二章）；"视之不见，名曰夷；听之不闻，名曰希；搏之不得，名曰微。此三者不可致诘，故混而为一。"（十四章）这些"一"又是复归于道的"无名"境界。"抱一""混一"是通过体验和实践上溯向道本体的方法或途径，是与道为一的境界，"道生一"则是道本体的开启和发端，在开端与整一、有名与无名中循环往复。为进一步理解"道"与"一"之关系，我们不妨考察它在《庄子·齐物论》中的表现。

　　　　有始也者，有未始有始也者，有未始有夫未始有始也者。有有也者，有无也者，有未始有无也者，有未始有夫未始有无也者。俄而有无矣，而未知有无之果孰有孰无也。今我则已有谓矣，而未知吾所谓之其果有谓乎，其果无谓乎？夫天下莫大于秋毫之末，而大山为小；莫寿于殇子，而彭祖为夭。天地与我并生，而万物与我为一。既已为一矣，且得有言乎？既已谓之一矣，且得无言乎？一与言为二，二与一为三。自此以往，巧历不能得，而况其凡乎！故自无适有以至于三，而况自有适有乎！①

　　有开始，有开始之未开始，一直追溯下去则有无穷的无，世界的本源就无法知道；就无本身而言，有无，也有无还没有出现之时，

---

　　① （清）郭庆藩：《庄子集释》（第一册），79页，北京，中华书局，1961。

一直追溯上去则是无穷的有，无的本源也无法知道。而我们所说的有无，就是"俄而有无"，章太炎先生解释："不觉心动，忽然念起，遂生有无之见，计色为有，离计执证其有，计空为无，离计执证其无，故曰俄而有无矣，而未知有无之果孰有孰无也。"①所谓心动念起，也即观念和名言的兴起。有无就是一种名言，而这些名言并不一定实指有无。② 也有论者认为："庄子对'始源'问题的发问是非常智慧的。既然'始源'无法探知，那么对它的命名'道'也就没有实际内容。所以，庄子把'无'凸显出来，让不可命名的东西保持在无名、无形的'无'之中。从这一意义上说，'无'比'道'更原本，'无'其实消解了而不是回答了万物'始源'的问题。"③强调《庄子》的无本体论，这是颇为典型的说法。其实并不尽然，《庄子》如同《老子》一样关注到了"一"的出现和"有名"存在。这个"一"是"谓之一"，所以是有言或有名，它是道本体的衍化之端，是不得已的"念"生"名"兴；这个"一"是"万物与我为一"的复归于道的状态，也是因天地与我并生的先天存在决定，所以又是不能言或无名的。这是《庄子》对《老子》

①　章太炎：《章太炎全集·齐物论释定本》，106 页，上海，上海人民出版社，2014。

②　章太炎先生用法相唯识学中"三性"说与名实论来解释庄子《齐物论》中讨论有无的文字。《齐物论释定本》说："夫断割一期，故有始；长无本剽，故无始。本心不生，故未始有夫未始有始。计色故有，计空故无，离色空。故未始有无，离遍计。故未始有夫未始有无，此分部为言也。不觉心动，忽然念起，遂生有无之见，计色为有，离计执证其有，计空为无，离计执证其无，故曰俄而有无矣，而未知有无之果孰有孰无也。然今之论者，现是有言，言既是有所诠之有，宁得遮拨为无，而此能诠诚合于所诠乎？又无明证，故复说言未知吾所谓之其果有谓乎，其果无谓乎？《摄大乘论》无性释曰：'名于事为客，事于名亦尔，非如一类，谓名与义，相称而生，互相系属。'名义既不相称，虽有能诠之名，何与所诠之事。《大乘入楞伽经》说：'虽无诸法，亦有言说，岂不现见龟毛、兔角、石女儿等，世人于中皆起言说，彼非有非非有，而有言说耳。'又云：'非由言说，而有诸法，此世界中蝇蚁等虫，虽无言说，成自事故。'此则名事非独相客，且或相离也。"（章太炎：《章太炎全集·齐物论释定本》，106 页，上海，上海人民出版社，2014。）"长无本剽"出自《庄子·庚桑楚》，原文说："有实而无乎处者，宇也；有长而无本剽者，宙也。""剽"，通"标"，指末端。"本剽"，本末与始终。指时间上的不断延长又无始无终。在章太炎看来，有与无的产生是计色与计空导致的，离间色空而有有无之别，同时"未始有无"之论则是离开遍计所执性而达成。

③　林光华：《〈庄子〉：从'道'到'无'的过渡》，载《哲学研究》，2010 年第 2 期。

"一"观念的准确的阐释。

　　《庄子》道通为一的最终目的是进入到无的境界，但并不意味着他无视有的宇宙，这一有名的存在恰是进入到无本体的基点。《庄子·齐物论》中说："物无非彼，物无非是。自彼则不见，自知则知之。故曰彼出于是，是亦因彼。彼是方生之说也，虽然，方生方死，方死方生；方可方不可，方不可方可；因是因非，因非因是。是以圣人不由，而照之于天，亦因是也。是亦彼也，彼亦是也。彼亦一是非，此亦一是非，果且有彼是乎哉？果且无彼是乎哉？彼是莫得其偶，谓之道枢。枢始得其环中，以应无穷。是亦一无穷，非亦一无穷也。故曰：莫若以明。"庄子深知万物无法摆脱因名言而起的界域局限，也无法摆脱它们彼此建立起来的种种关系，其方法论只能是"彼是莫得其偶"，即彼是两者摆脱任何的相互关系自然也就摆脱是非有无。但庄子并不是以空洞的虚无为方法论，而是正视了物的现实存在，讨论如何从"一"的发生回归到"一"的境界，也只有辨析"一"之初生，明晰是非有无生死界限，才可突破道物分际以致道通为一。需要作出辨析的是，由于自然气论在《庄子》思想中的进入，"一"与"一气"往往等同起来。《庄子·知北游》："万物一也，是其所美者为神奇，其所恶者为臭腐；臭腐复化为神奇，神奇复化为臭腐。故曰'通天下一气耳。'故圣人贵一。"①这里的"贵一"之道与通乎一气的方法论密切联系起来。日本学者们说："《知北游篇》'通天下一气耳，故圣人贵一'的'一气'也被作为实现由'通天下一气'而圣人贵的'一'，这个'一'，也可解作《老子》所谓'圣人抱一'（第二十二章）的'一'（即'道'），因此把'道'和'一气'作为同位概念来解释也完全不是不可能的。"②显然日本学者将《老子》所谓"一"与《庄子》"一气"混同起来是不正确的。

---

　　①　（清）郭庆藩：《庄子集释》（第三册），733 页，北京，中华书局，1961。
　　②　[日]小野泽精一，[日]福永光司，[日]山井涌《气的思想——中国自然观与人的观念的发展》，120 页，李庆译，上海，上海人民出版社，2014。

三、道不是气

《老子》的本体诠释学体现着他对道的独特的体察理解，借此《老子》建立起独立的话语体系与实践路径，也开启了新的宇宙世界。诠释是话语过程也是实践过程，《老子》对道的诠释就是他对道及宇宙的创造。在其"道生一"理论中就将本体——宇宙论从阴阳化生的模式中解救出来了。他的"一"是发端，也是圆满的境界，这样的思路也使他摆脱了神论或天命论的余晖。《老子》道论是与儒家道论、易道存在显著差异的阐释之途。虽然《老子》对道有"惚兮恍兮""窈兮冥兮"的描述，但并不把道诠释为气，"道法自然"中之"自然"也不是元气流行而成的自然。如果以气论来诠释《老子》道论，必然会削弱《老子》的价值，也会无视《老子》整个思想体系中的苦心孤诣。比如，从美学思想看来，《老子》开出的美不是生机蓬勃之美，而是寂寥虚无之美，这与建立在气化论基础上的易学哲学或理学所推崇的阴阳化生之美是大异其趣的。《易·系辞》中讨论到易道本体论及宇宙论，说："天尊地卑，乾坤定矣。卑高以陈，贵贱位矣。动静有常，刚柔断矣。方以类聚，物以群分，吉凶生矣。在天成象，在地成形，变化见矣。是故刚柔相摩，八卦相荡。鼓之以雷霆，润之以风雨，日月运行，一寒一暑，乾道成男，坤道成女。乾知大始，坤作成物。"这是宇宙化生观也是本体论。因为天地之定位，乃有贵贱之别、刚柔变化，以及事态之吉凶。这又是在天地间发生的自然化生，表现为雷霆风雨、日月运行等自然现象的感荡滋养和人间男女的产生。这段《易·系辞》中体现了阴阳观念，但它将阴阳观念落实在了基本的自然现象、人事现象之上，以象思维来阐释其宇宙观，即通过具体物象的阴阳关系来解释世界。而且，《易·系辞》中的阴阳是本体性的，即阴阳的变化即是道或宇宙，在天地之外并无别的境界。《易·系辞》依然残留着神秘色彩，这些日月、雷电、风雨等自然现象先天地具有神性或理性。此种观念在《老子》中是不存在的。张载提出太和之道氤氲于太虚之中、太虚即气的说法，建构了以气之阴阳变化阐释道本体的思维模型：《正蒙·太和》："太和所谓道，中涵浮沉、升降、动静相感之性，是生氤氲、相荡、胜负、屈伸之始。"按照王夫之的解释，"阴阳异撰，而其氤氲于太虚之中，合同而不相悖害，浑沦无间，和之至矣"；《正蒙·太和》："太虚不能无气。气不能不聚而为万物，万物不能不散而为太虚。"①张载基本上系统地建构了道气合一论，影响深远。

在《老子》哲学中，道不是太虚，也不是太一，道气合一论并未形成。道先天地而生是《老子》的基本的宇宙观念，但它并不是纯粹的自然论，其中包含着浓烈的人文因素。当然，这并不排除《老子》从仿生论的角度来阐释道的演化与天地产生，《老子》第六章说："谷神不死，是谓玄牝。玄牝之门，是谓天地根。绵绵若存，用之不勤。"谷，指山谷，指虚。谷神就是虚而神。朱熹注曰："'谷'只是虚而能受，'神'谓无所不应。"严复注解说："以其虚故曰'谷'；以其因应无穷，故称'神'；以其不屈愈出，故曰不死，三者皆道之德也。"司马光注为："中虚故曰谷，不测故曰神，天地有穷而道无穷，故曰'不死'。"②朱熹和司马光以感应或阴阳不测来阐释，流露出浓厚的儒家色彩，未必符合老子原意，其所谓"阴阳"变化应当是天地化生以后。"玄牝"之门的开阖是天地之根本，但"开阖"并不意味着阴阳之气的交错。再如《老子》第三十四章提及道生万物时说："大道氾兮，其可左右。万物恃之以生而不辞，功成而不有。衣养万物而不为主，可名于小；万物归焉而不为主，可名为大。以其终不自为大，故能成其大。"显然，《老子》没有用自然之气从根本上来阐释天地生成、人文建立、宇宙变化。

那么，《老子》的所谓自然是什么呢？就是道的虚无与变化本性。它是超出自然界与物理视野的。"天地不仁，以万物为刍狗；圣人不仁，以百姓为刍狗。天地之间，其犹橐籥乎！虚而不屈，动而愈出。

---

① （清）王夫之：《张子正蒙注》卷一，1页、5页，北京，中华书局，1975。
② 转引陈鼓应：《老子注释及评介》（修订增补本），80页，北京，中华书局，2009。

多言数穷，不如守中。"（第五章）以"橐籥"的开阖来比喻天地之开阖。值得注意的是，这里的开阖变化与"言"存在关联，"多言"则"数穷"。因而，理解《老子》之道不可以气论之。不难看出，在本体——宇宙论上《老子》要刻意避免出现气本论，即并不通过"气"的变化来阐释宇宙之根源和道的存在。

　　虽然《老子》中也涉及气，但这里的气论只是指养生论，而不是宇宙论与本体论。如《老子》第十章："载营魄，抱一，能无离乎？专气致柔，能如婴儿乎？涤除玄览，能无疵乎？爱民治国，能无为乎？天门开阖，能为雌乎？明白四达，能无知乎？［生之畜之。生而不有，为而不恃，长而不宰，是谓'玄德'。］"①《老子》"抱一"的方法和境界是不离身体或气息的，主张魂魄合一，如同婴儿一样保持柔气，体现雌态。关于"天门"的训诂，出现多种说法，河上公注为"天门谓鼻孔"；苏辙注为"天门者，治乱废兴所从出也"；林希夷则说："天门，即天地间自然之理也"；范应元说："天门者，以吾之心神出入而言也。"②陈鼓应先生依从第一种说法，以天门为感官。笔者侧重于范应元的解释，并具体指出，天门即囟门。囟门指婴儿出生时头顶有两块没有骨质的"天窗"，医学上称为"囟门"。《康熙字典》中引魏校语："顶门也。子在母胎，诸窍尚闭，唯脐纳气，囟为之通气，骨独未合。既生，则窍开，口鼻纳气，尾闾为之泄气，囟乃渐合，阴阳升降之道也。"《老子》所说的"天门开阖"是指婴儿在母胎或刚脱离母胎时的状态，其养生论或合道的方法论反映着他的本体——宇宙论，其理想是回到先天的雌柔或虚无之态。关于这一思想在《老子》中比较普遍，如"道冲，而用之或不盈。渊兮，似万物之宗"（四章）、"天地所以能长且久者，以其不自生"（七章）、"善行无辙迹；善言无瑕谪；善数不用筹策；善闭，无关楗而不可开；善结，无绳约而不可解"（二十七章），"知其雄，守其雌，为天下蹊。为天下蹊，常德不离，复归于婴儿"（二十八章），等等。

---

　　① 陈鼓应：《老子注释及评介》（修订增补本），93页，北京，中华书局，2009。

　　② 同上书，96页。

《老子》的本体——宇宙论为什么没有走向气本论呢？笔者将另作文章来考察。"气"本论的出现较晚，其理论逻辑的建立是一个历史过程。但因为气论的深入人心，于是阐释《老子》也就沾上了气或阴阳的色彩。在前《老子》的时代，已经出现了气、阴阳、五行的观念，但《老子》并不将它们纳入其本体——宇宙论中，究其原因，是出于对天神或自然神崇拜的消解，或者说它宁肯将造物主归为虚无，也不愿意将原始的崇拜意识移位在气上。不妨作出一点推测，"气"与"风"有关，正如日本学者所说："根据甲骨卜辞的记载，风是神；与方位观相联系，存在着风神。风从四方远隔之地而来，在到处流动；它对自然界的各种现象，尤其是谷物的生命现象起着作用。如要在殷代探求遍满于天地之间，变化着，起着作用，与生命现象有关的气概念的原型，可以认为，那就是风。"①风与方位及四方神的崇拜有关。而且四方风、四方神、太一形成的神话体系，还与历法有关，冯时先生在著作中有比较详细的考证。②

作者系北京语言大学教授、博士生导师，北京师范大学中国文化国际传播研究院客座研究员

　　① ［日］小野泽精一，［日］福永光司，［日］山井涌：《气的思想——中国自然观与人的观念的发展》，23 页，李庆译，上海，上海人民出版社，2014。
　　② 冯时：《太一与帝俊》《四时与四神》章，见《中国天文考古学》，167—176 页、208—218 页，北京，中国社会科学出版社，2010。

媒体及其在传达国家真实形象方面的先锋作用

[埃及]侯萨穆·法鲁克

我想从个人的角度来分享我对"国家真实形象"的想法。我相信,真正推动我们前进的是个人经验,因为能够真正了解媒体在传达真实国家形象和促进国际交流与合作方面的作用。

作为这个国家的旅居者,从 2005 年抵达中国到现在,我目睹了中国政府采取的行动和决定所实现的转变。这些行动和决定改变了包括我在内的中国人民的生活方式。一段升级和发展的旅程、旅途中的每一站都停留在我的记忆中。

我此行最重要的一站是在中央广播电视总台工作,在那里,我喜欢介绍有关这个国家的最新消息,讲述人民为实现更好生活而奋斗的故事,并将其所有细节传达给世界。

我们都知道,鉴于世界在现阶段见证的技术革命,媒体的作用正在增强,这为媒体信息提供了更广泛的传播空间。除了在提高社会意识和服务国家利益方面发挥传统作用外,它还成为国际一级发展进程和观点趋同的关键伙伴。但是,任何媒体的传播和影响都取决于其信息的内容和质量,并取决于对受众需求的研究,这样其广播或发布的内容对目标群体才能具有吸引力。因此,必须确定外国读者和观众寻求了解中国的领域,并根据这些需求设计媒体信息。

总的来说，外国观众对中国发生的任何事情都感兴趣。中国在过去 40 多年中发展迅速，特别是在过去 10 年中，它一直走在改革开放的道路上，这意味着国外对这个国家正在发生的事情有很大兴趣。

包括中国网络在内的中国媒体的主要功能是提供有关中国的一切。因此，我们必须坚持定位或产品在受众心中占据的空间，将其与媒体市场内外竞争对手区分开来，并通过正确了解中国的政治、经济和社会状况来塑造外国舆论，以纠正许多由一些西方媒体对中国的报道所形成的负面形象。

我们应该提出这些问题，使我们的追随者更容易将产品与其价值联系起来：我们提供什么类型的媒体产品？显示这些信息和新闻有什么好处？应该如何准备这些信息材料？

2016 年 8 月，中国网推出了一个名为"来自中国心脏"的阿拉伯语和中文视频节目。这是通过音频和图像传达故事的第一个真正节目，以向所有阿拉伯人和非洲人展示真实的中国及其过去和现在的发展。

总的来说，我们的视频节目侧重于中国的发展模式和与之相关的一切，包括中国在消除贫困和提高社会处境不利群体生活水平方面的经验。此外，中国在提升农业技术、增加生产和创新方面取得了巨大发展。

我们已经看到，摆脱世界许多地区，特别是阿拉伯世界和非洲的一些国家所经历的危机，需要从中国模式中借鉴，因为中国模式最接近、最适合解决粮食短缺、发展和技术薄弱等问题。

我们还热衷于传达中国经历了的重要而多样的转型场景，例如，通过采用技术推动中国品牌创新，继续经济开放，为世界提供强大的增长引擎和巨大的商业市场。

因此，"来自中国心脏"节目围绕两个主题展开：

首先，中国内地：

我们借此机会访问了中国大部分地区，特别是少数民族居住的地区(如新疆和西藏)或在消除贫困、环境保护和技术升级等领域取得成就的地区(如江南)。我们在那里讲述了许多故事,反映了中国人民生活的改善和他们见证的经济发展,并展示了中国不同民族之间的和谐与文化。这些故事回答了世界上出现的许多问题,如外国人对中国少数民族状况和中国人从发展中受益程度的想象。

这些故事伴随着我们的追随者提出的问题,其中最重要的是"中国是如何实现这一切的?"

通过声音和图像,我们带着追随者们自己探索答案,其结论是,中国共产党和政府直接解决了贫困和欠发达的问题,其中最重要的是:民众文化水平低、基础设施差,技术技能薄弱,以及社会保障覆盖面小。

其次,国际层面:

我们抓住了举办大型活动的机会,例如,之前举办的中国国际进口博览会,大量外国公司和机构的所有者参与了会议,中国强调了合作的重要性,达成双方共赢。

我们还重点关注了中国通过在"一带一路"和全球发展倡议框架下的许多项目上的合作,在经济上支持世界许多国家方面发挥的作用,以及中国对改善当地生活的直接贡献。

最后,媒体是"国家之眼",通过它,人们可以看到国家悠久的过去、辉煌的现在和充满希望的未来,人们可以看到国内外发生的事情。因此,那只眼睛一定是健康的。

作者系埃及记者,中国外文局专家,2017 年中国政府友谊奖获得者

第三辑

中国电影的国际传播

纪录片：行动力与责任感

——关于生态文明与纪录影像的思考

张同道

人是自然之子，居天地之间，享万物之利。然而，工业革命改写人类与自然的相处模式，人定胜天，追求力量和速度成为新时尚。消费时代，利益至上，傲慢的人类榨取自然资源，无穷无度。过去50年里，千万年间形成的原始森林被大量砍伐，每年消失约1300万公顷；野生动物数量下降60%，平均每小时就有一个物种灭绝，大熊猫、朱鹮等珍稀动物一度濒临灭绝，印度虎从30万只减少到2000只，蓝鲸只剩下2%；全球气候变暖，冰山消融，北极冰盖以过去两倍的速度融化。

就在这50年里，纪录片从征服自然、消费自然转向认识自然、保护自然。近年来，一些纪录片人更是大声呼唤，行动起来，以纪录片为媒介，干预滥捕盗猎、野生动物消费与过度消费行为，呼吁公众一起保护自然，建设生态文明。

一、征服自然

纪录片与自然的关系可追踪到卢米埃尔时代，一些摄影师把遥远的风景带给城市观众，南极、北极、非洲大陆，当然也包括亚洲大陆。探险电影成为最早的流行电影。真正的探险电影来自美国人罗伯特·弗拉哈迪，《北方的纳努克》记录了因纽特人在北极猎捕海象、海豹，建筑冰屋的生活，大获成功。那时，自然是一片等待被征服的野性空间，而征服自然则是一种英雄壮举。1948 年，弗拉哈迪再次拍摄动物与人的故事，《路易斯安那州的故事》描述了森林里的一位卡津少年，他把浣熊当作朋友，而把吃掉浣熊的鳄鱼当成坏蛋。电影显示石油钻井平台已进入原始森林，但钻井平台与自然和谐共存。

动物是自然纪录片里最受欢迎的主角。1953 年，瑞典人阿尔纳·苏克斯多夫拍摄了一家农户与狐狸、水獭的故事，像童话故事一样，动物扮演了各种意识形态角色，狐狸偷吃鸡，被当作坏蛋，最终被农夫处死，而水獭则成了孩子的朋友。《森林大冒险》成为那个时代自然纪录片的标志性作品，戏剧故事与童话美学建构了一个远离现代文明的纯真世界。

1956 年《沉默的世界》依然按照童话美学建构故事。法国人雅克-伊夫·库斯托是一位船长，热衷于海洋探险，他与路易·马勒深入海洋，拍摄了人与鱼一起翩翩起舞、海豚在海上集体舞蹈等海洋奇观，但鲨鱼是坏蛋，最终被屠杀——这是影片里一个血腥的片段。后来，库斯托船长不再把动物分成善恶两类，变成一位坚定的环保主义者，在世界范围内推动生态保护。

当时，人类正在大肆享用自然的馈赠，不承想自然的惩罚已经开始。

二、消费自然

1979 年，英国 BBC 纪录片《生命的进化》播出，引发轰动，在全球 100 多个国家播出，观众超过 5 亿人。摄制组历时 4 年，跨越 39 个国家，穿过 2500000 千米，拍摄 650 个物种，创造了一部前所未有的自然纪录片模式：一波三折的戏剧故事，惊险极致的视觉奇观，震撼人心的史诗音乐，再加上主持人大卫·爱登堡爵士出镜并解说，观众沉浸于一场视听盛宴的狂欢。这为英国 BBC 后来的蓝筹大片奠定了基础。

2001 年，《蓝色星球》播出，自然纪录片蓝筹大片正式诞生。该片耗费 5 年，125 次探险拍摄，6000 小时水下拍摄，1000 小时潜水艇拍摄。影片首次拍到了鲛鲼鱼等生物，并捕捉到虎鲸猎杀灰鲸、蓝鲸携带幼崽的戏剧场景，再一次刷新了《生命的进化》所开创的自然纪录片模式。2006 年，《地球脉动》播出，同样引发全球轰动。《冰冻星球》《猎捕》等片一次又一次带给观众惊喜。

蓝筹大片带给观众的是什么？首先是未知的、神奇的自然，从南极到北极，从浅滩到深海，从草原到高山，从沙漠到雨林，走进人迹罕至之地，探寻新奇的动植物；其次，影片以卓越的摄影技术捕捉到自然界的戏剧性故事，特别是动物生死对决、交配与生育等场面，并以好莱坞电影的节奏剪辑成激动人心的情节段落；极致化的视觉奇观体验与大卫·爱登堡绘声绘色的解说情景交融。影片为工业化社会里忙忙碌碌的城市人提供了一个纯粹、透明的自然童话，一个远离喧嚣都市与狂躁人群的精神乌托邦。人们欣赏自然，消费自然，以自然童话疗愈伤痛，慰藉心灵。爱登堡称之为"观众与自然世界之间的双向疗愈（two-way therapy）。"[1]

然而，事实证明自然纪录片给予观众的疗愈是单向度的。当蓝筹大片在世界各地领受热烈追捧之际，影片的动物主角却正遭受冰川纪以来最严重的挑战。世界自然基金会《地球生命力报告 2020》称，1970—2016 年，全球野生动物种群数量在短短不到半个世纪消亡了 68%。地球生命力指数在不到 50 年的时间里竟然平均下降超过一半。主要原因是气候变化和人类的过度开发。

工业化带来经济与人口的急速增长，但增长是否有极限？1972 年，联合国在斯德哥尔摩首次举行"人类与环境会议"，发表《联合国人类环境会议宣言》，明确提出环境保护问题。1983 年，联合国成

---

[1]　喻溟：《从审美到行动——BBC 自然史蓝筹纪录片的环保转向》，载《艺术评论》，2020 年第 9 期。

立世界环境与发展委员会，提出可持续发展模式。1992 年联合国环境与发展大会通过《21 世纪议程》，指出"人类站在历史的关键时刻"，生态环境持续恶化，环境与发展必须同时统筹。"没有任何一个国家能单独实现这个目标，但只要我们共同努力，建立促进可持续发展的全球伙伴关系，这个目标是可以实现的。"

　　人类从农业文明、工业文明转向生态文明，环境保护已成人类共识。因此，2016 年的《地球脉动 2》卷土重来，再次引发大海波涛一样的赞美。《蓝色星球 2》《王朝》《七个世界 一个星球》等蓝筹大片也毫无例外地获得传播成功。然而，这一次大卫·爱登堡却遭到了质疑：英国《卫报》刊文《BBC〈地球脉动 2〉对自然世界并无帮助》，作者马丁·休斯-盖姆斯指出"我担心《地球脉动 2》这个系列，以及其他的类似节目，已经成为世界野生动物的灾难。这些节目纯粹是娱乐，执行很出色，但最终的重大'贡献'是我们所呈现的野生动物全球范围的灭绝。（蓝筹）节目制作人认为如果观众对自然节目感兴趣，他们就会开始关心自然世界，并且有可能希望参与到保护自然的努力中。不幸的是，科学证据表明这就是一派胡言。"环保运动倡导者克里斯·罗斯发了一篇长文，《大卫·爱登堡：为了大自然，请别再制作〈地球脉动 3〉了》。他认为"《地球脉动 2》给沙发一族提供高剂量的自然疗法方面做得过火了，没有展示自然如何需要帮助、如何帮助或引导观众去帮助它……随着 BBC 拍摄自然史影片的时间推移，世界上大多数野生动物都消失了。是时候重新思考这一模式了。"[1]蓝筹大片精彩依旧，但世界早已变换容颜。

三、保护自然

　　当英国 BBC 蓝筹大片傲视全球之际，法国一位电影演员迷上了

─────────────

　　① 喻溟：《从审美到行动——BBC 自然史蓝筹纪录片的环保转向》，载《艺术评论》，2020 年第 9 期。

自然纪录片，他是雅克·贝汉。他曾以演员和制片人身份取得电影辉煌，但纪录片赋予他生命的力量。"我一直对剧情片感兴趣，但是纪录电影对我来说变得必要，是因为我发现有一些生命被忽略，那就是动物。"①从此，他连续奉献了 3 部自然纪录电影。2001 年，《迁徙的鸟》上映。摄制组跟随白鹳、灰雁、大天鹅、丹顶鹤、信天翁、帝企鹅等 30 多种候鸟，飞越全球 50 多个国家，以极致的视觉奇观与技术美学，讲述了关于承诺的生命故事，戏剧故事与视觉奇观堪比蓝筹大片，但具有更多诗意，更多一份关于生态的担忧：污染的海滩，囚在笼里的鸟，被绳线束缚的鸟，被射杀的鸟，以及象征工业文明的拖拉机碾过草原。雅克·贝汉说："很久很久以前，我们与其他动物一起生存。一万年来，动物们的重要性是同等的，人并没有比它们更重要。然而，不知何时，人开始渴望征服，征服星球。人希望比树木更强，比植物更强，比其他生命更强，这不公正。人赢了，但赢到了什么呢？赢到了灾难。"②

2009 年，《海洋》再度震撼世界：围猎沙丁鱼、蜘蛛蟹大战、呆萌的海狮等，带给观众心灵震撼。但影片中最难忘的一个场景肯定属于鲨鱼：鲨鱼被渔夫割去鱼鳍再被丢进大海，缓缓沉降海底。这是雅克·贝汉对世界发出的严厉警告。后来，他自称看到这个镜头的效果，"令人高兴的是，因为《海洋》，中国的一个连锁餐厅停止出售鱼翅。可以看到人们还是敏感的。"③电影里，雅克·贝汉带着儿子参观动物博物馆，那些灭绝的动物化石似乎在控诉："他们花了几百万年进化，却仅仅在几十年间就灭绝了。"《海洋》的教化意味十分明显，雅克·贝汉几乎是大声呼唤："人们是时候意识到这场对抗自然的持续不断的战斗了，电影要表现这种不幸的灾难以及希望的可能性。某种意义上来说关于自然的电影是不可或缺的，实际上太少

---

① 张同道、史馨：《最远的自由是梦想——对话雅克·贝汉》，载《艺术评论》，2017年第 5 期。

② 同上。

③ 同上。

了。要做这类电影对我来说是一种义务。"①

法国人扬·阿尔蒂斯-贝特朗曾是一位航拍摄影师。2009年，他制作了自然纪录片《家园》。该片从高空俯瞰人间，讲述46亿年的地球演进与人类孕育，关键是近60年的变化：世界人口增长到70多亿，40%的农田遭到破坏，3/4的渔场已经废弃或濒临废弃，40%冰盖融化了。影片反思以拉斯维加斯、迪拜为代表的财富都市对巨量资源的耗费，指出未来如不改变，2050年将有2亿人沦为气候难民。影片大声呼吁："是该团结一心的时候了，重要的不是已经消失了什么而是我们现在拥有的，我们仍然拥有半个世界的树林，数以千计的河流、湖泊和冰川，以及数以千计的生物物种。我们知道有什么解决办法，我们都有力量去改变世界。那我们还在等什么呢？"

从雅克·贝汉到扬·阿尔蒂斯-贝特朗，自然纪录片带给观众的不仅是视觉奇观与技术美学，而且是精神震撼与生活启示：人类应该怎样面对日益脆弱的自然生态？几乎所有影片结尾都变成了像牧师布道一样的神圣呼唤，这本是电影最忌讳的直白宣教。然而，即便如此声量的断喝也无法阻止利益的欲望战车。于是，有人开始行动了。

2006年，美国前副总统、环境学家艾伯特·戈尔制作《难以忽视的真相》，这部影片放弃了视觉奇观与美学抚慰，直指生态危机，几乎是戈尔的演讲录像，环球奔走，马不停蹄，通篇充满说教气息：气候变暖将会给人类带来灾难。影片最后他呼吁："是时候着手解决它了。人类要站起来，保护我们的未来。"2008年，美国国家地理频道播出的《人类消失之后》假设不管什么原因，人类突然消失，推演地球将变成什么样子：200年后，胡佛大坝崩塌，埃菲尔铁塔和自由女神像倒在一片沼泽地上；1000年后，纽约、巴黎重新成为荒野；2万年后，人类留下的文明踪迹消失。该片用高科技动画演绎了人类离开之后的地球图景，警示我们：地球可以没有人类，而人类不能

---

① 张同道、史馨：《最远的自由是梦想——对话雅克·贝汉》，载《艺术评论》，2017年第5期。

没有地球。

口头警告是不够的,有人已经直接采取行动。2009 年,《美国国家地理》杂志摄影师路易·西霍尤斯与理查德·贝瑞联合制作了《海豚湾》,以电影为媒介,直接干预正在进行的生物灭绝。贝瑞原是海豚训练师,一次偶然的海豚死亡唤醒他成为海豚拯救者,他与摄影师西霍尤斯一起潜入日本太地町,捕捉了当地居民围猎海豚的血腥场面。2015 年,西霍尤斯又制作了《竞相灭绝》,秘密潜入美国非法贩卖鲸鱼肉的餐厅、印尼蝠鲼捕捞现场等地,调查捕捞蝠鲼、鲨鱼等,曝光那些非法捕捞、野生动物消费等行为。西霍尤斯的作品已脱离了普通自然纪录片的范畴,没有美轮美奂的画面,没有激动人心的音乐,它以晃晃悠悠的画面、杂乱含混的声音揭示了一个被媒体忽略的世界。西霍尤斯不再消费自然,愉悦观众,而是戳破自然乌托邦的美丽童话,以血淋淋的现实唤醒观众的良知,一起保护野生动物。他曾说:"电影对我来说不是单纯的娱乐,而是世界上最有力的武器,一把由大众构建的武器。我的目标不是创作一部仅能唤醒觉知的电影,它还要能够激励人们充满力量地去改变当下这条疯狂的道路。"

《难以忽视的真相》《海豚湾》《竞相灭绝》等影片不再以技术美学与视觉奇观取悦受众,图谋商业利益,而是以电影为武器,直接干预正在发生的社会事件的作品,这样的电影便是行动电影。

四、英国 BBC 蓝筹纪录片转向

2022 年,大卫·爱登堡携带《冰冻星球 2》回归,戏剧故事、视觉奇观与史诗音乐一如既往,刷新观众的媒介经验。不同的是,虽然影片前 6 集继续蓝筹大片套路,但是第 7 集开篇就抛出环保议题,爱登堡站在北极冰原上,以其一贯深沉的口吻说道:"这片白色旷野就是北极。我身处一片冰封的海面中央。但很快,北极可能发生巨大的变化。或许在今后几十年,甚至最快在 2020 年,这里就会出现有史以来第一片无冰海域。"影片跟随爱登堡探寻北极冰原的变化，警示可能发生的危险。无独有偶，《蓝色星球2》第7集也是如此，爱登堡开篇就讲道："多年来，我们一直认为海洋是如此广阔，海洋生物无穷无尽。似乎无论我们做了什么都难会对海洋有什么影响。但是现在我们知道自己错了。海洋正在遭遇着人类历史上前所未有的威胁。"影片放弃了自然乌托邦的完美童话，展示了海洋面临的巨大危机：塑料垃圾、过度捕捞、冰山融化等，影片跟随一些环保人士设法阻止生态进一步恶化。然而，为了保护蓝筹大片的商业利益，BBC在《冰冻星球2》发行时允许买家自行选择是否购买第7集。事实上，确实有十多个国家放弃播出第7集，包括中国。

对于蓝筹大片的环保议题，爱登堡回应说："从我在20世纪50年代拍摄纪录片至今，野生动物的数量减少了一半。"他表示"人类，做的错事太多了"。

更大的改变发生在2019年，《我们的星球》播出。东家从英国BBC换成美国新媒体新贵奈飞（Netflix），但主持人还是爱登堡，制作班底与星球品牌一以贯之，所不同的是不再等到最后一集才讲环保，而是通篇强调环保议题。第一集开篇就说，"在过去50年，野生动物数量平均下降了60%"，但"在我们的帮助下，它可以修复"。影片像所有蓝筹大片一样，捕捉到惊心动魄的戏剧故事与影像奇观：海岛盐田里火烈鸟孕育后代，鬣狗围猎角马，蓝娇鹟求爱舞蹈……结尾再次强调环保主题："在我们的整个星球上，重要的关联正在被破坏，我们和其他生命所依赖的稳定性正在丧失，我们在未来20年怎么做，将决定地球上所有生命的未来。"《我们的星球》保留了蓝筹大片的核心特征，让观众欣赏自然，消费自然，但它走出了自然的乌托邦，揭示了自然生态面临的危机，虽然这种揭示温情脉脉，与行动电影决绝激进的立场大相径庭，但这也标志着蓝筹大片这一重要的商业类型开始承担一些社会责任。

1. 中国生态纪录片

1978年，改革开放，40余年快速发展让中国经济崛起，成为世界第二大经济体。与此同时，中国也面临生态失衡：水污染，土污染，空气污染，垃圾污染，洪涝干旱，沙尘暴，雾霾，森林减少，野生动物大量减少甚至濒危。

在这一过程中，中国纪录片也开始关注环境议题。

2008年，《水问》调查中国水危机：水污染、水短缺、洪水泛滥、系统失衡等。影片里河流污染、蓝藻泛滥的场景触目惊心。

生态环境恶化引起中国政府关注。1998年国家环境保护总局成立，特大洪水之后，实行天然林保护工程，退耕还林；污水、大气、土壤等污染治理相继展开；2012年雾霾开始之后，加速治理大气污染；2017年，生态文明成为国家战略；2021年，5座国家公园正式开放，保护野生动物与植物。两部纪录片展示了近年来中国植物与动物保护的成果：《影响世界的中国植物》和《国家公园：野生动物王国》。《影响世界的中国植物》讲述了水稻、桑树、茶树、竹子等28种植物的生命旅行故事，如桑树开启丝绸之路，启发了意大利文艺复兴，茶树传到英国带动了茶文化，水稻在东南亚生根发芽养活了数以亿计的人口。植物传播既是生态故事，也是人文交流。《国家公园：野生动物王国》则聚焦刚刚建立的中国国家公园，捕捉了野生动物的踪迹——既有明星动物大熊猫、金丝猴、雪豹等，也有藏狐、兔狲、鼠兔等陌生动物。影片真实揭示了野生动物面临的困境，如野生东北虎只剩37只，穿山甲濒临灭绝，也展示了中国生态保护的成果。"纵观中华大地，人们奋力迎接挑战，不遗余力守护自然，从古老的东方文明中吸取智慧，维护人与自然的恒久和谐。"

中国自然纪录片数量较少，质量也尚待提升，但《影响世界的中国植物》《国家公园：野生动物王国》《鹭世界》《雪豹的冰封王国》等作品已接近或达到国际水准。总体看来，中国自然纪录片大多关注的是中国议题，讨论的是中国生态问题，特别突出近年来的生态保护成就。与欧美自然纪录片相比，中国纪录片的国际视野、生态意识、使命担当还有巨大的提升空间。

2021年10月11日，联合国《生物多样性公约》缔约方大会第十五次会议（COP15大会）在中国昆明召开，大会以"生态文明：共建地球生命共同体"为主题。生态和谐不仅是中国、欧美发达国家，而且是全世界都必须正视的问题，成为一种人类议题。作为认知世界、传播文明的媒介载体，纪录片的文化使命不仅仅是愉悦观众，赚取利益，应该还要行动起来，担负更重要的生态责任，保护我们的地球，建设一个可持续发展、健康的未来世界。

作者系北京师范大学教授

传统文化类节目"破圈"传播的内在逻辑^①

张国涛　欧阳沛妮

　　近年来，以中央广播电视总台的《中国诗词大会》《经典咏流传》《朗读者》《国家宝藏》《典籍里的中国》《衣尚中国》《中国考古大会》，以及河南卫视"中国节日""中国节气"系列节目、《舞千年》等为代表的传统文化类节目，以创新手法激活传统文化，打通各个年龄层、知识层、审美层和话语层的观众圈层，获得普遍共情，实现老少皆宜、雅俗共赏的"破圈"传播，引发了全社会的传统文化热、国潮国学风。

　　在众声高呼传统文化类节目"破圈"跃升成"国综"这一现象背后，不禁需要进行一番逆向思维的考古式探究：传统文化类节目何以"破圈"传播，其背后的内在逻辑又是什么？我们应该沿着哪一个方向解读传统文化类节目的火热现象呢？

一、从小众到大众：传统文化类节目"破圈"的本质解析

　　"圈子"，"是以情感、利益、兴趣等维系的具

①　本文系国家社科基金重大招标项目"文化强国进程中国影视高质量创新发展研究"（21ZDA079）的研究成果。

有特定关系模式的人群聚合"①，维护与稳固圈子的基础在于社群内部对特定趣味的集体认同，"这些社群的集体认同，并不是基于传统的血缘、地缘、业缘，而是基于共同的兴趣爱好而形成的。"②趣缘社群的圈子虽然拥有稳定的内部结构与核心价值，但圈子的边界却总是处于内外多方力量的碰撞拉锯之下，抵触、矛盾、破壁、交互、融合等在不同趣缘圈子之间时有发生，"破圈"则是其中一种有效交流方式。

　　传统文化类节目以传统文化元素为核心内容要素，以大众视听形式为传播表达方式，聚集了一批中华优秀传统文化爱好者，形成了一个对传统文化有着特定情感、兴趣和认同的审美圈层。从早期的《正大综艺》《幸运 52》《开心辞典》到中期的《中国汉字听写大会》《成语英雄》《中国成语大会》等，传统文化类节目沿用"将传统文化融入游戏竞技"的节目形式，围筑了一个指向明确、审美和谐的传统文化类节目受众圈子，开拓了传统文化类节目在"分众传播"赛场之中的一条单向赛道。虽然"分众传播"使传统文化类节目稳固了圈子边界，但因缺少"活性"久而久之积成了"曲高和寡""古板枯燥""灌输色彩强烈""创新意识薄弱"等顽疾。以儒释道三家思想为主干同时集中华民族文明、风俗与精神为一体的中华优秀传统文化唤起了中华民族的集体记忆与共通美德，过度的分众追求违背了传统文化的大众价值诉求，也锈化了传统文化类节目的创新驱动机制，传统文化类节目的受众因此被拘囿在一个密闭圈子当中，传统文化类节目难以形成真正的"爆款"产品。

　　当下，以中央广播电视总台的《中国诗词大会》《经典咏流传》《典籍里的中国》以及河南卫视"中国节日""中国节气"系列节目等为代表的传统文化类节目实现"破圈"传播，意味着传统文化实现了从小众

　　① 彭兰：《网络的圈子化：关系、文化、技术维度下的类聚与群分》，载《编辑之友》，2019 年第 11 期。

　　② 林品：《青年亚文化与官方意识形态的"双向破壁"——"二次元民族主义"的兴起》，载《探索与争鸣》，2016 年第 2 期。

传播到大众传播的跨越。在坚持传统文化个性化呈现与精神性表达的经验基础之上，传统文化类节目于传播链条的各个环节中采用融合性理念、年轻化视角和创新化手段，为"圈子"注入了诸多不确定性和多元力量，辩证实现了由"小众"走向"大众"、从"分众"走向"泛众"的可贵跨越。传统文化类节目也从垂直细分的分众艺术发展为破壁交融的大众艺术，"破圈"传播使得传统文化由一种顾影自怜的自在状态转变成登堂入室的国民喜好，从而实现了一种于"小而美"处谋求"大而和"的文化价值。

传统文化类节目由"小众"走向"大众"的"破圈"传播，更显示出推动中华优秀传统文化实现创造性转化、创新性发展具备的多种可能性和无限空间。从时间维度来看，传统文化类节目既落脚于历史人物和故事的复现，深入挖掘传统文化的历史价值，同时又注重与当下社会精神需求巧妙呼应与精准对接，让过去与现在发生互文与对话；还有一些节目注重开拓未来景观、宇宙想象，为传统文化赋予了超越时间的永恒魅力。从空间维度来看，传统文化类节目开设舞蹈、歌曲、文字、诗词、成语、戏曲、文物、杂技、武术、服饰、书法、神话等"赛道"，最大限度地关照不同传统文化爱好者和关注者的审美需求，同时充分利用时下广为流行的 5G、人工智能、云计算、大数据、超高清、虚拟现实（VR）、增强现实（AR）、混合现实（MR）、扩展现实（XR）等科技手段，打造立体的、沉浸式的和超次元的视听空间，展现传统文化更加贴近生活的大众姿态。由此可见，无限延展的时间和空间构建了传统文化类节目开放而包容的坐标系，中华优秀传统文化作为坐标原点成为电视文艺创新源源不断的灵感源泉，通过节目创作者的艺术创造，传统文化价值内涵、中华美学精神和当代审美追求实现了充分整合，这为文化类节目的创作生产树立了新的样本、拓宽了新的边界。

二、"出圈""破圈""拓圈"：
传统文化类节目"破圈"的内在逻辑

从"小众"向"大众"、从"分众"向"泛众"是传统文化类节目"破圈"传播的本质，其内在逻辑在于其"在建构小众圈层内部文化认同的基础上通过关系激发突破圈层壁垒，实现大众层面的文化传播和认同"①。在实现"大众传播""泛众传播"的过程当中，传统文化类节目这些年来摸索出从"出圈"到"破圈"再到"拓圈"三个递进的过程。

（一）传统文化类节目"破圈"传播建立于"出圈"效应这一基础

传统文化类节目"出圈"，表明圈子的核心受众高度认同传统文化类节目文本的精神内涵，当他们对圈内文化抱有自信之时，才会愿意把它们拿出圈外进行展示、接受审视。例如，《中国诗词大会》以"赏中华诗词、寻文化基因、品生活之美"为宗旨，聚集了学生武亦姝、《诗刊》编辑彭敏、上海警察陈曦骏等参赛者，这场诗词的盛会以乐趣十足的竞赛形式加固了诗词爱好者们的诗词理想，通过中华诗词折服不同年龄、职业等群体而体现其深远的魅力；《国乐大典》主打国乐的弘扬与创新，参赛者们通过琵琶、唢呐、库布孜、二胡、中阮、扬琴等乐器的集体发声，宣示了他们在音乐圈子的主权，表达了他们将国乐发扬光大的决心与自信心；2021年河南春晚《当潮不让·你好·牛》则通过古代地区的节庆仪式增强了河南人民的地域文化认同，精良的节目让河南卫视的固定受众为之叫好，并吸引了更多人的关注引发"出圈"效应。可见，传统文化类节目要想"破圈"，首先必须维护好自己圈内独有的文化，坚守核心价值理念合理把控住边界，同时通过异质化的叙事话语（如多元文化视角、创新节目手法等）稳固趣缘受众同质化（如对价值观念的认可、对节目形态的审

---

① 覃晴、白迎港：《从价值转向到文化破圈：垂直类综艺节目的文化传播路径探析》，载《传媒》，2022年第1期。

美等)的倾向，在强大的文化自足性与独立性的条件下支撑自身"出圈"为大众所知。

(二)传统文化类节目"破圈"传播重在"破"与交流

圈子内部一旦凝聚强烈的价值自信，趣缘群体便会产生摆脱社会边缘地位转而跻身主流社会的变革意识。传统文化类节目也是如此，在"出圈"之后，节目把重心放在追求"破"圈及其带来的圈子交流之上，积极谋求跃升主流社会的方法路径。"当代艺术可以分为三种文化形态类型：现代主义的精英艺术、大众艺术、主流文化艺术。"[①]这三种文化形态为解构传统文化类节目的"破圈"传播提供了有效视角。显然，传统文化类节目"破"圈与交流的路径颠覆了过往的设定，不再是现代文化统摄传统文化、亚文化抵抗主流文化、小众文化遮蔽大众诉求，而是转变思路，由传统文化向现代文化靠近、亚文化向主流文化归依、小众文化主动与大众文化言和。与此同时，传统文化类节目越来越注重将现代主义的精英艺术、大众艺术、主流文化艺术三者巧妙融合，开拓富有当代价值的传统文化视听奇观。这一变革指明了传统文化类节目"破"圈与交流的方向，沿着这一方向，传统文化类节目逐渐脱离小众状态，获取了大众认可和主流地位。但"破圈"带来的革新力量并未全然被主流话语所控制，费斯克曾说，"一个文本要成为大众文化，它必须同时包含宰制的力量，以及反驳那些宰制性力量的机会"[②]，传统文化类节目在服从于官方话语、主流群体的统领的同时，在打破管制且绝非激进的行为当中依然在圈层内部产生快感和意义。这就打开了一个主流与非主流、官方与边缘、圈外与圈内等"去二元对立"的交流空间来加大"破"圈的可能。从另一方向来看，圈外文本也会交换给传统文化类节目圈子内部以多元价值要素，这些价值要素需要配合圈子内部核心趣缘群体进行逐一的甄别挑选，在以共情语境为交流背景中实现两者的有

---

① 苗棣：《电视艺术哲学》，63—73 页，北京，中国广播影视出版社，2015。

② [美]约翰·费斯克：《理解大众文化》，31 页，王晓珏、宋伟杰译，北京，中央编译出版社，2001。

机互动。可见，传统文化类节目"破圈"的大前提是尊重其他圈层文化，激活圈子之间的共通交流点，推动传统文化与多元文化达成"双向破圈"与"生态平衡"的更高层次。

（三）传统文化类节目"破圈"传播为实现"拓圈"而服务

"破圈"的传统文化类节目呈现出清晰可见的连续性、稳定性与持久性的特征，多数节目如《中国诗词大会》《国家宝藏》《经典咏流传》，河南卫视"中国节日""中国节气"系列节目纷纷开辟出系列化、IP化、综N代甚至产业化的道路，几乎每季都获得超高口碑与长尾效应的收视率。与昙花一现的爆米花式节目不同，传统文化类节目不仅追求"破圈"，而且深谙"拓圈"法则。如果说"破圈"本质上是与新对象发生关联、建构起新的关系，那么"拓圈"就是要加强"破圈"的记忆点、延伸"破圈"的影响力——"拓圈"就是一种既破又立的创新精神。传统文化类节目的"拓圈"具有精巧新颖的逻辑，节目中展现的中华舞蹈、歌曲、文字、诗词、成语、戏曲、文物、杂技、武术、服饰、书法、神话等圈层内部传统文化，与二次元、游戏、街舞、说唱、VR、AR等外部流行元素相结合，致力于唤醒中国人普遍的道德传统、情感记忆、审美志趣和文化基因。而节目圈子内部展现的传统修辞、国风美学，又与当代社会的心理症候、时代环境超语境链接，在带来精神洗礼的同时实现了物质具身的现实作用。传统文化类节目"拓圈"就是从圈子之间的缝隙与隔阂中受到启发，创造性满足一种国人的普遍心理和创新性发展一种文脉不断的共情符号，打通一个个独立小圈从而建设开来一个包容万象、生机不断的超级圈子，让传统文化薪火相传、生生不息。

从"出圈"、"破圈"再到"拓圈"，传统文化类节目完备了"破圈"的传播逻辑。"破圈"在整个过程中虽然只是一个环节，但却把守着传统文化类节目突破"小而美"实现"大而和"这一更高层次的闸门。闭关自守的小圈子唯有打破"圈地自萌"才能够"跑马圈地"，开拓更远的边界。

三、提纯、整合与跨文本：
传统文化类节目"破圈"的再生产策略

传统文化类节目形成一条特有的从"出圈"、"破圈"再到"拓圈"的"爆款"节目话语逻辑链条。而"破圈"，作为传统文化类节目"爆款"话语体系的逻辑转折点，引导了传统文化类节目的落地方向与变现策略。在再生产环节中植入"破圈"意识，践行"破圈"思维，做到提纯传统文化、整合异质受众与跨文本叙事，是推动传统文化类节目跃升"国综"的可行性策略。

（一）提纯传统文化，洞开"中心—世界"圈层流动性

巩固圈内核心价值是圈子安身立命的基础。身为圈层文化的构筑者，传统文化类节目的首要任务是在博大精深的中华优秀传统文化中浓缩提纯，进行工匠式精耕细作的文艺生产来夯实圈子共识根基。在《万里走单骑——遗产里的中国》中，编导用原生态的沉浸式体验展现了中华五千年文化奇观与世界遗产的厚重民族记忆；《典籍里的中国》通过《尚书》《史记》《楚辞》《道德经》等流传千古的典籍对中华文明脉络进行由点到面的梳理，鲜活书写历史人物的匠心传奇。《舞千年》则通过荐舞官的专业推介展现了中国古典舞蹈的美学情趣及其背后承载的历史故事。《唐宫夜宴》《只此青绿》的火爆更是因为它们都展现了意蕴悠长的传统文化审美意象。这些"破圈"的传统文化类节目无一不是站在思想深度、情感温度和艺术高度去深挖传统文化的深刻内蕴，用心维护和传承传统文化的价值内核。

"世界主义既是一种道德立场，强调每个地方都是中心，都有对于世界的想象、解释和参与的愿望和能力，也是一种分析框架，强调每个地方的世界性都是历史性形成的、容纳了不同层次的特定结构。"①

---

① 张帆：《从"中间性"到"世界主义"：一种超越民族研究的"中心-边缘"叙事的尝试》，载《民族学刊》，2022年第5期。

"破圈"的逻辑变现正要求传统文化类节目拒绝画地为牢，以一种去中心化的世界主义倾向开发圈子的流动性，从分众的红海当中开辟出大众的蓝海，用"小而美"的精品之作开创"大而和"的文化格局。《万里走单骑——遗产里的中国》《典籍里的中国》《舞千年》等节目虽然聚焦传统文化，但它们都在积极寻找传统文化内部与大众流行文化、主流文化、现代文化的契合点。有的节目找到了世界遗产与旅行的生活化结合可能，有的节目开启了具有互动感的穿越时空，有的节目则玩起了国潮古风的角色扮演，还有如《衣尚中国》节目中大量设计"作为'甲方'我很满意""霸道总裁就是不一样"等网络流行用语，《国家宝藏》、河南卫视"中国节日"系列等节目运用手绘、卡通动漫、虚拟现实等的"跨次元"表达，使得多股文化力量能合力参与建设一个辐射能力更强的文化圈层。

当然，传统文化类节目圈子的开放性难免会产生流于生硬与表面的"拿来主义"，导致一些传统文化类节目存在只对传统文化符号表层解读、生拉硬扯造成文化之间水土不服、节目缺少个性日渐同质化等滥用传统文化资源、消解传统文化深刻性的问题。传统文化类节目的主要目的不仅应该是提升整体中国受众的传统文化素养、中华美学精神和文化自信自强，而且要起到引领一个国家与社会风气和潮流的作用，其本质上要求的是一种"以人民为中心"、为人民抒怀的现实主义艺术，所以在新时代背景之下，找准突破点与连接点，将中华优秀传统文化、革命文化、社会主义先进文化创新融通起来，实现"新主流文化""新主流艺术"的升级与提升，是传统文化类节目"破圈"生产与传播的主要发力点和落脚点。

（二）整合异质受众，打造圈层文化与集体意义混合体

在艺恩数据 App 公布的用户画像中，爆款传统文化类节目如《国家宝藏》第一季（2017）、《中国诗词大会》第三季（2018）、《故事里的中国》第一季（2019）和《国乐大典》第三季（2020），18～24 岁年龄段的观众分别占比 28.09%、36.58%、33.27% 和 29.77%，Z 世代年轻群体已然成为传统文化类节目的收视主力军。Z 世代群体普遍接

受过良好教育，也更加重视人文关怀和自我价值，因此对于个体的精神追求有着更高的期待。① 传统文化类节目之所以深得 Z 世代年轻观众的喜爱，最重要的原因在于这一类节目用一种年轻态的创作思路满足了 Z 世代群体的高雅趣味与集体意义追求，调和了他们的个人意志与家国情怀。节目首先稳固的是中华优秀传统文化的趣缘群体，在《中国诗词大会》《中国考古大会》《国乐大典》等节目当中塑造了一批批对中华诗词、考古、国乐等传统文化怀有真情热爱的角色形象，趣缘群体在观看当中完成了自我情感投射、满足了精神归属需求。其次，这些节目用嘻哈、街舞、二次元、数字虚拟技术等时下年轻人热捧的流行元素完成了集体价值的个性转化，同时几乎各大传统文化类节目都邀请或文学或历史或音乐等领域的专家学者从知识分子的专业视角展开富有人文情怀的讲解，诸多设定打破了传统文化与年轻群体的距离感与陌生感、增强了传统文化的通俗性、促进了圈层之间信息交换。当然，节目在维护好年轻受众的同时也要警惕年轻化审美的陷阱，有些综艺节目被消费主义资本所裹挟而过度追求感官刺激与时尚潮流，背离了传统文化类节目的理性初衷和人民群众的真实性需求，反而会使传统文化与年轻群体背道而行。

"事实证明，经典作品没有在年龄分层方面预先划界，通常能够满足老中青受众的普遍欣赏需求。"②传统文化类的"爆款"节目并不仅仅局限于年轻化审美，而是将全民素养的提升与传统文化的普及作为宗旨，尽可能顾及全年龄段的观众群体。几乎所有传统文化类节目一以贯之用舒雅大气的风格尽显传统文化的精深高远，如《衣尚中国》里的中华服饰"秀场"环节场面得体精致，"养眼"又"养性"；《国家宝藏》中的历史文物在恢宏明亮的舞台之中渐次陈列。更不必说《中国诗词大会》《典籍里的中国》等节目满满的仪式感与通识性。这种节目风格呈现由俗入雅、由下至上，在紧跟时尚潮流的同时不盲从、不媚俗、不低俗，映射出国民素质普遍提升的当下社会全年

---

① 汪永涛：《"Z世代"亚文化中的自我表达与群体认同》，载《文艺报》，2022-02-23。
② 薛晋文、冯昊雯：《跨越影视创作年轻化审美"陷阱"》，载《文艺报》，2022-04-06。

龄段受众高品质的风雅趣味与人文定位，彰显了跨年龄、跨文化圈层与大众审美共振的集体道德感。

（三）跨文本、多平台、产业化，助力传统文化持续升温与恒久保温

价值层面的"破圈"离不开赋予其形态的载体，传统文化类节目打造出多层次、组合化、可持续的传播渠道，使得传统文化在圈子中持续升温与恒久保温，才能发挥余温在"破圈"的基础上实现"拓圈"。

文本层面，拼贴和混杂形态为传统文化类节目"破圈"提供能量。《典籍里的中国》聚焦优秀中华文化典籍，以"戏剧＋影视化"的表现方法，带领观众们在五千年历史长河中徜徉；河南卫视"中国节日"系列、"中国节气"系列节目与《舞千年》，在"剧集＋综艺"当中实现虚实结合、古今对话、科技与艺术交融；《朗读者》《经典咏流传——致敬英雄》等节目设置"访谈＋轻解析"环节，让经典背后的历史空间和精神空间充盈起来、立体起来。这些极具现代性与后现代性色彩的呈现形态打破了以往文化类节目在时空和观念方面的桎梏，为文化类节目注入了新的生机、焕发了"潮"的面貌。另外，还有很多文本集舞蹈、音乐、武术、文学、书法、绘画等多种元素于一堂，开辟出传统文化类节目的流动图景与多元生态。

平台层面，传统媒体与新媒体融合使传统文化类节目"破圈"加速升温。在以中央电视台、河南电视台、广东电视台为代表的传统媒体制作出《中国地名大会》《中国诗词大会》《国家宝藏》、"中国节日"系列节目、《国乐大典》等爆款表率之后，网络视听平台也积极布局传统文化类综艺节目赛道。例如，《唐宫夜宴》、《祈》和《只此青绿》等节目因其小体量、片段化，被微信、微博、抖音等新媒体平台"病毒式传播"，引发全网轰动；2021年河南卫视与哔哩哔哩（以下简称"B站"）台网联动推出了文化剧情舞蹈节目《舞千年》，该节目以8.6分的豆瓣高分超人气收官；B站在2021年还推出首个沉浸式传统文化节日晚会《花好月圆会》，直播收看人数超2550万，回看播放量超2000万次。另外爱奇艺推出《登场了！洛阳》《登场了！敦煌》的

"登场了"系列以青春之力致敬传统文化，以及优酷推出的《青春守艺人》《中国潮音》等节目将传统文化元素与青春潮流元素融合起来，都获得了年轻人的热烈追捧。此外，《中国诗词大会》开通了节目专属App和网站、《朗读者》与音频平台蜻蜓FM合作、今日头条App与《上新了·故宫》成为战略合作伙伴，以及节目入驻微博、微信社交平台及片段化传播构建长短视频全矩阵，等等，这些媒体融合的多样化表达都大大提升了传统文化类节目的"破圈"效率，推动传统文化的传播提质增效。

产业层面，文创与文旅双重布局推动传统文化节目"破圈"恒久保温。通过扫描二维码可以进入《衣尚中国》节目文创小程序，观众可以创新设计主题纹样，定制自己独一无二的文创产品；《上新了·故宫》推出的旅行箱在众筹两小时内销量就突破了3000只，节目推出的卫衣、睡衣、帆布鞋成为品牌当之无愧的代表。河南电视台的《唐宫夜宴》"破圈"之后，郑州等地的旅游人次大大增加，并迎来了一波又一波"博物馆体验热"。河南电视台旗下唐宫文创公司更是依托"中国节日"系列节目IP大做文章，2021年开发口罩、盲盒、汉服、游戏等文创产品200余种，其产品还远销国外，如此，中国传统文化类节目跻身往常以西方艺术为主的"破圈"主竞赛场中，在中外"破圈"艺术作品的对话之下，中华优秀传统文化打破了国际壁垒，提升了在世界文化中的分量和跨文化价值认同。可见，实现"破圈"的传统文化类节目真正把社会效益放在首位，实现了社会效益和经济效益相统一。

作者张国涛系中国传媒大学研究员、博士生导师，国家社科基金重大招标项目首席专家；欧阳沛妮系中国传媒大学传媒艺术与文化研究中心硕士研究生

建构中国电影学派之我见

倪祥保

近年来，中国电影学界在持续关注并深入探讨中国电影学派的建构问题。这无疑非常符合党的十八大以来特别强调建立文化自信的精神，也是中国电影发展应该有的重要目标之一。国内重量级的电影学术期刊《电影艺术》《当代电影》等都集中刊出了多篇相关学术论文，多个高校和学术机构合作举办了几次相关主题的大型学术研讨会，北京电影学院还成立了"中国电影学派研究部"。与此同时，相关的学术争鸣也随之展开，其中面临最为主要的一个问题是，构建中国电影学派首先应当注重什么？无论从任何角度来说，建构中国电影学派都是"文艺与国家形象的建构传播"的一个重要方面，为此，笔者努力就中国电影学派应该如何建构的问题，尝试进行简要论述，希望通过积极参与交流来获得批评指正。

一、应该立足于不可忽略的已有发展基础

关于建构中国电影学派应当注重什么，有的专家学者认为中国电影学派还没有出现，因此目前的主要工作就是积极努力地进行全面创新建构。本文认为，中国电影学派事实上已经不同程度地出现，至少在某些阶段的某些创作方面，比如，

中国新现实主义电影及中国西部电影和中国美术动画片等，因此，当前构建中国电影学派的主要工作，首先应该立足于不可忽略的已有发展基础，以便有继承地进行发展和提升。

法国著名世界电影史学家乔治·萨杜尔观看了中华人民共和国成立之前部分上海电影后，毫不含糊地说："中国 20 世纪 30 年代创作的某些优秀影片，与意大利新现实主义电影相类似，但比意大利新现实主义电影（1943 年）的出现早了 10 多年。中国 20 世纪 30 年代电影可以说是意大利新现实主义的先导。"1930 年，左翼作家联盟在上海成立，夏衍、阳翰笙、田汉等共产党人先后进入电影界，参与并影响当时的电影创作。1934 年面世的《渔光曲》，在盛夏酷暑期间创造了连续放映 84 天的纪录，可见关注民生疾苦的新现实主义电影具有巨大的影响力（就像 10 多年后问世的《偷自行车的人》和《罗马 11 时》等）。同时，并生活艰难与人性美好于一体的《神女》和《马路天使》等，描写青年人现实生活困顿的《桃李劫》和《十字街头》等具有正面思想价值和民主倾向的现实主义电影先后面世。这些电影具备世界公认的意大利新现实主义电影的基本属性及特征，都早于意大利新现实主义电影而创作。本人多次指出，这完全是原发性而不是输入性的，绝对具有被命名为"中国新现实主义电影"的基础——这或多或少也可以看作具有流派乃至学派的基础。"九一八"事变后的几年里，中国电影人创作了《民族生存》《肉搏》《保卫我们的土地》《八百壮士》《塞上风云》《胜利进行曲》和《中华儿女》等直接反映中国社会各阶层、各地区人民坚定不移抗日的影片。这些作品与稍后面世的意大利新现实主义电影开山之作《罗马——不设防的城市》一样，在表现反抗侵略斗争内容的时候，特别注重塑造普通人的正面形象，赞颂人民群众在社会巨大变革中勇于牺牲的精神风貌和敢于斗争的信念力量。

现在还健在的很多电影艺术理论研究工作者和中国美术电影创作者都应该记得，20 世纪 50—60 年代开始，以上海美术电影制片厂为主创作的一大批富有中国特色的优秀美术动画片，如《骄傲的将军》《猪八戒吃西瓜》《大闹天宫》《小蝌蚪找妈妈》《牧笛》等，曾经被海外同行誉为动画领域里的"中国学派"。可惜的是，20世纪80年代末创作了被称为水墨动画片绝唱的《山水情》之后，富有中国特色的美术动画片，迄今为止基本还是处于"后无来者"的境地。

　　所谓建构，可以在一张白纸的基础上开始，也可以在已经具有的一定基础上继续。就"中国新现实主义电影"和富有特色而非常优秀的中国美术动画片及其相对成功的国际传播来看，中国电影学派曾经初步出现，确实是一个不争的事实，或者说已经形成了不可忽略的发展基础。目前建构中国电影学派的主要工作之一，就是梳理并在相关基础上进行积极的继承、发展和提升。

二、应该着力于局部成功及特色张扬

　　关于建构中国电影学派，不少专家学人自觉不自觉地认为应该包含整个中国电影。这里所谓包含整个中国电影，可能更多的不是强调包含港台电影在内的中国电影的意思，而是强调包含故事片、纪录片和动画片的意思。实事求是地说，中国电影学派如果能够包含整个中国电影各种类型样式，那肯定规模宏大、气势不凡、影响深远。但是，那样的目标很可能难以建构成功。

　　笔者认为，建构中国电影学派不可能，也不应该全面铺开，而首先应该着力于创作某些类型或亚类型影片——在思想文化、画面景观和镜头语言方面特别具有中国文化特质的、很好趋同性及足够数量的作品，并且这种电影作品的中国文化特质及趋同性应该不断被强化张扬，使之具有被普遍认可和进行研究的学术基础，一如20世纪30—40年代面世的"中国新现实主义电影"和50—60年代创作的部分中国美术动画片。应该看到，"文化大革命"结束后的一段时间内，富有中国特色的美术动画片，尽管没有"文化大革命"前某些阶段那样繁荣，但是并不缺乏继承发展乃至很好地提升创作水平。比如，夸张而幽默地展现中国西部风情民间传说故事的木偶动画片《阿凡提的故事》（1979），同样富有中国戏曲艺术特色的美术动画长片《天书奇谭》(1983)，声画意境高远的水墨动画短片《山水情》(1988)等，都是其中优秀的代表作，依然是能够担当被海外同行誉为"中国学派"的新的扛鼎之作。与此相似的是，改革开放后创作的故事片，如《人生》《老井》《秋菊打官司》《一个都不能少》《孩子王》《三峡好人》《可可西里》《图雅的婚事》等中国西部题材描写社会普通人美好心灵故事的优秀影片，无论就其中国西部自然人文特色，还是作为中国新现实主义电影的"今生"部分，在国内外获过不少大奖，曾经并依然为中外电影界注目，最近在"一带一路"共建国家的专题展映也非常成功。这些非常明显具有中国学派特色的电影，不仅因为其电影语言，而且因为其思想内容及文化，具有特别鲜明的艺术风格和强烈的在地性，完全具有开宗立派的事实基础和学理依据。

正如不是法国新浪潮电影时期所有法国电影都具有新浪潮电影特征一样，意大利新现实主义电影辉煌时期的意大利电影也不都是新现实主义的。这就是说，凡是可以称得上一个国家电影学派的，其实既不可能，也不需要一个国家那个时期内所有电影都一个模样。因此，中国电影学派的建构，肯定不在于所有中国电影创作都要表现出在思想文化、画面景观和镜头语言方面具有非常一致的趋同性，而是只需要有足够数量优秀影片在思想文化、画面景观和镜头语言方面具有某种中国特质的趋同性就可以了。总之，建构中国电影学派，不要追求大而无当，不要希望全面成功，而是让诸如中国新现实主义电影及中国西部电影和中国美术动画片那样，充分张扬其思想文化内容和艺术特色，从而总能被世界感觉到中国风的电影是最重要的。事实也许就是这样，只有获得更多局部的中国电影学派的建构及传播成功，才有可能使得更为广泛意义上的中国电影学派逐步获得世界公认并产生相应的传播影响。

三、应该并创作与理论于一体

凡是能称之为学派的，不仅需要有相应的创作成果，而且需要有相应的理论总结成果。这也就是说，中国电影学派可以是理论范畴的，可以是创作范畴的，最佳的应该是并创作和理论于一体的。目前，国内有关建构中国电影学派的热点集中在中国电影学术界，与中国电影业界缺乏有效的沟通和互动，这非常不够，甚至很成问题。一个不容否认的关键问题是，中国电影业界需要对此具有很好的自觉意识，即能够比较自觉积极地参与到建构中国电影学派的历史进程中来，中国电影学派建构才能有更好的继承发展和提升。创作如皮，最为基础和重要；理论如毛，可以更加引人注目。中国电影学派的构建以及被认可，不可缺失的是在地性很强且数量足够的优秀影片创作，不然的话，中国电影学派的基础就不稳固，"中国"这个定语也将难以落到实处。

就建构中国电影学派发展历史来看，曾经的局部成功，大部分都还没有被更好地继承发扬光大，也没有被进行很好的理论总结并使其"行之更远"。因此，在关注"文艺与国家形象的建构传播"和研究建构中国电影学派的时候，特别需要强调并创作与理论于一体，提倡学界和业界互动，这极其重要而意义深远。缺少有助于建构中国电影学派的成功创作，很难建构足以自立的中国电影学派及理论，也就无从真正建构中国电影学派，也无从很好地为"文艺与国家形象的建构传播"添砖加瓦。

作者系浙江传媒学院电视艺术学院院长，苏州大学电影电视艺术研究所所长

"生态优势金不换"

——评《航拍中国》(第四季)广西篇

王　甫

　　在党的二十大胜利闭幕之后，广大观众期待已久的现象级大型纪录片《航拍中国》(第四季)，于 11 月 7 日起在中央广播电视总台(以下简称总台)央视综合频道和央视纪录频道隆重开播。

　　2017 年、2019 年和 2020 年，央视先后播出了《航拍中国》第一季、第二季和第三季。这部大型系列纪录片，系统地、完整地、全面地采用航拍视角，运用最前沿的叙事理念和最先进的技术装备，在一连串开阔和流畅的大景观中，展现中华大地的美好风光，回溯古老悠久的文化传统，讲述踔厉奋发的人物故事。

　　习近平主席在谈到广西时曾经说过："生态优势金不换。"第四季总共讲述了 11 个省和地区的故事，其中广西篇以风光的秀美，山歌的优美，生活的甜美，展现了我国少数民族人口最多的自治区——广西的生态文明建设、经济发展和文化繁荣等各方面的最新面貌。

　　《航拍中国》(第四季)在技术应用和艺术创新上进一步迭代升级，体现出总台守正创新，打造满屏皆精品的不懈追求。应用全新的影视语言，大力弘扬民族精神，促进民族团结，增强民族福祉，为对内传播和对外传播广西形象，打造出了一张新名片。

一、大美广西　生态的中国

八桂大地宛如仙境，似乎是上天特殊的恩赐。在航拍镜头下，遇龙河瀑布漂流似一幅丹青画卷，阳朔渔火闪烁如萤，两平方千米的水域化为舞台，600多位参加"印象·刘三姐"演出的村民，已经分不出哪些是劳作，哪些是表演。绿水青山千峰秀，处处都是好风光。

保护家园，保护生态，保护绿水青山，已是广西人祖祖辈辈的生活理念和乡约民俗。广西人民注重环境保护和生态文明建设，近10年来取得了巨大进步，已经跨入全国先进行列。2021年4月，习近平主席在广西考察时指出，要坚持正确的生态观，发展观，敬畏自然，顺应自然，保护自然，上下同心，齐抓共管。广西在各项事业发展中，坚持把山水生态的原真性和完整性作为一项重要工作，深入推进生态修复和环境污染治理，杜绝滥采乱挖，推动流域生态环境持续改善，生态系统持续优化，整体功能持续提升。《航拍中国》(第四季)从空中巡视八桂大地，以优美风光反映出广西人民在推进生态文明建设中点点滴滴的不懈努力和执着坚守。一山一水，一草一木之间，尽显新征程上的各民族人民正在像保护眼睛一样保护自然和生态环境，正在坚定不移地走生产发展、生活富裕、生态良好的文明之路。每一帧画面，精巧典雅得可以做手机的屏保或电脑的桌面，广西篇以精深的思想、精美的画面、精致的制作、精湛的艺术，打造出一部新时期的精品电视纪录片。

应用航拍大景别完成微观叙事，说到容易做到难。画面中侨港即将出海的渔船，通过航拍移动镜头，不同速度、不同角度、不同景别、不同色调的选择组接，清晰地表现出在红色的甲板上、舷梯上的白色冰块。渔民们正在兴高采烈地为海获保鲜而准备足量冰块，预示着他们即将迎来一个鱼虾满舱的大丰收。画面中没有一条鱼，但是信心、勇气和那即将来到的丰收喜悦，已经强烈地感染了每一个观众。

二、大美广西 前进的中国

作为体量较大，技术较先进，创作特色较突出的纪实影视作品，它是广西壮族自治区 23.76 万平方千米土地上，第一个俯瞰全域、记录全貌的国家档案级的大型纪录片。

在防城港钢铁基地，工人们已经改变了大汗淋漓的旧貌，在电脑前通过遥控操作，把生产出来的优质钢材远销海内外。在涠洲湾海面上，27 座生产平台昼夜不息，南海西部最大的油田群，正在将强大的能源源源不断地输往祖国各地。

飞机掠过柳州上空，30 万株紫荆花共同绽放。在抢眼的粉色花海中，视点下移，在花海下面行驶着新能源微型汽车，颜色更为炫酷和迷人。每天数千辆新能源车从这里驶向乡间和城市。花丛掩映，车影流动，鲜花与新能源微型车的审美通感，使观众拉近心理距离的初衷得到充分的满足，欣然接受在实现"双碳"目标中，柳州老牌工业基地亮出的新名片。

三、大美广西 红色的中国

随着空中镜头的自由翱翔，观众飞越了猫儿山，深入了北部湾，感受了渔港的千帆竞发，品尝甘蔗收获的甜蜜味道，在南宁观看东盟博览会的空前盛况，在百色体验红色基因的赓续与传承。

1929 年 12 月 11 日，邓小平等老一辈无产阶级革命家领导百色起义，树起了"工农武装割据"战斗旗帜。当航拍百色起义纪念碑的超长镜头徐徐展开的时候，人们不禁会发出由衷的赞叹：大美广西，红色的中国。

"桂林山水甲天下，玉碧罗青意可参。"航拍中频频使用大景深构图、垂直摄影和开放画面，更加彰显了广西特有的迤逦景观的人文意义。《航拍中国》（第四季）广西篇，大手笔，鼓士气，小细节，接地气，它表现了 12 个民族更加紧紧地抱在一起，共同提升了视点，扩展了思路，舒张了胸怀，登上更高的历史定位和文化定位，为实现党的二十大提出的第二个百年奋斗目标，携手共进、勇毅前行。

登山则情满于山，观海则意溢于海。空中俯瞰秀美山水，足以让人陶醉，同时，视点的大幅提升，更加辽阔的视野带来了全新的心理体验和美学意境。《航拍中国》（第四季）广西篇，以全新的观察视角和深厚的文化情怀，应用心理距离的艺术理念，用顶级的航拍技术和全新的视听艺术，高视点、高科技、高品位地展现了广西壮丽山河与辉煌的生态文明，见证了八桂大地上的文化赓续与时代进步，激发出了广西各族人民砥砺前行的力量。以更高的视角，展现了人文之美、文化之美和生态之美。

在党的二十大召开期间，习近平总书记参加了广西代表团的讨论，肯定了广西"生态环境持续改善，人民生活明显提升，城乡面貌日新月异"的成绩。牢固树立和践行绿水青山就是金山银山的理念，站在人与自然和谐共生的高度谋划发展，广西正在进入生态文明建设的新时期，正在和全国的生态文明建设同步，以制度建设作为重中之重，一步一步积极稳重地推进到新水平、新高度。我们有充分的信心，在实现第二个一百年的奋斗目标过程中，把中国建设成为世界上生态环境最好的国家之一。

航拍机掠过八桂大地，放眼神州，展望全球："桂林山水甲天下"，变为"华夏山水甲天下"，已经为期不远了。

作者系中国传媒大学教授、博士生导师

中华文化的多元共存
——通过纪录片提升中华文化的辨识度

张　力

　　从近些年的中国纪录片创作中，经常能听到"宏大叙事"这样的表述，似乎只有宏大，才能表现出我们中华文化的伟大，才能让人在振聋发聩中记住中华优秀文化的博大精深，从而加强我们的辨识度。于是，单看近年纪录片的片名就会发现这种增加辨识度的做法多么简单粗暴。出现最多的字眼就是"大""大国""大山大河""大工程""大行动"等。第二频率高的当数"中国"，一些优秀纪录片如《乡村里的中国》《舌尖上的中国》等都是以小见大，用"中国"并不为怪，但此风一起，遍地"中国"，似乎什么大事小事都是"家国"所在，非上升到国家不可，最后甚至影响"世界"，左右"天下"，终于，把类似的近义词都用光了，诸如"超级""宏伟""厉害""极致"等。类似用词即使算不上"标题党"，也是一种很表面化、缺少创意的做法，甚至恰恰体现出我们在某些方面还缺少真正的自信，只能用大喊大叫的办法来吸引别人的目光。

一、中华民族文化向来就是在交流与融合中发展的

中华文明在世界四大文明中的地位不赘述。但以往我们引以为自豪的都是与众不同的文化传承与独立性，却不注意，也不在乎任何一大文明都是不可能完全独立发展的。基因遗传学已经证明了人类"走出非洲"的事实，而且不止一次。现代考古学证据也表明，早在上万年前，不同地域的人类文化就有了令人意想不到的交流。陶器、铁器等都是在交流中发展的。不清楚了解这一点，我们就一直会陷在苦恼之中，为什么我们吼破嗓子还是很难让反映中华文化的纪录片走出国门，让全世界的观众都看到、都喜欢？因为我们说的内容和他们基本没有任何关联，他们所了解的和我们说的完全不一样。久而久之，隔阂不是缩小了，而是越变越深，我们的大喇叭成了让人反感的噪声，你说的再有道理，也没人愿意听了。

20 世纪 90 年代，我们在中央电视台海外中心制作的一部纪录片获得"彩虹奖"，当时这是最高外宣奖。这部片子的片名叫《中国在哪儿？》，开始觉得太初级了吧，偌大的中国会有人不知道它的地理位置吗？后来发现，即使在我们国民当中，给他一张地图去找，也真需要点时间才能找到那只大金鸡，别说外国人了。20 年前，我们和美国探索频道商讨哪些中国历史题材可以进入美国市场，受美国观众欢迎。没想到对方回复说："美国人只听说过中国两个半皇帝，正好一头一尾加中间半个，就是秦始皇、溥仪和成吉思汗。没人知道汉武帝、唐太宗、康熙、乾隆这些古代名君。"问原因，因为美国总统访华总要去参观秦始皇兵马俑，而意大利导演贝托鲁奇拍的《末代皇帝》获得过奥斯卡奖，成吉思汗就更明显了，他率领蒙古铁骑打到了欧洲。很明显，这两个半中国君主都和美国观众的视野建立了某种关联，不一定谁大谁有辨识度，而是和外界是否有密切的交集。我们越把自己和世界区别开来，甚至高高在上，就越不容易被接受。所谓"民族的才是世界的"，其实只有把"民族的"放到世界中去，它

才是世界的。

二、"中国内容、国际表达"并非增加文化辨识度的良药

"中国内容、国际表达"这个口号在中国的纪录片界喊了很多年，乍一听觉得非常有道理，"我们的内容非常好，就是不知道如何让别人感兴趣，就像卖货的，货再好，不会营销也卖不出去。所以过去卖货郎的吆喝声都很有讲究。我们就是要学会外国人讲故事的手法，把手段学会了，内容自然也出去了。"所以许多国内纪录片团队就是从模仿美国国家地理频道、探索频道和历史频道的制作手法开始的。实在不行就干脆把外国制作团队请进来，就是花点钱嘛，让他们按我们的剧本拍，我们甚至可以接受比如主持人串场的模式。的确，这种做法让不少国产纪录片赢得了高收视率和高获奖率。但时间一长，发现国门还是迈不出去。难怪一些负责任的国外制作团队被请进来后，他们一定要从改剧本、改内容开始。简单讲，仅仅模仿创作手法是不够的，还是要从内容上想办法。

中华优秀传统文化更多体现在历史文化中，但不能拒人于千里之外，而要把中华文明放在世界文明、世界文化的大环境中去讲故事。

举个简单的例子，中国的古代文化很多都体现在考古工作中。比如说我们现在已经非常明确地来宣示我们的文明史的时长，其中以良渚文化为代表，以古城、玉器、礼制及生产方式等，构成一个文明的要素，但是存在着跟世界如何接轨的问题。按照国际公认的文明标准，还有很重要的两项指标，一个是文字，另一个是青铜器或者说金属，在良渚文化中都没有发现。我们怎么确认它是我们文明成熟的标志呢？我们当然没有必要按照西方标准来定义文明，可以有自己的文明标准，但是如果我们和西方文化只有平行线没有交叉的话，那么凭什么让别人关注你，还要把良渚文化评成世界文化遗产，评成国家级文物保护单位不就够了吗？关键是这么做不符合

历史事实，不是实事求是的历史观。现在良渚文化已经是世界文化遗产，恰恰是建立在一种全世界共同认知的基础之上。任何一种文化都不是孤立存在的，不是从土里蹦出来的，良渚文化最著名的就是礼玉器文化，它体现了阶级的产生、礼制的成熟。西方虽然没有玉器文化，却同样在文明初始阶段就有了严格的等级制度，看起来殊途同归。即使良渚玉器，也不是中国最早的，中国目前发现最早的玉器居然在中俄交界的乌苏里江畔，在黑龙江小南山遗址。良渚古城也不是中国最早的，湖南澧县城头山遗址的古城就更早，也比良渚古城保存得更完整。就是说，良渚文化也是建立在中华大地各种文化融合的基础之上，所谓"满天星斗、多元一体"。所以我们首先要承认共性，承认交融，再去强调个性，这样才能突出所谓的文化辨识度。如果只强调我有你没有，我比你更早，我更大更好，结果就可想而知了。

再比如瓷器，公认是中国发明的一种传奇器物，西方一直到清代才掌握了它的制造技巧，但除了啧啧称奇还有什么呢？如果让观众知道瓷器文化基于陶器文化，就更能让观众引起共鸣，因为古埃及文明、古罗马文明都有很发达的陶器制造史。中国的陶器也很早。因此，只有建立在共同的基础之上，再去说我们的祖先后来发明了让炉温更高、让瓷土更细腻的材料和手法，才慢慢发展出了瓷器。再说我们特有的稻作文明，一说就是中国的，但它不属于全世界吗？如果说野生稻，南亚、东南亚的采集史并不比中国晚，中国只是在人工栽培稻上更加早，也是在江西万年的仙人洞发现的。但不能用栽培稻去否定野生稻，因为气候更加暖湿的东南亚，野生稻的产量已经满足了当时人口的粮食需求，何必还去栽培呢？另外，我们敢不敢说稻米传到日本后，日本的稻作文化同样丰富多彩，其栽培的粳稻也更加好吃？我们的辨识度需要建立在真实基础之上。因此，拍纪录片首先不要想形式，还是要看在内容上能否找到共识的基础。

其实从传播学上，知其一才能知其二，如果急于求成，上来就讲其二的事，而其一的共性却很少讲，那么就影响了我们在国际上的辨识度。

三、与其急于求成，不如水到渠成

我们明显地能感觉到，各级宣传部门都很重视让中华文化"走出去"，并要求通过纪录片来传播中华文明、中华文化或民族文化，但过于功利的填鸭式做法反而事倍功半，甚至连半都做不到。其实从 20 世纪 80 年代比较文学研究开始，比较电影、比较历史、比较文化等就开阔了许多人的眼界。有些开明的博物馆在展出某一文化时，会在显眼处列出与此文化同期的其他文化发展水平，让观众一目了然。

对于纪录片来说，与其只注重宏观的、总体的文化概念，不如把焦点聚集在某个人、某件事等具象故事上，用故事去打动观众，可能没讲半点儿文化，但你的文化辨识度已经出来了。澳大利亚有一部故事片就叫《澳大利亚》，百分之百宣传片的片名，但看下去，居然是以妮可·基德曼主演的个人故事展开的，全片大部分的细节内容与澳大利亚这个国家没有直接关系，甚至强烈抨击了政府对待土著人的政策。直到片尾，才以旁白的形式讲半个多世纪后澳大利亚政府对土著人的道歉与补偿。一个国家敢于承认历史错误，这不是很机智的政府或国家宣传片吗？只不过它藏在了故事中。所以，我们不能过于急功近利，要相信潜移默化的作用。更不能一味强调文化输出，而否认交流和融合。那种拒人于千里之外，居高临下，只会让人敬而远之。与其求强，不如共存。这世界本来就是多元的。只要内容好，"酒香就不怕巷子深"。

和做人的道理一样，真正自信的人，往往是宽厚、包容的人，他们并不高调、并不张扬，允许别人和他不同，允许别人有自己的选择，他只实实在在做该做的事就够了。即使众人不说，也不会有人不认识他，他的辨识度是从骨子里流露出来的。做人如此，做一部好的影视作品也是如此，像这次《狂飙》的爆火，谁说电视剧年轻人不看？谁说大屏幕过时了？着力把故事讲好，听故事的人自然会来，那才是自信。

作者系著名纪录片导演

中国电影的数字特效技术与"新国风"美学的融合创新：以《刺杀小说家》为例

张　晓　丁熠凡

　　2021 年上映的《刺杀小说家》，是一部体现了中国数字特效进步并融合了"新国风"美学的影片。它在中国电影数字特效制作发展进程中的进步甚至突破之处，主要表现在以下方面。首先，它的数字特效百分之百由中国本土数字特效制作团队完成，这意味着中国电影工业化的数字视效制作实力的又一次显著增强。其次，它是中国电影工业化进程中完整使用虚拟拍摄技术的影片，其中包括动作捕捉、面部表演捕捉、前期预览虚拟拍摄、实拍阶段虚实结合拍摄，在中国电影工业特效制作方法与效果方面取得长足的进步。[①] 再次，包括电影工业化制作与管理的协同创新、"新国风"美学的现代转换、生物角色的表演制作等方面都有崭新的尝试与突破。《刺杀小说家》的市场效应、观众反响、专业评论等，也一定程度上印证了这部电影在中国电影数字特效制作与美学风格方面确实有突破性的进步，值得我们作出更深入的研究，从中探讨和总结中国数字特效技术发展

---

　　① 徐建：《〈刺杀小说家〉：中国电影数字化工业流程的见证与实践》，载《电影艺术》，2021 年第 2 期。

更多的可能性。

《刺杀小说家》特效镜头数量庞大，其中，"新国风"美学的东方异世界视效风格，以及类人生物角色的动作与表情是数字特效团队处理的重点与难点。《刺杀小说家》视效团队借鉴传统文化中的国风元素，并根据电影的需要进行了创造性的转化。影片异世界里的烛龙坊、白翰坊等都是根据《山海经》中的神话故事而取名，影片中的中式盔甲、龙骨水车、石窟、石刻群、城坊、塔楼、房屋等，具有明显的"新国风"特点，整个影片创造了极具中国元素和东方特色的奇幻世界。① 从创新角度讲，《刺杀小说家》展现出了更大的进取心，还体现在类人生物角色的造型表演方面。如类人生物赤发鬼的造型及其生活环境的造型，不仅有效匹配了影片的故事情节，而且在动作设计与表情处理等方面，也以极高的细节表达出更好的电影审美价值。综上，《刺杀小说家》可以说代表了中国电影数字特效技术方面的最新进步，成为中国电影工业数字特效发展进程中一个阶段性的标杆产品。

一、《刺杀小说家》的数字特效技术手段及流程工业化革新

《刺杀小说家》的制作是一次特效技术手段和流程的全面革新。它综合应用了数字绘画、数字物理特效等多种制作方法，其中主要的数字特效制作方法突破之处体现在虚拟拍摄、动作捕捉、面部捕捉，以及生物角色的表演制作方面。2020 年《曼达洛人》LED 屏幕的拍摄计划引起了全球影视制作人对于虚拟拍摄技术的重视，标志着全球影视行业迈入了虚拟制片与虚拟拍摄的工业流程。② 通过虚拟现实设备，导演、摄影师、演员完全可以沉浸在虚拟摄影环境中，

---

①　电影《刺杀小说家》剧组：《一场"中二"的冒险——〈刺杀小说家〉创作实录》，15 页，上海，上海文艺出版社，2021。

②　徐建：《〈刺杀小说家〉：中国电影数字化工业流程的见证与实践》，载《电影艺术》，2021 年第 2 期。

通过动作捕捉、面部捕捉，演员完全可以将自身的演技传导到虚拟角色上。

(一)虚拟制作手段

1. 虚拟拍摄手段

虚拟制作过程主要分两个方向，一种是"单纯的虚拟拍摄制作"，也就是不需要任何场景、道具和角色，一切都是数字虚拟的；二是"虚实结合虚拟拍摄"，也就是将部分现实中的场景、道具、角色与数字虚拟的场景、道具、角色相结合，再利用现场退绿或 LED 背景等技术手段，在监视器里观察合成画面的真实情况。目前业界对虚拟拍摄的具体运用主要分为两大方面：预览拍摄和实时完成片的拍摄。①

虚拟拍摄的实时化特性给影视制作带来了诸多益处。一是与常规拍摄中使用蓝绿幕抠像相比，虚拟拍摄具备"所见即所得"的优势，更能增强主创们对于艺术效果的把控。二是可以缩短后期制作的时间，因为拍摄即得到成片，所以剪辑、声音等部门并不一定要等到特效完成后再开工。② 比如《刺杀小说家》中在拍摄赤发鬼与路空文在大殿对峙的这场戏时，导演现场指导小橘子、路空文和赤发鬼的对手戏，虚拟场景，以及数字角色都能直接呈现到现场监视器上，可以实时观看拍摄效果，让现场工作人员不用猜测后期合成效果，可以在现场进行实时调整，直接感受到真人演员与数字角色产生的戏剧感。

虚拟拍摄可以辅助导演、动作导演、摄影指导、视效指导等同时参与制作，大大提升了可预览的最终拍摄效果及准确性。当《刺杀小说家》采用虚拟拍摄技术后，因缺乏虚拟拍摄设备的使用经验，所以在现场实拍阶段，选择将预制场景，以及数字虚拟角色等数字资产导入 MotionBuilder(3D 动画软件)，以实现虚实结合拍摄的目的。

---

① 徐建：《〈刺杀小说家〉：中国电影数字化工业流程的见证与实践》，载《电影艺术》，2021 年第 2 期。

② 同上。

MotionBuilder 具有稳定、速度快等优点，其缺点在于显示效果不如虚拟拍摄设备，但是为确保生产流程平稳，制作团队选用了更加稳定的 MotionBuilder plus。同时，现场使用 Faceware（面部表情捕捉系统）来捕捉演员面部的表情与数据。虚实结合拍摄的技术，使现场监视器看到的已不再是传统拍摄中的绿色或蓝色，尽管演员仍然对着空气演戏，无法与数字角色对戏，但导演和主创们都可以看到实时合成的画面，因此在构图、调度、表演节奏等方面都有了明确的依据。① （见图 3.1）《刺杀小说家》摄影指导韩淇名老师认为："虚拟拍摄就像给摄影机安上了翅膀，可以尝试摆脱物理摄影机的限制，去设计一些之前不敢想的镜头，在充满想象力的世界里自由驰骋。"②

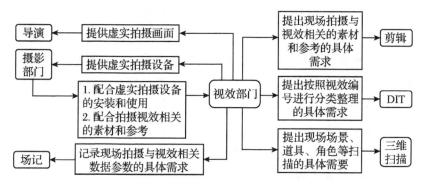

图 3.1　现场拍摄与虚实结合拍摄

2. 动作捕捉手段

在特效电影中，动作捕捉是塑造人物形象的关键环节，它不仅可以制作高难度动作的动画，而且大幅提高了动画制作效率。动作捕捉主要分为光学式运动捕捉、声学式运动捕捉、机械式运动捕捉等。在《阿凡达》之前，动作捕捉以形体动作捕捉为主，而为了制作出更加逼真的人物面部的动画，动作捕捉的技术开始朝着被卡梅隆

---

① 徐建：《〈刺杀小说家〉：中国电影数字化工业流程的见证与实践》，载《电影艺术》，2021 年第 2 期。

② 电影《刺杀小说家》剧组：《一场"中二"的冒险——〈刺杀小说家〉创作实录》，62 页，上海，上海文艺出版社，2021。

称作"表演捕捉"的方向前进。① 通过借助跟踪合成软件，将真人表演与三维效果相结合，可以打造成一个新的特效角色。如《刺杀小说家》中由郭京飞老师扮演的黑甲武士，实拍时是郭京飞老师穿着用于动作捕捉的服装，并在脸部及身体的关键部位贴上追踪定位用的定位点，然后通过视频采集和位置捕捉等方式，将三维动画效果加入到数字角色身上，最终呈现出观众所看到的那个怪诞搞笑的黑甲武士形象。在做赤发鬼的动作捕捉时，因为赤发鬼有四只胳膊，所以需要两个演员，一个人表演前面两只胳膊的动作，另一个人表演后面两只胳膊的动作，最后把两个人的动作捕捉数据放在一起，才能看到一个四只手的赤发鬼是怎么动的。②

　　表情捕捉方面：面部表情捕捉是对生物复杂的面部肌肉表情进行捕捉的一套系统。③《刺杀小说家》中的赤发鬼这一数字角色的面部表演是根据演员杨轶的面部捕捉而制作完成。在拍摄前期直接制作面部动画的效果并不理想，学习借鉴好莱坞用真人演员为数字角色提供表演数据的方法成为解决问题的关键。表情系统是这个过程中消耗能量最大的一个环节。因此，MORE VFX(墨境天合)公司内部对表情系统做了 3 次大版本的升级与完善，将 75 个复合表情拆解成 500 多个单元表情后终于完成赤发鬼的表演。④

　　3. 数字造型手段

　　以生动而逼真的数字角色为主角的电影，随着计算机技术的发展逐渐成为电影工业发展的一种潮流。数字特效制作的飞速发展大大开阔了创作者们的想象空间，将许多现实中根本不存在的事物搬上银幕，观众在银幕上看到的怪物、神兽等，都是由特效师和动画模型师等制作团队合作完成的。

---

　　① 刘晓清：《电影特效创作》，139 页，北京，中国电影出版社，2020。
　　② 电影《刺杀小说家》剧组：《一场"中二"的冒险——〈刺杀小说家〉创作实录》，147 页，上海，上海文艺出版社，2021。
　　③ 刘晓清：《电影特效创作》，145 页，北京，中国电影出版社，2020。
　　④ 徐建：《〈刺杀小说家〉：中国电影数字化工业流程的见证与实践》，载《电影艺术》，2021 年第 2 期。

塑造优秀的数字角色应注重整体造型的比例，皮肤、毛发等细节的把握，角色运动的幅度，等等。在《刺杀小说家》中，生物角色的表演主要体现在红甲、黑甲、赤发鬼三个形象上。红甲武士是一个高个子"九头身"的标准美男子，他的腰身很细，肩很宽，头很小，是我们经常在漫画中看到的英雄身材。黑甲是一个天生带喜感的数字角色，它从一个貌似的坏人转变成一个绝对的好人，承载了很多喜剧的成分。黑甲只有一只眼睛，身材也极其消瘦，躯壳都是由一片一片的盔甲组成的，每个甲片都能动，能变形，能组合。黑甲里面还设计了一套类似血管的东西，那些血管都是能动的，也能吸血，赋予了黑甲生命。赤发鬼是一个伪神，是异世界中的绝对统治者，十几米高，身材魁梧，有四只胳膊，身上天然长着甲，头发是红的。[1] MORE VFX 公司将赤发鬼的细节做到了极致，赤发鬼头发超40 万根，做了很多一缕一缕粘起来的效果，汗毛和睫毛也是十分清晰，汗毛跟着毛孔动，逆光的时候还会看到一层小绒毛。在设计制作赤发鬼的皮肤时，徐建老师团队完成了一个飞跃式的成果——毛孔解算。按照皮肤的血管结构分布，毛孔解算能根据人物的表演而产生皮肤上的褶皱。

对于数字角色而言，尤其关注面部细节，可以让数字角色看起来更加真实，不会造成恐怖谷效应。面部捕捉团队首先会扫描演员的面部表情，把演员的所有表情组合成一个表情系统，再将这个系统拆分为一个个细小的单元，如嘴角、眉头、鼻翼等，方便后期团队手动调整数字角色的表情。此外，值得一说的是毛孔系统在数字特效制作领域是世界级的技术难点。由于原来视效部门的解决方案是根据已有人物扫描的毛孔贴图，绘制一组全新的用在材质球上置换出毛孔。但徐建老师的团队初次看到渲染出来的面部特写镜头时，就觉得不大合适，结果发现毛孔并不随表情变化发生变形。因为人的毛孔可以随皮肤形状变化发生挤压、拉伸变形的，而且会发生许

---

[1]　电影《刺杀小说家》剧组：《一场"中二"的冒险——〈刺杀小说家〉创作实录》，142、144 页，上海，上海文艺出版社，2021。

多不同毛孔与毛孔间的纹理改变。为了可以让影片中赤发鬼在特写镜头下更加真实生动，赤发鬼的毛孔需要在不同的表情、不同的肌理下产生符合生物生理结构和物理原理的挤压、拉伸、变形。这些特写镜头的渲染时间，因为毛孔的加入已经高达 30 小时一帧。[①]

(二)电影生产流程

所谓电影工业化就是指电影生产的流程化和标准化。工业化意味着电影生产的相关环节有相对固定的流程，意味着电影生产的各类要素有共同的标准，还意味电影分工与管理的规范化。受法兰克福学派提出的"文化工业"这一概念的启示，"电影工业化"这一提法源于人们把电影不单纯看作艺术品，而且是对文化商品的理解思考。可以说电影从一开始就承载了艺术家的独创性审美特征，同时它又是一种"物化产品"，能够重复生产和再生产，并能大规模传播。[②]工业化不仅表现在技术美学上，而且表现在对电影制作过程中的管理科学上。[③]

电影工业化是一个循序渐进的过程，并非一朝一夕之功。早期的电影工业化流程，是指以一种线性的方式进行生产，从分镜头的指导，再到拍摄、冲印、剪辑、成片等一整套不可逆的、规范化的制作过程。作为一种相对成熟的电影制作流程，"流水线"式的作业方式对提高工作效率起到积极作用。但是，由于数字技术在电影生产中的全面参与，它从根本上改变了以往的工业流程的标准体式，向非线性、交互、可逆的网络工作流程转变。[④] 从 2010 年开始，中国电影中的数字特效有了十足的进步，此时的特效技术能够创造虚拟人物或场景，模拟人物或场景的实际动态，特效技术突破了以往

---

① 徐建：《〈刺杀小说家〉：中国电影数字化工业流程的见证与实践》，载《电影艺术》，2021 年第 2 期。

② 同上。

③ 陈旭光：《〈刺杀小说家〉的双重世界："作者性"、寓言化与工业美学建构》，载《电影艺术》，2021 年第 2 期。

④ 徐建：《〈刺杀小说家〉：中国电影数字化工业流程的见证与实践》，载《电影艺术》，2021 年第 2 期。

电影制作的瓶颈。从 2015 年的《西游记之大圣归来》到《白蛇：缘起》，再到《哪吒之魔童降世》等作品，利用各种电影后期数字合成技术，创造出无数有血有肉的动画人物及美轮美奂而又身临其境的镜头画面。

　　生产流程的改进与制作手段的优化齐头并进，才能汇聚整合出高质量影片。(见图 3.2、图 3.3)在徐建老师看来，《刺杀小说家》区别于之前影片特效制作的特点是：整个后期特效流程与前期虚拟数字资产的体系相互交织在一起，运用到包括动作捕捉、纯虚拟拍摄、虚实结合拍摄、现场面部捕捉，以及传统后期特效等一整套工业化制作过程。《刺杀小说家》大大提升了本土电影制作各环节工业化的能力和经验，建立起一套完整的数字化制作流程。[①]

图 3.2　电影生产主要流程线性图

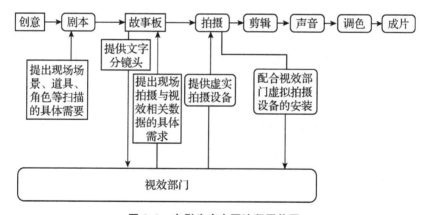

图 3.3　电影生产主要流程网状图

　　《刺杀小说家》中有众多生物数字角色，通过生物角色去演戏，在全世界的视效行业都是最大的难题之一。在电影中，赤发鬼面部

---

　　① 杨玉洁：《一场异世界的奇幻冒险——电影〈刺杀小说家〉特效制作访问》，载《影视制作》，2021 年第 3 期。

表情舒展，动画流畅，还有很多细节也清晰可见，特效制作已达亚洲顶级水平。① 路阳导演曾在接受采访时说"它的难度在于中国电影在此之前，从来没有把动捕和面捕技术，跟虚拟拍摄和虚实结合拍摄，完整地应用到一个电影的制作流程里面来，而且全部是中国本土团队。"②正如徐建老师曾说："做数字特效最难的层级，不是把一座城市还原得像真的，或者把一个坍塌、一股水做得真实，而是通过数字角色去演戏，这在全世界的视效行业都是最大的难题。"③

二、"新国风"与数字技术在《刺杀小说家》中的融合创新

"新国风运动"最初开始于 21 世纪的文学领域，2003 年诗人赵缺发表《新国风宣言》，从而拉开了"新国风运动"的序幕，提倡诗词四化，即时代化、精品化、大众化、市场化。王茵老师认为，"新国风"即新兴的中国风格，指的是进入新世纪以来，在日常生活和大众文化中大量运用中华传统文化元素、崇尚历史文化的流行风尚和日常生活审美化现象。④ 根据王茵对于"新国风"的概念的定义，本人认为"新国风"在再现中国传统文化的同时，也在创造性地发展着中国传统文化。"新国风"将中国传统文化与现代审美进行深度融合，既是中国传统文化的一种创造性的发展，也是一种深入的文化自信与文化认同的体现。⑤ 近年来，"新国风"的思维广泛进入各个领域，如音乐、服饰、电影等，反映着当下国人渐变的审美趋势。在"新国

① 孙宵、王红卫：《未来已来——华语特效电影创作的现状与前瞻》，载《西部广播电视》，2021 年第 10 期。

② 路阳、陈旭光、刘婉瑶：《现实情怀、想象世界与工业美学——〈刺杀小说家〉导演路阳访谈》，载《当代电影》，2021 年第 3 期。

③ 电影《刺杀小说家》剧组：《一场"中二"的冒险——〈刺杀小说家〉创作实录》，141页，上海，上海文艺出版社，2021。

④ 王茵：《"新国风"文化的荧屏呈现及其审美性集体记忆重构》，载《中国电视》，2019 年第 9 期。

⑤ 刘凡：《从〈只此青绿〉看新国风文化的价值意蕴》，载《戏剧之家》，2022 年第 27 期。

风"电影中，大量运用了中国传统艺术与文化中的元素、造型等构建蕴含中国传统艺术美学内蕴的视觉效果，其所追求的精髓在于，对中华优秀传统文化进行年轻化、时尚化的转化，使之呈现出一种和谐的奇妙调性——这种调性往往符合当代年轻人的审美趣味，也能满足当代年轻人既希望在冲突中表达个性，又希望在和谐中表达认同的双向心理需求。①

事实上，2015 年"新国风"思维在中国动画、科幻电影中已经出现。《西游记之大圣归来》成为国产动画革新的一个导火索，随后《大护法》《小门神》《白蛇：缘起》到里程碑式的代表作《哪吒之魔童降世》，再到《姜子牙》等作品，这些优秀的国产动画，在叙事和美学上都有了新的突破，这也是一种商业与艺术之间的平衡。这些本土动画影片被称为"新国风"动画，受到了市场的追捧。② 比如《哪吒之魔童降世》中哪吒的角色塑造，以古典文化元素为外在叙事特征，以中国传统文化精神的价值观为引领，加之现代审美的合理运用，使其具备了特有的价值内核。特效创作者在传统戏曲造型基础上，加入源于欧洲中世纪、至今盛行于装扮游戏领域的哥特式黑眼圈，使"新哪吒"颇具丑萌感。它所传达出来的，是一种外表"颓废"、内心"高燃"的姿态，这也是这个人物受到青少年观众喜爱的深层原因。③

《刺杀小说家》不仅是一部高超的数字特效电影，而且它还完美地融合了"新国风"美学。电影中整个异世界都是触手可及的中国元素，打造出一部原汁原味的中国视效大片，路阳导演携手一个全中国人的特效团队，还原了小说家路空文笔下奇幻瑰丽的异世界，一幕幕视效奇观让观众赞叹不已。《刺杀小说家》的剧本创作要讲述一个东方故事，路阳导演希望观众看到的时候就觉得亲切，从血缘、文化的记忆上，是中国人自己的东西。所以主创团队在选取异世界的参照时，以北魏时期为主，同时参考了其他朝代不同地域的传统

---

① 范颖、林俊彤：《中国电影："国潮"带热传统文化》，载《光明日报》，2021-05-12。
② 林铭豪：《"新国风"视域下国产动画的文化及美学功能探析》，载《当代动画》，2021 年第 4 期。
③ 范颖、林俊彤：《中国电影："国潮"带热传统文化》，载《光明日报》，2021-05-12。

风格，在服饰、布景、道具等细节方面都尽量体现出中国气派来。在烛龙坊祭拜赤发鬼的这场戏中，我们能看到大量中国文化符号和东方审美的影像表达，如大量中式的建筑群、楼阁、城坊、石窟、龙骨水车、魏晋时期的宝塔等。人物造型方面也同样借鉴秦汉至魏晋年间的服饰造型风格，影片中的角色配备中式的刀、剑、矛等武器和盔甲或斗笠蓑衣等装饰。又如两坊交战之际，隆隆战鼓声中威严诡异的神像及面具，充满东方神秘气息的拜祭仪式与歌舞，华丽壮美的孔雀与烛龙图腾，等等，无不凝聚着古老的中国传统文化。此外，无论是夕阳余晖下逆光而起、剑拔弩张的红甲武士，还是在悬崖峭壁边缘面对遥远群山负剑而起的少年，抑或是夜幕降临时飞龙在天火光满城的奇异景象，《刺杀小说家》的影像都呈现强烈的东方审美风格。[1] 又如赤发鬼这个数字角色的塑造，身上的金色盔甲和庞大的体态，更像是神话故事中的守护天神形象，半面佛像的面具，也是亦正亦邪，这样的形象较之不伦不类的怪物形象，更具备东方特色。赤发鬼的元素应该是 70％的中国传统元素加了 30％的西方理念。他的外观、穿戴和长相是依据我们古代历史中的形象做的，参考了一些敦煌莫高窟、云冈石窟、龙门石窟的佛像的共同点，又有所区别。[2] 赤发鬼的形象呈现依靠高水平的数字技术制作，如在少年空文刺杀赤发鬼这场戏中，演员董子健只是在摄影棚里对着一个赤发鬼的脸部模型刺杀，而数字角色赤发鬼的四条胳膊由两名演员配合动作捕捉，赤发鬼脸部毛孔随着表情灵活运动，40 多万根头发丝丝分明，甚至在赤发鬼的眼球中能看到少年空文的倒影，这场戏结合了动作捕捉、面部捕捉、虚拟拍摄、实时合成等数字技术，正是因为数字技术的辅助才能将这紧张刺激的打斗戏与极具东方特色的数字角色生动地呈现在观众眼前。

　　《刺杀小说家》中"新国风"美学与数字特效技术的添加无疑是打

---

① 李思锐：《〈刺杀小说家〉：奇观、浪漫与寓言》，载《影视制作》，2021 年第 5 期。

②　电影《刺杀小说家》剧组：《一场"中二"的冒险——〈刺杀小说家〉创作实录》，132 页，上海，上海文艺出版社，2021。

造中国大片最为直接的方法，然而影片所体现出来的东方式审美追求，是无法脱离其民族文化内核的支持的，它需要在具体的人物刻画和故事叙述中体现出来，不然就会落入形式主义的空洞。《刺杀小说家》中的"新国风"美学也裹挟着传统文化的内涵——侠义精神。导演路阳其实并非一个写"江湖"的人，其作品中的武侠与武侠精神已然超越了传统武侠电影的江湖场域，将故事世界建构在一种基于历史叙事的社会场域之中。① "侠"这个字，在不同的时期有着不同的含义，但是，随着岁月的流逝和文化的积淀，侠者在中国传统文化中，已经形成了一种特定的形象和品格：坚韧勇敢、重诺守信、胸怀大志。影片中的关宁（异世界中的红甲武士）与路空文（异世界中的少年）都具有侠者之气。关宁最初为了寻找自己消失六年的女儿答应财主李沐去杀害路空文，但当关宁发现这场交易充满着利益与罪恶后，最终也悔过自新，为了保护路空文的安全在异世界里与赤发鬼的大战中全力以赴。如果说关宁一开始的目的并不单纯，可以算作是一位"被唤醒"的侠者的话，那么异世界中的路空文则让观众看到了一个少年侠者的模样。在电影的讲述中，异世界中的路空文一家受到赤发鬼的追杀，姐姐为了保护路空文而牺牲。姐姐的死让路空文迸发出巨大的能量，最终让他决定勇敢地面对一切，报仇雪恨。当路空文目睹了两个城坊之间的战争，看到战争中那些被伤害的百姓及孤苦无依的小橘子时，狭义精神就在他的内心快速生长，由此，路空文去刺杀赤发鬼的行为已经不仅仅是为了给家人报仇，还多了一分行侠仗义、惩恶扬善的意味。

《刺杀小说家》想表达的是"一切皆有可能"，影片用一种极其个性化的方式给出了肯定的回答：小说可以改变现实，凡人可以弑神，失去的可以复得。路阳导演展示的是两个平凡的人，他们为了守护比自己更弱小的人，而克服重重困难，勇往直前。无论是关宁还是路空文，都是普通人之中的"侠者"，他们都坚守着自己内心的正义，不惧强权。因此在影片中采用了计算机特效、数字灯光系统、虚拟

---

① 李思锐：《〈刺杀小说家〉：奇观、浪漫与寓言》，载《影视制作》，2021年第5期。

拍摄、动作捕捉等多项尖端技术来打造与呈现那个现实与虚构、真实与想象边界模糊的奇幻世界，在这个奇幻世界中，小说改变了现实，凡人完成了弑神——这或许也是导演有意用电影为每一个观众打造的"凡人的侠客梦"。正因为奇幻瑰丽的影像背后有了这样的文化内核，影像才不仅仅是影像，而成为直击人心的力量。①

"新国风"在电影领域虽然是一个还未完全定型的美学概念，但从产业层面来看，这一现象已逐渐成为国内电影发展的新趋势。"新国风"中的"新"，主要体现在对中华优秀传统文化的再发现上，并从中创新地改造运用中华优秀传统文化，既营造国产电影的文化内核和美学程式又增强其文化传播与美学教育等社会教化功能。"新国风"正以日益饱满、多元的文化和审美价值促进国产电影的崛起，并成为国家推动整个社会文化教育、美学教育的重要力量。②

三、《刺杀小说家》对中国电影特效工业发展的启示

近年来，中国电影特效不管是从数量上还是质量上都发生了新的飞跃。在中国数字特效发展的进程中，从较早使用数字合成技术的代表性影片《大进军：大战宁沪杭》《横空出世》到 2002 年使用蓝幕技术的《英雄》一骑绝尘，中国视效大片的题材类型主要是武侠功夫片，其中《英雄》《卧虎藏龙》等不仅在国内市场取得不俗成绩，而且出口海外，颇有口碑。近年来，凭借特效引人关注的好莱坞科幻动作、冒险类电影长期占据中国电影市场的较大份额，而中国传统武侠类电影也日渐衰落。但国产动画、科幻、冒险等类型电影逐渐兴起，《孔子》《飞天》《西游记之大圣归来》《哪吒之魔童降世》，"唐探系列"等重工业影片成为抗衡好莱坞电影的强大力量。2019 年《流浪地

---

① 李思锐：《〈刺杀小说家〉：奇观、浪漫与寓言》，载《影视制作》，2021 年第 5 期。

② 林铭豪：《"新国风"视域下国产动画的文化及美学功能探析》，载《当代动画》，2021 年第 4 期。

球》上映后虽票房大卖，但无法简单断言中国电影特效技术总体水平与好莱坞平起平坐。片中某些宏大氛围视觉效果镜头和好莱坞大片标准相比已相当接近，但就中国电影工业数字特效中的生物角色而言，跟好莱坞的差距还是非常巨大的。

2021年春节期间，《刺杀小说家》的上映，使中国生物数字角色的创作迈上了更高的台阶，不仅完成了生物数字角色的表演制作，而且完成了生物数字角色的毛孔制作这样的世界级难题，在中国电影数字特效的发展进程中留下浓墨重彩的一笔。从电影最终呈现的效果来看，无论是策马奔腾的场面，还是集体进攻的打戏，以及烛龙升天等，都做得无比震撼，单单是这种大场面的特效制作，就弥补了中国科幻大片每逢大场面就推近景的短板。《刺杀小说家》为电影创作者打开了新世界的窗户，在中国神话著作如《山海经》《封神演义》《西游记》中，都有大量可待创造的数字角色。以前由于特效工业还不够成熟，主创人员只能使用其他比较粗糙的手法来塑造这些虚拟角色，而如今主创人员可以随意想象这些角色而后借助相对成熟的特效技术如虚拟拍摄、动作捕捉等进行表现，可谓给主创人员提供了更为宽广的想象空间。[①]《刺杀小说家》在工业化流程方面做了很多大胆的尝试，也取得了很好的成绩，尤其是对某些数字特效电影创作标准与规范做出了许多积极探索，为中国未来的电影制作提供了许多有益的经验和方法。这些经验和方法也都被应用到了MORE VFX(墨境天合)公司的其他项目如《外太空的莫扎特》《独行月球》等影片中，极大提升了项目整体制作的技术能力及创作手段，并进一步提升了中国电影生产工业化的标准及准则。[②]

由此可见，由中国本土团队制作的电影特效已是亚洲顶尖水准，并不断与好莱坞世界顶级水准缩小差距。国内影视特效行业正在蓬勃发展并不断壮大，我们不仅有庞大的影视特效消费市场，而且有

①　孙宵、王红卫：《未来已来——华语特效电影创作的现状与前瞻》，载《西部广播电视》，2021年第10期。

②　徐建：《〈刺杀小说家〉：中国电影数字化工业流程的见证与实践》，载《电影艺术》，2021年第2期。

世界顶尖的影视特效的制作实力。

　　电影作为一种媒介，是传播民族文化的重要手段。而在这个时代，视觉特效俨然已经成为一个吸引观众走进影院的重要因素。电影《刺杀小说家》在工业化制作流程、虚拟拍摄、生物数字角色特效制作、"新国风"美学风格等方面都作出了一次全新的尝试与突破，打造了具有中国视觉审美特征的奇幻景观，在中国电影工业化的道路上做出了不可替代的贡献。随着中国电影工业化流程的不断完善，一种新的电影制作环境正逐步形成，而中国电影特效工业将为国产电影未来的发展提供充足的技术支持，为观众带来更加精彩的影片。

　　作者张晓系四川师范大学副教授；丁熠凡系四川师范大学硕士研究生

继承与蜕变

——中国类型电影的百年出海历程

孙子荀

在电影学界，"类型"是一个经久不衰、常谈常新的话题。它既是一种文本创作方法，又是一种产品标准化的规范，也是一种文化集体表达的方式，更是一种对受众需求的定位，是建立于观众普遍需求之上的一种格式和规范。谈及电影的海外传播，类型电影的重要性更为凸显。在电影的国际影响力生成中，最大的障碍之一便是不同文化之间的差异性表达和理解。这种差异性使得海外观众在观看影片时感到陌生和费解，其观影兴趣也就随之降低，电影的传播效果大打折扣。然而，类型电影因其与观众的"互动"和"契约"，因其作为一类电影制作和接受的惯例系统，其文本具有鲜明的二元性、梦幻性、大众性、重复性，则有助于观众理解影片中的异质文化元素，弥补文化裂缝。

具体而言，其一，类型电影是一种面向大众的"讲故事的手艺"，借助通俗的故事情节、经典的叙事结构、鲜明的角色张力和反复再现的主题，能够摆脱国别限制，尽可能地吸引最广泛、最多元的受众兴趣。其二，类型电影的内容清晰简明，如公式化的叙事情节、象征性的人物形象、二元对立的价值观念等，有助于观众克服跨文化"噪声"，正确理解影片中所传递的信息，在一定程度上弥补了文化差异所造成的裂缝。其三，类型电影的内容风格具有重复性、可预见性，且通常与固定的视觉主题联系在一起，能达到观众的观影预期，进而培养特定的观影快感，吸引着具有类似趣味的影迷群体，从而降低了部分观众对于陌生文化的抗拒。因此，类型电影的海外传播，一直是扩大中国电影国际影响力的重要途径，随着中国电影的发展变化，走过曲折而漫长的道路，取得了丰硕成果。下文将中国类型电影的海外传播期划分为"萌芽""起步""发展""成熟"等阶段，简述中国电影百年出海历程中的蜕变与继承。

一、萌芽与起步

20世纪20年代，中国电影的类型化创作萌芽，起先是一种对西方电影的参照和模仿，之后则变成了以提高商业竞争力、占领市场份额为目的的自发行为。"天一""明星"等电影公司开始通过报纸广告、影院营销等方式对影片的类型特色加以宣传，侦探片、伦理片、喜剧片、爱情片等类型相继出现，神怪片、古装片、武侠片等随后兴起，为中国电影的类型化发展做出了可贵的尝试。

在这一时期，中国类型电影在海外传播方面取得了不俗的成就。早在20世纪20年代，面对好莱坞电影在国内的较高市场占有率，中国电影便开始了行销海外的探索之路，在马来西亚、印度尼西亚、越南、泰国等地开辟市场。南洋发行商对上海制作的影片尤为欢迎，争相购买上映版权，需求颇大，出价甚高。1926年的《明星特刊》曾刊文指出，"影片生产，亦多以南洋取择之标准为标准。据商业家言，国产货品运销南洋群岛，较国内诸埠尤其发达"①，显示出早期中国电影良好的海外输出能力。在类型方面，除了畅销的侦探片、爱情片等之外，中国电影公司还大胆打破好莱坞的类型框架，以"发扬中华文明，力避欧化"为追求，创造出具有中国特色的稗史片、古

---

① 谷剑尘：《国制影片与南洋华侨》，载《明星特刊》，1926年第16期。

装片类型，以国人耳熟能详的传统叙事的古典小说、民间传说、稗史故事等为蓝本，显示出较强的文化主体意识，也迎合了当地华侨怀念祖国、寻求民族认同的心理。有的影片还会根据当地人们的风俗和喜好，适当调整剧情和结局，广受当地群众欢迎。

此外，以黎民伟、罗明佑等为代表，许多早期影人将电影视为传播中国文化的良好媒介，本着"中学为体，西学为用"的原则，将彰显中国文化的电影介绍给欧美。《西厢记》（1927）、《盘丝洞》（1927）等带有东方异域风情的古装类型片尤其受到西方观众的关注，也收获了一些良好反响，如英国《泰晤士报》刊文评价《西厢记》："由中国古时传记做出，其电影技术，虽尚幼稚，但剧情幽丽，观客如同重读中国神话一样。"①不过从整体来看，中国电影在当时还没有能力进入西方主流电影市场，一方面，影片质量与欧美仍有距离，巨大的文化差异也造成了观众的理解障碍；另一方面，在政策上，欧美一些国家对中国电影的进口也持保留态度。

到 20 世纪 30—40 年代，时局的动荡中断了中国类型电影产业的蓬勃发展，国难当头的环境和文以载道的压力使中国电影放缓了商业步伐，类型电影未能更进一步，形成成熟的体系。1949 年中华人民共和国成立，中国电影的发展随之迈入新的阶段，原有的民营、私营电影公司被国家设立的地方制片厂取代，电影的商业属性遭到抑制。在这样的环境下，我国陆续与苏联、捷克斯洛伐克、波兰、匈牙利、保加利亚、缅甸和印度尼西亚等社会主义国家开展电影交流活动，并进行了一定量的对外商业性电影出口。从 1950 年到 1952 年，我国输出各种影片 158 部次，争取到 50 多个国家放映了我国影片，其中包括苏联及东欧各人民民主国家和已建交的 9 个资本主义国家和未建交的 30 多个资本主义国家②，接下来，与我国签订影片合同的国家数量不断增加，遍及五大洲，并有上百部次的影片获得

---

① 佚名：《在伦敦的一部中国影片》，载《影戏春秋》，1929 年第 10 期。
② 中国文化国际传播研究院课题组：《银皮书：2011 中国电影国际传播研究年度报告》，22 页，北京，北京师范大学出版社，2012。

国际电影节奖项，影片的输出范围、输出规模进一步扩大，电影被誉为"铁盒大使"，发挥着独特的外交作用。到 1965 年底，中国已同近 90 个国家和地区的 680 多个电影公司及有关机构建立了贸易和非贸易的往来关系；通过商业途径，向 84 个国家和地区输出长短影片 1200 多个，7000 多部次。① 在这一时期，我国出口东南亚的影片主要是戏曲电影，出口欧洲的则是美术电影和纪录片，出口非洲、拉美的则是以战争片为主。

随着"文化大革命"到来，内地电影的海外输出中断，而港台地区的类型化创作则不断传承、改良和完善，武侠片、古装片、功夫片等具有民族特色和文化内蕴的电影类型被发扬光大，并融汇了北美、欧洲、东亚等地的电影风格，形成别具一格的类型范式，海外影响力进一步扩大。以香港为例，相关记录显示，香港电影 1953 年的出口总值为 418 万港元，输往 21 个地区，而短短 5 年后，出口总值便升至 1084 万港元，上涨一倍有余，输出地区也扩大到 36 个。20 世纪 60 年代，中国港台电影人还积极与日本、韩国展开合作，通过合拍片方式开辟东亚市场。20 世纪 80 年代起，中国香港武侠片、警匪片、功夫片等多个动作类型成功打入西方市场，得到欧美观众的喜爱和推崇，成为新的中国文化输出渠道。这类影片不仅对好莱坞动作电影产生了重要的启发，而且对西方的流行文化和影迷群体造成了广泛的影响，美国电影学者大卫·波德维尔在《电影诗学》中写道："20 世纪 80 年代后期，也几乎就在那时我了解到，很多我喜欢的香港动作片，以及更多我完全不了解的动作片，已经成为电影节的策划人员婴儿潮一代，以及那些以拉面为主食的研究生激赏的对象。我所属大学的音像店有成百上千盒香港电影录像带。"就连吴宇森自己也坦言："不论是商业的、艺术的，抑或传统的香港电影，都在近一二十年受到西方的广泛接受。有人甚至说香港功夫片走在世界的前面，引导了好莱坞影片模仿'港式动作'，众多的香港电影

① 中国文化国际传播研究院课题组：《银皮书：2011 中国电影国际传播研究年度报告》，22 页，北京，北京师范大学出版社，2012。

人和演员也被聘请到美国和欧洲。东方和西方电影文化交织，产生了耀眼的成就。一些美国公司还购买了香港影片的重拍版权，改编东方的故事，受到西方观众的欢迎。香港电影多元的独特性和创造能力，引发了西方观众的兴趣。"①香港类型电影在国际传播领域的影响力可见一斑。

　　至于内地——在 20 世纪 80 年代，随着相关政策的松动和市场经济的发展，类型电影创作也终于迎来复苏。武侠片首先掀起观影热潮，爱情片、惊悚片等娱乐性较强的类型也相继重登大银幕，受到观众的热烈欢迎；股份公司、发行公司、联合院线、独立制片人、合作制片等新名词、新事物也登上了舞台，市场化程度进一步发展。在海外传播方面，出海影片的规模数量迅速提升，方式更加多样，中国电影以前所未有的崭新面貌和独特风格出现在世界各种电影节展之上。20 世纪 90 年代中期，中影公司开始以票房分账形式引进美国大片，自此以后，越来越多的进口大片加入市场竞争，在一定程度上对国产电影的生存空间造成了挤压，迫使中国类型电影更新观念，提高质量。

二、发展与成熟

　　在中国内地，随着改革开放的推进，类型电影终于迎来了宽松、适宜的发展环境。在多元共生的文化语境与审美格调下，电影创作理念进一步"松绑"，古装大片、贺岁片、喜剧片、魔幻片等类型创作相继掀起票房热潮，中国电影的类型化道路越走越宽，逐渐形成了多类型、多题材、多样化的作品结构。可以说，这一时期的电影既有对以往类型的综合继承性，也有某种尚未定型、持续发展的现实生成性，与此同时，类型意识更加自觉，类型范式更加成熟。

---

　　①　[澳]罗卡、[澳]法兰宾：《香港电影跨文化观》，刘辉译，1 页，北京，北京大学出版社，2012。

新世纪之初，国产类型电影年产量只有六七十部，年度票房不到 10 亿元，且国内电影市场份额一半以上被好莱坞电影占据，直到 2003 年，随着中国电影产业化程度进一步提高，国内年度票房开始以每年 20%～30% 的速度提升，影片产量也开启了每年 40% 的增速。2004 年被称为中国电影"走出去"划时代的一年。在这一年，由张艺谋执导的商业古装巨制《英雄》以"借船出海"方式，由米拉麦克斯影业公司在全球发行，以 5371 万美元的票房成绩，一举夺得 2004 年暑期北美电影票房冠军，并获奥斯卡最佳外语片提名。该片的成功，可以说是古装片、武侠片这两类中国最古老、最独特的电影类型的厚积薄发，加之借鉴了美国高概念电影的大投资、大制作、大营销、全明星特质，更易被海外观众所青睐。此后，伴随着古装片的创作风潮，多部武侠功夫类型电影接连在海外主流市场上获得不错票房，以北美票房为例，《霍元甲》2463 万美元，《功夫》1710 万美元，《十面埋伏》1105 万美元，体现了中国电影与世界对话的实力。与此同时，有关部门持续推进电影"走出去"工程，实行多项鼓励电影海外传播输出的政策措施，包括 2006 年改制建立中国电影海外推广公司，旨在整合资源，搭建中国电影海外推广、发行、传播的主流平台；2010 年初，《国务院办公厅关于促进电影产业繁荣发展的指导意见》印发，要求"积极实施电影'走出去'战略，落实国家鼓励和支持文化产品和服务出口优惠政策，通过现有渠道，加大对电影产品和服务出口支持力度，努力形成长效机制"。

2010 年年底，中国以超过百亿元人民币的国内票房成绩，526 部影片的产量，跻身世界十大电影市场和第三大电影生产国；中国电影海外票房发行销售总额提升至 35.17 亿元，"出海"影片数量增长至 47 部、205 部次（2008 年更是一度达到 285 部次的峰值），销售范围从加入世界贸易组织前的 10 多个国家扩大到 61 个国家和地区。

在这一阶段，中国电影最普遍的海外传播方式大致有三种，其一是将版权出售给以好莱坞公司为主的海外电影发行公司，譬如韦恩斯坦、索尼等。其二是参加国际电影节展，令优秀国产电影通过参赛参展的方式扩大知名度，吸引潜在买家，达成版权交易。譬如

2010 年有超过 500 部次影片参加 37 个国家和地区的上百个电影节展活动。其三是中外共同投资合作拍摄影片，譬如 2010 年海外发行的 47 部影片中，有 46 部为合拍片，占绝大多数。以上三种方式为拓展中国电影的国际空间发挥着不同的作用。不过，在某种意义上，这些"走出去"方式属于"各显神通"，彼此间未能形成协作和补充。

2011—2020 年，进入新世纪的第二个十年，电影的产业化改革继续深入，中国一跃成为全球第二大电影市场，发展规模和速度不断提升。与此同时，中国类型电影的创作生产也步入一个崭新的阶段：一方面，中国电影与国际影坛的交流与合作日益深入，陆续与 20 多个国家签署合拍协议，大量中外合拍片的出现使中国电影得以在诸多层面学习吸收外国的先进经验；另一方面，一批出生于改革开放后，成长于影视文化中的电影创作者进入该行业，逐渐成为中坚力量。作为"从待在电视机前的无数小时中学习了电影史"的一代人，他们更熟悉类型模式，更具想象力，为中国类型创作的发展注入了新鲜的血液。

在这一时期，中国电影积极延续着向海外进军的步伐，无论是政府还是资本，都在为中国电影的"走出去"积极创造条件，合拍项目、传播渠道和发行范围皆有明显增进。相比上一个十年一次性出售发行权给国外公司，或国际电影节展为主的出海方式，这一阶段的中国电影"走出去"渠道变得更为多元，更具主动性。

在渠道层面，2010 年，美国华狮影业成立，主要代理中国电影在美国、加拿大、新西兰等国的发行，使中国影片国内外同步上映成为可能，目前已发行上百部影片，"中国血统使其能与国内制片方在利益分配、题材建设上实现更为良性的互动"[①]。2012 年起，美国独立电影公司 Well Go USA 也开始着重发行中国电影，主要集中在动作类型和文艺题材，成为国产影片在北美的第二大发行商。2016年，由国家电影局策划指导，华人影业、华狮影业等共同搭建的国

---

① 彭侃、谈洁：《北美市场的当代华语电影：历史、现状与未来》，载《电影艺术》，2018 年第 6 期。

产电影海外发行平台"中国电影·普天同庆"开始运作，在五大洲的70 余个国家、190 多个城市建立了推广渠道，对接当地主流院线，也已发行了上百部国产影片。在"电影＋互联网"的新趋势下，中国电影科学技术研究所受国家专项资金支持，主导组建了"电影智能移动影院系统基础研究"项目组，运营搭载移动终端 App "移动电影院"，将影片通过网络输送至北美洲、欧洲、非洲等地，持续为中国电影创造新的海外放映增量。

在资本层面，华谊、华策等国内影视公司纷纷在境外设立分公司、收购国外影视公司股权；阿里巴巴、复星集团、爱奇艺等一批企业也与国外影业达成战略合作协议，换取海外影视资源，乃至于主投、主控、主动进行 IP 开发。资本运作下，中方企业与国外公司共同进行影片投拍发行，获得全球票房分账，中国电影也更活跃地出现在各类国际电影市场、交易会上，积极开拓国际市场。

2020 年，虽然电影市场遭受疫情严重影响，许多影片制作停滞、发行受阻，但中国电影仍在尽力开辟新的出海之路，主要借助流媒体播放平台和移动端渠道等，拓宽宣传及发行路径。除上文提出的"移动电影院"持续发力外，还有爱奇艺 App 国际版、腾讯视频国际版 WeTV、芒果 TV 国际 App 等多个平台登陆全球市场，将国产优质影片输送至海外多国，并通过全球同步上线、各地本土化翻译/配音等措施，打破了院线上映的时间限制与疫情导致的空间限制，充分整合了各方资源，在危机中焕发生机。

就数据来看，本阶段中国电影的海外放映规模和票房总额整体上呈上升趋势。"银皮书：中国电影国际传播年度报告"丛书中的数据显示，从 2011 年到 2017 年，中国电影的海外发行数量从 55 部上升到近百部，票房及销售总收益从 20 亿元上升到 42 亿元，均实现了翻倍，达到历史新高。虽然在 2018 年、2019 年，由于内需市场过热，中国电影拓展国际市场的动力有所下降，海外票房出现较大幅度回落，2020 年至 2022 年又因为疫情原因而大受影响，但从整体来看，影片质量不断提高，类型更加多元，海外辐射范围更加广泛，遍及亚洲、欧洲、美洲、大洋洲、非洲五大洲的主要国家和地区。

相对于 20 世纪 80—90 年代以民俗艺术电影为主和 21 世纪初以武侠大片为主的海外传播阶段，如今进入海外市场的中国电影在类型上更加多元。除了作为传统强项的动作片，包括魔幻片、剧情片、科幻片、喜剧片在内的多种类型片登上海外银幕外，中国电影无论从影片数量、票房成绩、上映规模和口碑来看，都取得了较大的成绩。其中，动作类型作为中国电影中的传统优势题材，继承了功夫片、武侠片等具有中国特色的亚类型电影的专长，加之其自身具有的类型优势，如故事灵活包容、模式简单有效、情感丰富直接、视觉效果富有感染力等，最易得到海外观众的接受和喜爱，是合拍片项目的首选，而幻想类影片则显现出明显的高投入，高回报特性，在新世纪飞速发展的数字特效技术的加持之下，焕发出蓬勃的生命力与创造力。

总而言之，随着放映规模的不断提升，国产类型电影的国际传播效果稳步提高，既呈现出多元化的趋势，也形成了品牌类型和一些"爆款"电影，但整体仍面临着困难和挑战。这一方面是全球文化环境仍以欧美文化为主流，海外电影市场，尤其是西方国家对中国电影的了解、需求还比较低，尚未形成市场常态；另一方面，中国电影的类型创作和制作水准与好莱坞相比仍有不小的差距，并未形成鲜明的风格和特色。电影公司多以国内市场为目标，较少考虑海外收益问题，在题材选择和内容呈现上都较为本土化，没有真正思考电影对国际受众的优势所在。

纵观中国类型电影的百年出海历程，不仅需要政策和资本层面的持续努力，而且需要自身内容的不断提升。在未来，中国类型电影既需要继承以往的优势和独特的风格，又需要努力革新，紧跟潮流，完成类型程式的蜕变和重构，如有些学者所指出的："旧人旧事旧物会老会死，抛下包袱，舍弃固有的内容。继承的只能是精神，而且与其说是继承，不如说是受感召以重生。旧的死了，新的才可以生。留下来的不是固定的什么特质，而是一种力度。"①笔者期待中国类型电影更积极、更全面地进行创新和改良，在内容、风格上不断突破，进一步开辟海外传播的新天地。

作者系北京师范大学艺术与传媒学院讲师

---

① 朗天：《香港有我——主体性与香港电影》，41 页，香港，香港文化工房出版社，2013。

第四辑

中国文艺与国家形象的建构

从"民族寓言"到"国家史诗"

——从陈凯歌的《黄土地》到《长津湖》的转型谈起

陈犀禾

我意欲探讨的是关于国家形象建构的问题。我将结合中国电影史和陈凯歌个人的创作经验和成就来做论述,讨论陈凯歌创作的发展给我们带来的启示及提出的问题。

讲好中国故事和如何进行国家形象建构是我们当下进行讨论的背景。陈凯歌的创作从《黄土地》开始,出来以后,当年在海内外就引起很大轰动,我不多做介绍了。只谈 2006 年在美国出版的世界电影简史 *Film* 的一个论述。这本书有点像陆弘石、舒晓鸣的《中国电影史》在国内的影响一样,虽然容量(也有 500 多页)不像其他世界电影史是大部头,但是比较通俗也比较流行,影响也比较广泛。他说:

The most famous of these were Chen Kaige and Zhang Yimou, whose first films, respectively *Yellow Earth* (1984) and *Red Sorghum* (1988), made them into the most widely known mainland Chinese directors ever. ①

简言之,陈凯歌的《黄土地》和张艺谋的《红高粱》是中国在世界上著名导演的作品。今天很多年轻人对这段历史并不是很了解。电影《黄土地》出

---

① Ronald Bergan(2006). *Film*, New York, DK Publishing, pp. 231—232.

来以后，当时在国内市场反响还不是很强烈，主要是在电影界、批评界和理论界引起强烈关注，然后在世界电影界和批评界引起广泛关注。今天这两部电影已经成为中国电影的经典。

20世纪80年代末在北京大学讲学的弗雷德里克·詹明信（Fredric Jameson）对第三世界文化有一个论述，他说："所有第三世界的文本均带有寓言性，并具有一种独特的表达方式：我们应该把这些文本当作'民族寓言'来阅读。""第三世界的文本，甚至那些看起来好像是关于个人的和利比多趋力的文本，总是以民族寓言的形式来投射一种政治、关于个人命运的故事包含着第三世界的大众文化和社会受到冲击的寓言。"简言之，它通过个人经验的叙事表达了整个民族的集体记忆。这个观点在当时影响很广泛，尽管对这个第三世界的理论本身有很多争论，但是我这儿还是采用这个理论。

在这个寓言中，我们可以看到：翠巧代表中国人民的苦难命运，她父亲代表传统，她的弟弟憨憨代表寻求出路的新一代，八路军战士顾青可以看作新世界来的人和救星，黄河可以看作寻求解放路上的困难险阻，翠巧最后在投奔八路军的途中渡河淹死在黄河中。

就寓言作为一种艺术形式的特点而言，它的故事从真实可靠性来说是有一定模糊性的，其中的事件、时间、人物，这些是否真实存在过，它并不像历史剧那么确切，它可能是一个虚构的故事。它的主人公常常就是男人、女人、老人、孩子等平民。它叙事和影像的特点，在这个电影故事中是悲剧性的，画面也苍凉辽阔富有隐喻性，这一方面有很多文章都深入地分析过，我就不详谈了。整个电影的风格是沉思的、痛苦的。电影故事中八路军战士顾青去当地搜集的"酸曲儿"，也就是民间歌曲，其实是苦难的诉说。这个"酸曲儿"也可以看作这部影片的一个基本风格。

陈凯歌领衔创作了《长津湖》。影片的基本情况大家也都知道，时间关系，故事梗概和相关情况我就不多做介绍了。我觉得《长津湖》的风格是恢宏的，首先它是再现一个重大而真实的历史事件，因为这是中华人民共和国抗美援朝历史上的一个真实的战役。而《黄土地》中的事件是不是真实的，没有历史记载，这可能是一个作家的虚构。但是《长津湖》战役是真实事件，战役中的将领是真实的，冰雕连的事迹也是真实的，具体的战士也是有一些人物原型的。其次，这儿的主人公更多的是英雄人物、革命人物，他们更多的代表正面的国家力量和国家形象。整个故事叙述方式是有一种国家视野在里面。再次，在叙事和影像上，是波澜壮阔的、英雄主义的华丽影像。当然其中也有电影技术的进步，拍摄的画面很精彩。我记得当年的《英雄儿女》画面也拍摄得很激烈、悲壮。最后，《长津湖》的整体美学风格是昂扬向上的、明亮的、壮丽的。对比《黄土地》的"酸曲儿"，《长津湖》这首史诗是一种颂歌体的风格。

《长津湖》在国内舆论和市场的巨大成功意味着陈凯歌成功地实现了在银幕上塑造国家形象和作为电影作者的（个人的）双重转型。第一，是从 20 世纪 80 年代的"民族寓言"到新时代的"国家史诗"，从对国家形象的历史性隐喻到现实性歌颂，从贫穷、落后的中国到新时代阳光下的中国。这是陈凯歌在塑造国家形象方面的转型。这对当下"讲好中国故事"具有重要意义。

第二个是陈凯歌作为电影作者的（个人的）转型。陈凯歌在跨度长达 30 多年的对"民族寓言"和"国家史诗"的创作中，核心是对国家和民族身份、历史和传统的思考。而作为当代知识分子的代表人物，陈凯歌思考的道路和奉献的这两个成果代表了 30 多年来中国许多电影人的发展和转变，具有典型意义。陈凯歌从（20 世纪 80 年代）新时期的思考者，转变为（21 世纪）新时代的歌颂者。

但是，陈凯歌的最新创作从国家形象的国际传播角度讲仍然面临挑战。《长津湖》在内地票房收入是 55.75 亿元人民币，香港票房是 259.6 万美元，创历史新高。但是在海外影响就有落差，《长津湖》第一部海外票房是 550000 美元。北美是 342000 美元，澳大利亚是 138000 美元，英国是 64000 美元，这都还是华侨比较多的地方，阿联酋是 4099 美元，俄罗斯是 3442 美元。俄罗斯的情况有点令我吃惊，因为我们现在相对来说跟俄罗斯关系还是比较近。比起俄罗斯拍摄的第二次世界大战的影片在中国引起的强烈反响，如《这里的黎明静悄悄》，更不必说《斯大林格勒保卫战》这样的影片在中国引起的强烈反响。而中国影片在俄罗斯的影响微不足道。这说明我们的影片在海内外是有巨大反差的。

《长津湖之水门桥》的票房我查了一下，成绩也不理想。观察中国电影和国家形象在海外的影响，海外市场和民间的反应是一个重要的指标。相比之下张艺谋的《菊豆》和《英雄》在海外的票房，1992年的《菊豆》有近198万美元，这是北美第一部正式上商业院线的大陆电影。《英雄》更是北美市场（20世纪80年代以来）最卖座的外国影片之一，5371万美元票房（第三名），比当年在中国大陆的票房2.5亿元人民币还高。（《卧虎藏龙》在北美有近一亿三千万美元票房，居北美最卖座的外国影片第一名。）

从以上材料中我们可以获得的信息是十分丰富的。我之所以提出陈凯歌这个案例，是因为还是想让大家从这个具有指标性的案例来进行多方面的思考：关于他的个人发展道路，关于国家形象建构的经验，以及中国特色的当代视角和国际的文化状态之间的对比和反差，从而在一个更广阔的视野来思考我们国家形象建构和讲好中国故事。今后的路应该怎么往前走，我只是提供这个案例给大家，扩展思考的空间。

可以说，陈凯歌当前的创作在国内的巨大成功是确切的，他的创作经验对国内电影从业者来说也是非常具有启发性的，他本人的转身也可以称为华丽。但是同当年《黄土地》在国际上所获得的巨大影响力和成功来比，还有一定提升空间，这中间为"中国电影走出去"和"讲好中国故事"提出了很多值得我们思考的问题。

作者系上海大学教授

传统的"现代转化"与电影"想象力消费"的文化资源

陈旭光

导言：中国艺术精神现代转化，
一个当下文化建设的重要主题

2022 年 11 月 22 日，林毓生先生(生于 1934 年 8 月 7 日)逝世。林毓生先生传承其老师殷海光先生以学术为志业，以知性追寻为生命意义的人格，其诚挚的治学精神贯穿了他求学、治学生涯。他从专治西方思想史转向中国文化研究，敦品励学，重知笃行，始终关注中国文化传统的传承及中国知识分子的命运。林毓生先生在 20 世纪 80 年代提出的"中国传统的创造性转化"命题①，曾经深刻地影响了几代中国学人对传统文化"创造性转化"和创新性发展的理念与愿景。在影视艺术研究界，也启发了电影学人思考中国传统文化、中国艺术精神如何在电影艺术中完成"现代转化"的命题。

笔者也曾经撰写《一种现代写意电影——论王

---

① 林毓生：《中国传统的创造性转化》，北京，生活·读书·新知三联书店，1988.

家卫电影的写意性兼及中国电影的民族化与现代化等问题》①、《论中国电影对传统文化资源的"现代转化"》②、《试论中国艺术精神的现代影像转化》③、《论第四代导演与现代性问题 》④等文章，相继、持续表达对这一问题的思考。笔者写道："以反思'五四'时期激进反传统主义著称的林毓生先生则提倡'中国传统'。他反对对中国传统的激进如'五四'的'全盘否定'，但也强调'中国传统的现代化'。在《中国传统的创造性转化》中，他认为自己'本书所提出的是一些有关中国思想现代化的意见'，'我们必须重新界定中国人文传统的优美素质的现代意义。"⑤

　　这也进而启发了笔者在进行电影"想象力消费"命题的思考时，特别关注并论述了传统文化、文化原型，特别是民间亚文化作为当下玄幻魔幻类电影"想象力消费"⑥之文化资源的珍贵宝藏和极大的潜力。

　　当下，在风起云涌的中国电影学派建设潮流中，林毓生先生的逝世，促使笔者再次思考中国艺术精神的现代影像转化问题。

---

　　①　陈旭光：《一种现代写意电影——论王家卫电影的写意性兼及中国电影的民族化与现代化等问题》，载《当代电影》，2001 年第 3 期。

　　②　陈旭光：《论中国电影对传统文化资源的"现代转化"》，载《艺术评论》，2015 年第 11 期。

　　③　陈旭光：《试论中国艺术精神的现代影像转化》，载《北京电影学院学报》，2018 年第 6 期。

　　④　陈旭光：《论第四代导演与现代性问题》，载《北京大学学报》，2004 年第 1 期。

　　⑤　陈旭光：《试论中国艺术精神的现代影像转化》，载《北京电影学院学报》，2018 年第 6 期。

　　⑥　参见系列文章：陈旭光：《论互联网时代电影的"想象力消费"》，载《当代电影》，2020 年第 1 期；陈旭光、李雨谏：《论影游融合的想象力新美学与想象力消费》，载《上海大学学报（社会科学版）》，2020 年第 1 期；陈旭光、张明浩：《论电影"想象力消费"的意义、功能及其实现》，载《现代传播》，2020 年第 5 期；陈旭光：《"想象力消费"的理论阐释及其批评方法论考量》，载《中国艺术报》，2022-11-20；陈旭光：《电影想象力消费理论构想及与中国电影学派关系思辨》，载《当代电影》，2022 年第 1 期。

一

中国传统文化的内涵博大精深，中国艺术种类丰富多彩，多种多样。面对这样一座巨大的艺术宝藏和文化富矿，从不同的角度出发必会有不同的阐释。

概括而言，中国传统文化下面几种精神形态或文化形态无疑是比较重要的：其一，温柔敦厚的儒家伦理美学精神与文化形态；其二，文人化道家写意美学精神与文化形态；其三，飘逸潇洒的意境美学精神形态；其四，繁复奇丽的民间大众美学精神与文化形态；其五，怪奇的鬼神妖仙炫奇美学精神与形态；等等。

上述几类文化传统形态与艺术精神显然在中华文化史上地位、作用各有不同。美国学者雅科布逊曾说："每个时代的文化中都有某种主导性即某一方面的文化因素占据主导地位（主因文化），其他则处于次要地位。"另外，正如文化研究中派生出若干"二元对立"如主流文化/支流文化、中心文化/边缘文化、高雅艺术/民间通俗艺术等等。文化精神、美学或艺术精神亦如此，在艺术史上也常有主导性和非主导性的区别。毫无疑问，相较于居主导文化地位的儒家道家文化，那种繁复奇丽、错彩镂金的民间大众美学精神与怪奇绚丽的鬼神妖仙传奇或美学，是居于支流、边缘位置的"非主因"文化。

另外，偏重于中国艺术精神的美学与风格形态考量，中华美学精神或中国艺术精神中就是与一些不占主导和主流地位的精神、风格或形态相并立或交叠在一起的。例如，艺术美就不仅有清水出芙蓉的美，而且有错彩镂金的美；既有文人画式的飘逸清高、抒情写意，也有民间年画的色彩浓艳、工笔写实。而文艺创作自然要尽可能传达中国艺术精神的丰富性和多样性，进而转化生成丰富多彩的影像艺术，以满足人民群众日益增长的文化生活和艺术欣赏的需要。

无疑，不同形态、不同地位的传统文化或传统美学、艺术精神，在今日中国电影影像中的转换和呈现也各有不同。在此笔者拟侧重分析两种"非主因"的中国传统文化或艺术精神形态，即繁复奇丽、错彩镂金、浓墨重彩的民间大众美学精神与怪奇绚丽、魔幻迷人的妖仙鬼神之"炫奇美学"在今天作为大众文化样式的电影中的"现代影像转化"，以及这种"现代转化"与当下"想象力消费"问题的契合。

二

在艺术精神表现上，中国艺术无疑是道家美学与禅宗美学占主导的。如徐复观的名著——《中国艺术精神》①，主要就是探讨老庄美学精神。但是中国艺术也有其他精神或风格样态，如"以绚为美"就是重要的一支。

刘道广曾在《中国艺术思想史纲》中指出春秋时期有一种"以绚为美的主流艺术思潮"。"以绚为美"本来发轫于逐渐富有的贵族阶层，但是"民间工艺的水平也在这股时风的推进下，不断提升，使'以绚为美'的社会艺术思潮愈演愈烈"②。韩非子讲述的著名的"买椟还珠"寓言也表明当时对外观装饰的看重，说明了作为某种工艺美术品的"椟"正是以它外在的华美形式受到了市场、买家的青睐。这也许说明，在当时，一种"以绚为美"的社会审美思潮，在当时已经居于较为重要的主流地位。

显然，这一"绚美"思潮因为崇尚节俭的墨家、提倡"质素"的孔子儒家，推崇空灵的道家等的压力未能成主流。当然，两汉时期的汉赋有着铺张扬厉的风格，也颇为"绚丽"。但汉赋在中国古代文学史上地位并不高，此类风格的文艺作品总体而言在品格、境界上一直被认为居于"下品"，如苏东坡就认为"峥嵘""绚烂"不如"平淡"。这也与"灿烂至极归于平淡"的美学理想如出一辙，但这一美学潮流或精神虽然在正统儒家文艺和文人士大夫中没有得到追捧弘扬，但

---

① 徐复观：《中国艺术精神》，沈阳，春风文艺出版社，1987。
② 刘道广：《中国艺术思想史纲》，35页，南京，江苏美术出版社，2009。

在民间文艺、民间工艺等中却成了一种重要的精神。

美术中工笔画、年画、瓷器，甚至大部分戏曲艺术，风格大多浓墨重彩，深受普通市民、乡村农民欢迎，折射了中国艺术中与正统儒家、老庄美学不同的另一种重要艺术精神和美学风格或文化形态。

在新世纪的中国电影大片中，如《十面埋伏》《满城尽带黄金甲》《金陵十三钗》《妖猫传》《长城》等影片中就营造了一种繁复奇丽、错彩镂金、浓墨重彩，装饰性效果很强的美。《英雄》《十面埋伏》等电影的美术设计霍廷霄等人就说到《英雄》与《十面埋伏》的设计美学的不同，他们说，《英雄》是为了表现出人物自如、随意、飞扬的气韵，在服装材质上也做了很深入的研究，以达到所需要的写意的网格意境，而与此不同，《十面埋伏》的人物造型则是比较写实华丽些，参考的中国人物画则是以工笔人物画为主，更注重细节的刻画设计。[1]

从大众文化、消费文化的角度看，这种在中国古典美学形态中并不占主导地位的繁复奇丽、错彩镂金、浓墨重彩的美，既是民间工艺美学之美的"现代转化"，更成为一种当下大众文化背景下兼具艳俗和奢华的双重性的"新美学"。这种"新美学"表明，在此类视觉化转向的电影中，色彩与画面造型的视觉快感——某种具有中国特色的奇观性追求被发挥到了极致。

例如，《十面埋伏》中的牡丹坊，色彩艳丽绚烂，富有唐文化韵味，整齐的乐器，夸张的异域风格舞蹈，呈现了唐文化的丰富多元的大国文化特征。而更为明确的表现盛唐气象的《妖猫传》，作为一部东方奇幻大片，其视觉风格和特效制作则广泛借鉴了文人画、敦煌壁画等中国传统绘画的造型风格，更是营造出富有中国特色的东方式的繁复奇丽、错彩镂金、浓墨重彩的中国美学精神的电影画面。

从当下大众文化消费的角度来看，这种繁复奇丽、错彩镂金、浓墨重彩的美虽然在中国古典美学形态中并不占主导地位，但在新

---

① 霍廷霄、黄非：《中国传统文化与电影美术造型》，载《民族艺术研究》，2018年第5期。

世纪的古装武侠大片中，却是一种具有"现代性"意味的大众文化形态。它不是出世的，是入世的，不是超验的，而是经验的、感性的。如此，中国艺术美学中这一支繁复奇丽、错彩镂金、浓墨重彩的支流暗合了当下消费文化背景下普通大众的审美趣味，在作为大众文化的电影中得以实现"现代转化"，而其潜力与前景，可谓颇为浩大可期。因为大多数人无疑更喜欢这种繁复奇丽、错彩镂金、浓墨重彩的世俗化、感官化的美。

三

关于鬼神妖仙狐媚等的文化无疑是中国社会颇有影响力和生命力的民俗文化，萌发于原始社会和原始野性思维，随中国社会、历史、文化的发展而不断发展、丰富。实际上，中国神话思维、鬼神妖仙文化在历史上是颇为发达的，但因为儒家文化的世俗化、经验性的特点使其弱化，甚至"无名化"了。

刘勰说："奇正虽反，必兼解以俱通。"另类、边缘化的"奇异的艺术风格"在中国文学艺术中也曾经有过存在。鲁迅先生非常重视民间文艺，把民间文艺的风格概括为"刚健清新"，认为民间文艺是主流文艺的重要补充，作为边缘或异己的"他者"，有时甚至可以成为重要的改革发展的推动力，"旧文学衰颓时，因为摄取民间文学或外国文学而起一个新的转变，这例子是常见于新文学史上的。"①

自然，传统中国文化中妖鬼仙魔的传说历来是不登大雅之堂的。奠定中华文化心理原型的孔夫子就颇为排斥，《论语》记载："子不语怪力乱神。"孔子自述："不知生，焉知死。"儒学文化更是"罢黜百家，独尊儒术"。这里的百家自然也包括杂家、阴阳家等。然而，在我国的一些边缘地区、民间文化中还是有一支汹涌不息的暗流，如记载

_____

① 鲁迅：《门外文谈》，见《鲁迅全集》(第六卷)，95页，北京，人民文学出版社，1981。

鬼神传说的《山海经》《世说新语》，作为鬼怪神魔小说的《搜神记》《西游记》《封神演义》《聊斋志异》等，还有大量在民间口耳流传的鬼神妖仙狐魅故事。

鬼神志怪虽然可能被披上恐怖的外衣，但实际上这些作为人类镜像自我的"他者"想象表现的内核往往都是人的情感和人与人之间的关系。在这些民间文化的演绎中，鬼神妖仙也向往人的生活，羡慕人世间的世俗生活和市井气息，甚至敬仰读书人，追求与凡人的爱情，愿意为爱的人牺牲。这些表现和思维无疑洋溢着中国式的社会生活内容和文化理想，也渗透着中华传统文化的精神。

说到底，中华民族的鬼神文化内涵非常丰富。在中国的历史文化长河中，鬼神文化在中华传统文化中占有重要的地位，也是构成中国人原型心理结构的重要组成部分。

当然，因为文化的原因，这种亚文化和次文化在新时代中国电影中很少表现。文艺创作上现实题材、现实主义和方法占据绝对主流，有形无形地压制了此类题材的文学艺术表现。1961年，北方昆曲剧院首演昆曲《李慧娘》，虽然这部昆曲讲的是李慧娘蒙冤死后，化为厉鬼报仇雪恨的故事，颇具反封建精神。但上演后，却引发争议和批评，"文化大革命"时期，更是受到了大批判。而这里面原因之一无疑与昆曲讲"鬼故事"有关。随着改革开放之初，20世纪80年代香港武侠片文化进入内地，1997年香港回归中国后，大量港台电影人进入内地（大陆）合作拍片，使得中国的妖魔鬼怪题材或玄幻魔幻类电影大为兴盛，也越来越受欢迎。如《白蛇传说》《画壁》《倩女幽魂》，打破票房纪录的《画皮》《捉妖记》《西游记之大圣归来》《美人鱼》《白蛇：缘起》《哪吒之魔童降世》《姜子牙》，以及《狄仁杰之通天帝国》《九层妖塔》，大量以西游记里头人物为IP的电影改编等。再以2020年为例，这一年科幻电影虽然不发达，不能名正言顺地续上作为"科幻电影元年"的2019年，但总体而言，"想象力消费"类电影却继续发力，尤其是魔幻玄幻类型在疫情之后更有"崛起"之势，甚至成为网络电影的"头部"，发挥了某种"头部效应"。于是，"想象力消费"在网络电影中的崛起成为重要现象，如2020年票房前列的《奇门遁甲》(5641.07 万元)、《倩女幽魂：人间情》(4225.53 万元)、《鬼吹灯之龙岭迷窟》(3017.32 万元)、《鬼吹灯之龙岭神宫》(2056.91 万元)都属于"想象力消费"类魔幻电影。院线电影方面的《赤狐书生》《晴雅集》，动画电影《姜子牙》等也是如此。

也就是说，在一个笔者曾经大力呼吁和殷殷期许的"想象力消费"时代，通过改编民间志怪小说、神话故事的中国式玄幻、魔幻类电影在中国电影市场占据越来越重要的地位和较大的市场份额。很多魔幻类电影，常常成为春节档人们的重要娱乐消费对象，甚至常常成为当年无论在票房上还是在美誉度、话题性上都处于数一数二地位的"头部电影"。这些电影受到欢迎无疑与它们触发了中国人的鬼神文化情结或原型性、无意识心理有着很大的关系。

毫无疑问，妖鬼仙魔题材电影借助高科技手段，在视觉奇观表达、特效等方面强化玄幻色彩，以奇幻化的场景、服饰道具人物造型等营造出一种有别于好莱坞魔幻、科幻大片的东方式的奇诡幻想和视觉奇观，把人性、爱情、人与动物、人与妖、人与自然等的原始情感推向幻想世界进行某种"询唤"，完成大众对魔幻世界的超验想象和奇观消费，也就是一种"想象力消费"。

徐克的"狄仁杰"系列电影，想象力就颇为丰富，造型、细节、桥段，奇门遁甲、怪力乱神、天马行空。在徐克天马行空，甚至大巧若拙、拼贴游戏性的想象力之外，还能发现他以本土文化为底蕴对其他文化的融合发挥，发现他对东方文化的情有独钟。徐克在电影中表现了某些在中国儒家文化主导下不"入流"、边缘化的"亚文化"，或者如监制陈国富所称的"神秘次文化"，陈国富就说过，"狄仁杰"系列的亮点之一就是古代的各种神秘次文化。

徐克还把这些神秘次文化与现代科技进行大胆接合，创造出许多既具有科技特点又颇为玄幻的奇观。《神都龙王》里，古代文化中神秘的"蛊"术变成了现代生物基因突变，一种"生化危机"！这些细节常常让我们想起《侏罗纪公园》《异形》《食人鱼》等科幻片或灾难片。归根到底，"狄仁杰"系列是一种中国文化本位的玄幻电影，还呈现了极为多元复杂的文化融合甚至拼贴。

　　《捉妖记》显然从中国传统志怪中汲取了灵感和精髓，小妖王胡巴领衔的妖怪的造型颇为美国化，不妨视作"怪物史瑞克""小黄人""大白"等动画家族形象的"同父异母"的中国兄弟。这些"萌化"的形象也颠覆了人们对中国传统妖怪恐怖、冷艳和狰狞的面目的印象。从某种角度看，中国人的"妖鬼情怀"本质上是中国人对于自然、对于"道"的情怀的变相表达，是对正统儒家文化禁忌的一次心灵的"放假"和想象的"还乡"，是对自由、浪漫、返璞归真的人生境界的向往，是"天人合一""天地与我并生，万物与我齐一"境界的理想表达。而更重要的是，影片表达的这种万物平等、人妖和谐的美好理念超越了单一文化，表达了一种共同自然观。

　　同样，《哪吒之魔童降世》有一种明显的现代世俗精神。哪吒虽然外观上丑化，反抗精神有弱化，但对古代传说进行了重述，隐喻了向社会回归的内在欲望。与传说中的原型故事相比，《哪吒》的人物形象性格和人物，如父子、母子、师生、同性朋友关系等，都有了新的变异，比较符合当代青年文化特点和价值观取向，而不是传统文化中的儒家伦理文化那种"君臣父子"式的关系表现。

　　这种具有当代性的中国青年文化，融合了中国传统文化与当代中国现实和国际化的青年亚文化，形成了一种复杂的文化形态，隐含了极为深刻的内在矛盾冲突。影片在创造性地改写中国古代神魔传说之余，对"英雄成长""浪子回头""为民除害"等文化母题的表达，成功实践了传统边缘性亚文化的现代影像转化。哪吒的"长大成人"，其实饱含了作为青年文化之代表的哪吒融入成人化的世俗社会的理想。

　　"白蛇传"系列电影也颇有代表性。21世纪以来，《白蛇传说》《白蛇：缘起》《白蛇2：青蛇劫起》《白蛇传·情》等"白蛇传"电影作品，具备了"符号消费"的表征和构建文化认同的意识，前者表现为空间场景的奇观建构和叙事类型的变化，后者表现为对亚文化、边缘文化的凸显。一方面，是融入了魔幻、游戏、传统元素的空间场景奇观；另一方面，则对叙事框架和叙事节奏进行革新，二者相互结合，构成了"白蛇传"电影的符号表征。"白蛇传"电影改编生产的源源不断，以及在重述过程中表现出的文化多元性，既是源于"白蛇传"原型的丰厚文化内涵和形塑现实及与现实对话的潜力，也昭示了当下时代"想象力消费"的巨大需求，以及体现出中国文化之"现代转化"的玄幻魔幻类电影的远大发展前景。

四

　　笔者近年提出"想象力消费"理论，最早是在讨论陆川的改编自盗墓小说的《九层妖塔》时提出的，"以《九层妖塔》为代表的中国奇幻、玄幻类电影的出现本身是一种新的文化症候，它顺应的是互联网哺育的一代青年人的消费需求，是在玄幻类、奇幻类电影缺失，以及在儒家传统文化以及现实主义创作制约下的背景中产生的。这有其独特而重大的意义。现在数字技术与互联网引进，并催生了一代人想象与消费，就是完全无中生有的，跟现实没有任何关联的，要转很多弯的这种影像，这种想象空前强大的消费力，与以前我们所说的艺术上的满足，情感上的消费，是不一样的，完全可以说超越了。这是一种想象力的消费"①。

　　笔者后来进一步提出的关于电影"想象力消费"的概念则是——指受众（包括读者、观众、用户、玩家）对于充满想象力的艺术作品的艺术欣赏和文化消费，数字技术与互联网催生了一代人的想象与消费，可以无中生有，可以跟现实没有关联——这是一种想象力的消费——互联网时代这种"狭义的想象力消费"主要指青少年受众对于超现实的玄幻、科幻魔幻类作品的消费能力和消费需求。②从电影形态、类型或题材等方面看，笔者还把电影"想象力消费"的基本模式初步概括为超现实性、"后假定性"美学的寓言电影；玄幻魔幻类

---

　　①　陈旭光、陆川、张颐武等：《想象力的挑战与中国奇幻类电影的探索》，载《创作与评论》，2016 年第 4 期。
　　②　陈旭光：《论互联网时代电影的"想象力消费"》，载《当代电影》，2020 年第 1 期。

电影；科幻类电影；影游融合类电影；虚拟现实或增强现实类新媒介艺术电影等。无论哪一种模式，都是基于受众奇观化审美消费需求与想象力消费刚需，对传统文化、青年文化、科学文化、游戏新媒介文化等的再想象、再创作与再书写。

在当下互联网新媒介时代的背景下，随着科技的发展、电影工业化制作的逐渐完善、受众"奇观梦幻、视听震撼"式艺术审美消费需求的逐渐增大，"想象力消费"类电影表现出巨大的文化消费潜力与票房经济实力，我们当然要呼吁一个电影"想象力消费"时代的来临。作为"想象力消费"重要样式的玄幻、魔幻电影无疑是我们当下应该大力呼吁、大量创作的。此类作品可以满足受众想象力消费的需求，它们依靠奇观化的外在形式，以及"超现实""无中生有"等想象力特质的情节、形象设置吸引受众，满足受众奇观审美消费需求，依靠独特的人文价值与社会意义，诉诸受众内心，促使受众产生认同，传承中华优秀传统文化；以其青年文化性，则在呼应青少年亚文化的同时进一步生产二次元文化、游戏文化等青年文化，进而发挥了"想象力消费""重新部落化"与意识形态再生产的功能。

五

鉴于中华文化的博大浑厚与丰富多彩，也由于人民群众精神与娱乐的多重需要，我们应该大力发展具有中国特色、具有中华文化传统渊源的玄幻和魔幻电影，把中国传统边缘存在的民间民俗、某些道德哲学等与高科技支撑下的影像奇观结合起来，开发新的文化生产力和美学生产力。这些文化的现代进化折射了文化大同，笔者觉得我们应该有这样的文化胸襟和文化自信，各种类型各种风格的文化，只要是人民大众喜闻乐见的，都应该成为当下影像文化再生产的源泉，成为当下青年人想象力消费文化需求的有机组成部分。

无论是文化精神、美学精神或艺术精神的"当代传承"还是"传统的现代转化"，都既是一种文化理想也是一种文化实践。20世纪以来有识之士都在思考并实践这样的命题。而在艺术领域，在 21 世纪即新世纪的当下，这个问题尤为重要也更趋复杂化，当下的艺术实践就在文化传统的连续的河流中，因此当下国际化、全媒介时代、互联网化的政治、经济、文化、媒介语境都使得这些问题凸显了其特殊性。

　　传统不是静止不变的。而现代的生活自然呼唤着与之相适应的艺术表现风格和形态。传统的内核与精神也许是稳定的不变的，但多姿多彩的外在的表现、再现形态应该是百花齐放的。

　　毋庸讳言，21 世纪的中国电影正处于多元文化融合与追求文化创新的时代，我们应该与时俱进，在文化建设中不断包容多元文化，在国际视野下不断重构传统文化，在电影影像表现的内容和形式等方面不断创新和突破，只有这样，中国电影工业才能真正不断地实现"可持续发展"，从电影大国走向电影强国。

　　本文系北京市文联文学艺术创作扶持计划专项资金项目，作者系北京大学艺术学院教授、北京大学影视戏剧研究中心主任、教育部"长江学者"特聘教授

早期中外动画交流史的文化价值研究

石竹青　孙　震

当我们将研究视点回置于百年之前，早期中国动画如万氏兄弟画在百余页旧书边缘空白处的"猫捉老鼠"动态图，快速翻动后生动纷呈，当动画原理的神秘面纱被轻轻掀起，静态画作的动态美成为早期中国动画创始者的共同追求。在早期史料的查阅与整理中，中外动画交流史呈现作为创作生产的最初文化逻辑，模仿与衍生促发着中国动画的早期尝试，民族精神与美学基因也引领着中国动画的文化自洽。

一、早期初探：在引入模仿中转化出新

在中国动画创始人万古蟾先生的自述中提到，最早吸引万氏兄弟的是20世纪20年代初，在电影放映前作为点缀的刚传入中国的动画片（当时叫卡通片），较常见的如美国动画家麦克斯·佛莱雪的短片《大力水手》《鲍比小姐》及《从墨水瓶里跳出来的小人》等。相较于中国电影行业的"渐臻发达之境"，当时的中国动画片领域几乎是一片荒地。《中华影业年鉴》统计数据显示，较早开办滑稽画片事业的公司多为外国人经营的影片公司，如"活

动滑稽影片广告公司"①和英美烟公司。中国动画艺术的初探期我们还要关注两个人，一是曾在英美烟公司工作的杨左匋，二是长城画片公司梅雪俦。

　　杨左匋精通绘画艺术，"此外附设滑稽影片画部，主其事者杨左匋君，专绘长片滑稽画，兼各种美术字体等，滑稽片多种，已在各戏院开映，如《大闹天宫》《武松打虎》等。"②杨左匋依托英美烟公司，完成了"早期动画片"的试制，此时的杨左匋已经尝试在广告形态的动画片中融入中国本土元素，以中国时事热点为背景创作广告滑稽画片。不过几年光景，他便出发去了美国。"至纽约后，各公司闻其名，争相罗致，卒为勃雷画片公司聘去，该公司为最先发明活动画片者，在美最为著名，任绘事者，俱为名画师，杨君入公司一星期后，即任要职，其所绘者，多宣传东方之美，故出品颇受欢迎。"③虽然不在本土进行动画制作，但因杨左匋任职于当时美国动画行业领军公司，之后又被聘到迪士尼，参与了《幻想曲》《小飞象》等动画片的制作。通过对外传播"走出去"，把中国绘画艺术和中国文化精神带到遥远的彼岸，有一定跨文化交流的意义。

　　20世纪20年代，中国本土由国人开办的公司当中进行动画片试制的较少。由美归国的长城画片公司梅雪俦是其中一人。梅雪俦在纽约影戏专门学校学习，并在美国成立长城画片公司，于1924年携带设备器材回沪，进行影片制作，并同步开始了活动滑稽画片的试制工作。"梅君昔在美国习此甚久，故一切方法，皆新颖奇突，复得画家之助，其成甚伟，开中国活动滑稽画片之先声。"④梅雪俦曾帮助美国佛莱雪兄弟完成《从墨水瓶里跳出来的小人》，对于动画制作有十足经验，回国后他结识了万古蟾，万古蟾与其兄弟醉心于绘画艺术，并对动画这一新奇的形式充满向往。《大闹画室》在双方努力下摄制出来，在国内外都有极好的反响。"《大闹画室》一片，现已制

　　①　程树仁主编：《中华影业年鉴》，上海，1927。
　　②　佚名：《英美烟公司影片部之内容》，载《申报》，1923-07-03。
　　③　游艺界消息拼载：《美画片公司聘杨左匋君任绘事》，载《申报》，1925-03-06。
　　④　佚名：《自由谈 游艺消息》，载《申报》，1927-04-09。

就出版，南洋、香港、暹罗、檀香山等处，纷纷购去。"①"今此片已运往美国各埠开映，近接纽约旧金山芝加哥等最近之报告，谓此片在各大戏院开映时，观众除留美华侨之外，更多美国人士前来参观，彼等俱赞美此片之成绩，并惊叹中国居然有此种堪与美国活动画片匹美之出品、报纸尤多赞美之词云。"②

"引进来"和"走出去"作为中外动画互通和交流的方式，在构建中国动画原初形态的同时，也让西方国家感受到了中国文化和东方美学的魅力。

二、有声试制：作为文化交融载体的《骆驼献舞》

从 20 世纪 20 年代末期开始，动画艺术呈现与时代俱进的"革命性"，强调作品的现实维度，强调对侵略者的痛斥与批判。万氏兄弟创作"抗战"动画作品，如《国货年》《漏洞》《血钱》《航空救国》《民族痛史》的同时，也受到美国米老鼠系列有声动画影片《威利号汽船》的影响，开始尝试创作有声教育动画片。"明星公司耗资近三十万元，购买拍摄有声片和 B-back 彩色片所需用的全套摄影、录音、照明、剪放、洗印等设备。1931 年秋，洪深先生偕同在美聘用之摄影师杰克·史密斯，副摄影师威廉姆生，剪接兼洗印技师西德尼·伦特，录音师艾森堡等，由美乘比亚士总统号于 8 月 21 日晨抵沪。"③值得注意的是，录音部门除美国录音师爱森堡之外，还有何兆璜、何兆璋、何懋刚、赵茂生、董天铎五人。通过与美国录音师的互动和交流，五人学习了录音技术，并将其应用于国产有声影片。其中何兆璋为中国第一部有声动画片《骆驼献舞》作出了突出的贡献。《骆驼献舞》

---

①　佚名：《长城画片公司之活动滑稽画片》，载《申报》，1927-05-10。

②　佚名：《长城公司〈大闹画室〉在美开映》，载《申报》，1927-09-30。

③　赵乐山：《上海电影史料 7》，199—200 页，上海，上海市广播电影电视局史志办，1995。

取材于《伊索寓言》，原故事讲述的是一头自命不凡的骆驼向狮子献舞，大出洋相，最后被赶下台。虽取材于西方故事，但万氏兄弟在其中加入了更有中国味道的自创角色"笑面猴"也来献舞，并推动故事情节发展。在动作设计上，采用京剧武戏翻跟头代替走路，在音效上，采用京剧鼓声表现舞步声。这部"中西合璧"的有声动画片既有令人捧腹大笑的桥段，又有极强的讽刺和教育意义。抗日动画和《骆驼献舞》的完成"使得中国动画艺术进入了一个新的阶段，它在内容和形式上都向着民族化的方向前进了一步"①。

　　内容上由"滑稽"转为"教育"，由"实验"转为"应时"，教育应时动画片是这一时期中国动画的风向标。中国动画作品从无声到有声是第一个跨越点，声音的加入使动画艺术更富感染力，于中国当时的历史语境中，将脍炙人口的抗战歌曲依其节奏完美融合于动画形式，"执画笔为家国""发巨声为人民"成为这一时期中国动画的艺术精神。

三、艺术引擎：走向文化价值传播的《铁扇公主》

　　1937年，彩色动画长片《白雪公主和七个小矮人》问世，改变了原有动画片的表现形式。万籁鸣考虑的是："既然美国人可以搞表现他们西方民族特色的《白雪公主》，我们当然也可以搞具有我国民族特色的《铁扇公主》。我忽发奇想，如果《铁扇公主》能够绘制成功，就可以有机会让全国人民也包括广大海外侨胞和一部分外国人一睹两位'公主'的芳颜，从思想内容到艺术形式做一个全面的比较。难道中国'卡通'就注定不如美国'卡通'？"②在多方努力之下，《铁扇公主》艰难问世，影片在国内外的放映传播引发了巨大的反响："影片

---

①　万籁鸣口述，万国魂执笔：《我与孙悟空》，77页，太原，北岳文艺出版社，1986。

②　同上书，88页。

在上海'大上海''新光''沪光'三家电影院同时上映,映期长达一个多月,观众盛况空前。在大后方重庆等地放映时候,反响也很好。后来《铁扇公主》又在新加坡、印度尼西亚等地放映,也受到华侨和东南亚人民的热烈欢迎和称赞。"①"一九四二年二月,《铁扇公主》在日本人把持的上海国际剧场上映六天,出现连日满座的盛况,观众达一万八千余人。这种盛况远超过曾在该处上映的派拉蒙的动画片《卡利巴旅行记》。日本电影界惊叹:'中国电影界出现了这样的大作受到如此重视是令人吃惊的。'"②

《铁扇公主》反对强权侵略、渴望民族独立的拳拳之心影响了万千观众,《铁扇公主》压迫唐僧师徒,以致颠沛流离,结果终于在唐僧的告诫下,一致团结,最后达到取经的目的,那真是一部针对现实的卡通片,是有价值的。③ "它是有着抗战得到最后胜利的意味的。"④《铁扇公主》以我国传统四大名著之一的《西游记》为改编范本,从造型设计上看,虽然孙悟空体型与迪士尼米老鼠极其相似,但却有一张京剧桃心脸,铁扇公主以真人比例进行创作,是中国女侠形象。片中多处采用中国古典特色建筑为背景进行设计,如铁扇公主住所的卧榻、铜镜,寺庙,唐僧进行讲演的宣讲台,等等。绘画过程加入了"填色"这一步骤,使黑白片呈现多样化的明暗对比层次。

从动画短片到动画长片,中国动画的先驱们在欧美国家独握动画电影的高水平制作技术时,通过自己的艰难探索突破了一个又一个技术难关。巧妙利用"他山之石"为民族化风格动画作品打磨"玉器",日本动画师手冢治虫认为《铁扇公主》"如此有趣,如此豪华",对于当时年仅16岁的他而言"惊得目瞪口呆"。

为了呈现更好的艺术效果,20世纪40年代中期,万氏兄弟中的

---

① 万籁鸣口述,万国魂执笔:《我与孙悟空》,90—91页,太原,北岳文艺出版社,1986。

② 万古蟾:《上海电影史料6》,51页,上海,上海市广播电影电视局史志办,1995。

③ 佚名:《极有意识的铁扇公主》,载《青春电影》,1940年第5期。

④ 佚名:《中国第一部长篇卡通影片"铁扇公主"》,载《中华》,1940年第93期。

老三万超尘、老四万涤寰前往美国进行卡通片技术的学习与考察。"据谓老四万涤寰将于本月中归来，渠已加入好莱坞之卡通协会，在'联美'卡通部工作，专门学习洗印与摄制的技术工作，国人亚不较美人低能，惟洗印摄制等技术，则非实地用过苦功不可。"①万超尘在给万籁鸣、万古蟾的一封信中说道：弟自来美后，即随时随地的对于动画绘画艺术和彩色摄影洗印等技术，无不深加留心考察。……回溯我们弟兄所取择的绘画摄制等技术路线，与美国各动画电影公司作一比较，算得没有走错。不过在国内所使用之器材拙劣，设备简单，最大缺点还是不能摄制洗印彩色片。② 万超尘还在United Productions of Screen Cartoon Studio 公司实习，学习使用新式机械设备，既能拍摄彩色片，又可拍黑白片。除了练习使用此种机械外，并另绘该机械全部详图，俾便仿制。在美国学习期间，动画大亨华特·迪士尼观看了《铁扇公主》，并给予高度赞扬。

作为东方第一部大型有声动画长片，其影响"在当时就越出上海，越出国界，在日本及东南亚受到广泛的欢迎"。从万氏兄弟试制动画片的"亭子间"到改制摄影机的步履维艰，直到《铁扇公主》标志着中国动画艺术走向成熟，早期创作者从来都没有停下自我挑战和对外交流的脚步，书写着中国动画的"中国经验"与"中国故事"。

作者石竹青系辽宁师范大学影视艺术学院教授，博士生导师；孙震系山东淄博市广播电视台工作人员

---

① 佚名：《万涤寰下月自美返国在影城专学卡通技术》，载《美丽画报》，1948 年第 75 期。

② 万超尘：《好莱坞通讯：中国动画专家在美考察》，载《影音》，1948 年第 9 期。

向时代借一支妙笔
——国家庆典的艺术化表达

池　浚

　　庆祝中国共产党成立 100 周年大会盛大庄严、气势恢宏，礼序乾坤、乐和天地。这一天，神州大地欣欣向荣、气象万千；这一天，中华儿女意气风发、壮志满怀。

　　新时代，我们要进一步丰富完善中国特色社会主义大党大国典礼制度，面向世界讲好中国故事、传播好中国声音，展现可信、可爱、可敬的中国形象，深化文明交流互鉴，推动中华文化更好走向世界。

一、青春力量　使命担当

　　近年来，我曾参加不少国家大型活动，与后来成为庆祝中华人民共和国成立 70 周年大会广场群众游行和庆祝中国共产党成立 100 周年大会广场活动总导演的北京师范大学艺术与传媒学院院长肖向荣教授有过多次非常愉快的合作。

　　2019 年北京市委、市政府承办了庆祝中华人民共和国成立 70 周年大会广场活动，邀请肖向荣导演担任群众游行总导演。肖向荣导演邀我加盟，担任总撰稿、核心导演组成员、现场解说词执笔。2021 年北京市委、市政府承办了庆祝中国共产党成立 100 周年大会广场活动。在庆祝大会服务保障和广场活动指挥部任命下，我们再度携手、并肩作战投身盛典，为礼赞百年辉煌、祝福百年华诞、致敬百年风华奉献自己的力量，创造了令世人惊艳的新荣光。

（一）百年盛典

我从 2021 年 1 月起进驻庆祝大会广场活动指挥部，3 月初起组建撰写组进行集体创作，参与了从创意研讨、实地踏勘、评审论证，到编排训练实施，直至合成演练呈现的全过程。

广场活动总撰稿的工作，首先是参与了广场活动及暖场安排方案和现场布置方案的策划创意设计与撰写，涉及总体设计、结构流程及每个环节的呈现方式等，相当于活动运行的"总脚本"。其间我们有很多发挥主观能动性的创造性劳动，在今天看来都已经成为经典。

党的盛典，人民的节日，坚持守正创新，创设新典制，立下新仪规，创立纲维有序、隆重热烈、庄严素朴、沉浸交互、跨越时空的新时代庆典新范式。讲好历久弥坚的百年初心、同心奋进的百年风华、共铸辉煌的百年华诞、波澜壮阔的百年征程的故事。

仪式感、参与感、现代感，是本次广场活动重点营造的氛围。我们创造性地将暖场安排与大会议程相呼应、将凝神聆听与深情表达相结合，实现了城楼和广场的联结、历史与现实的交融、情绪与行为的交互。立足新时代，回望历史、展望未来，注重沉浸式互动参与，展现人民群众作为见证者、倾听者、响应者的情感融入、情感积蓄和情感爆发。

（二）深情唱响

暖场合唱曲目选取了新民主主义革命时期、社会主义革命和建设时期、改革开放和社会主义现代化建设新时期、新时代的代表性歌曲，对激情昂扬的进行曲、沁人心脾的抒情曲和宏伟壮阔的颂歌进行重新编配，将不同风格的歌曲构成组歌形式。随着情感的积蓄和爆发，现场群众自发融入、齐声合唱耳熟能详的歌曲，唱支心中的歌给党听，一次次将现场氛围推至高潮。

《唱支山歌给党听》《我们走在大路上》《新的天地》《没有共产党就没有新中国》……一首首催人奋进的经典歌曲，抒发着人们对党的热爱和祝福。

当3000余名北京各大中小学青少年组成的合唱团在解放军联合军乐团伴奏下深情演唱7首歌曲时，动人的经典旋律跨越了百年的时空，讲述了"十万群众同唱一首歌、万众一心跟党走"的动人故事，展开了一幅亿万人民同声同气同心、共情共鸣共振的真情画卷，铭记着"没有共产党就没有新中国"这个颠扑不破的真理。

二、青春誓言　赤子之心

"请党放心，强国有我"的青春礼赞，抒发着青年学子搏击长空的铮铮誓言。广场上，共青团员和少先队员千人献词团以青春的名义发出青春誓言，向党捧出赤子之心，表达心迹、倾诉心声，引发了亿万人民的同频共振，引得无数人心潮澎湃、热泪盈眶，成为时代的声音，瞬间传遍祖国大江南北。无数人被誓言中蕴含的赤诚、坚定、希望与信念所打动。

创作修改60余版总体实施方案和相关配套方案、50余稿共青团员和少先队员致献词。精心打磨，反复修改，力求完美，直到现场由4名主献词人和1000人的献词群体共同面向天安门城楼，以一领众和的方式呈现。

(一)撰写理念

1. 热切回应

回应党和国家领导人关于党史和青少年工作的重要论述和对青少年的寄语、教导与期望，是一场晚辈对长辈、共青团员和少先队员对党的深情表白。为此，我们召开10余次专题讨论会、创作会，邀请党史专家进组指导。

2. 年轻表达

为了采用具有时代气质的少年儿童表达，我们汇集并提炼数千名青少年的心声，查阅近百份历史文献、政策、公文、社论、讲稿、书信、朗诵、致辞、献词等文字和音视频资料，提炼近 10 万字素材。

我们俯下身来向孩子们学习，用孩子的眼睛注视，用孩子的手指触摸，用孩子的心灵感受，用孩子的语言诉说。抓取孩子的思想特点、表达特点，我们只是在帮孩子们表达出来，而不是让孩子做我们的文字传声筒，这二者是本质的区别。因此，在整个排练过程中，从来没有听孩子们反映"这话不像是我们能说的"或是"感觉别扭"。

（二）篇章结构

在场感、身份感、时代感、未来感，是这篇献词的主基调。在表达上，以讲述为主、抒情为辅、叙事为补，清晰简洁，层次分明。句式韵散兼顾、节奏明快，语气通俗亲切、朴素平实。

1. 此时此刻，此情此景

强调"在场感"：融入庆典现场氛围，今天我们站在天安门广场这一刹那的真情流露。

在准备工作阶段，我大量阅读相关资料，并到仪式现场实地考察。大年初四，我就顶着凛冽的寒风来到天安门广场，登上天安门城楼，设身处地地体验此时此刻、此情此景。看着宏伟的天安门广场，第一句缓缓成形："今天，我们站在天安门广场，紧贴着祖国的心房。"真情流露、娓娓道来的开篇之句，历经几十稿修改依然坚挺，直至"七一"当天正式呈现的那一刻，回荡在天安门广场上。

2. 党在心中，党的模样

确立"身份感"：抓住青少年代表的群体定位，通过青少年的亲身感受，表达对党的真切认知，学党史、感党恩、听党话、跟党走，礼赞百年辉煌，祝福百年华诞，致敬百年风华。

献词里有一句话："妈妈对我说，在每个人心中，中国共产党都是光荣的模样。"开头的"妈妈"二字，领诵的小女孩一时找不对感觉，急得直哭。我启发她，父母是孩子最好的老师，孩子对党的最初认知是身边最亲近的妈妈带来的，要念出亲切自然的感觉，就像妈妈站在面前一样。

3. 小小红船，巍巍巨轮

体现"时代感"：一百年前，开辟伟大征程的先辈们与如今的我们年纪相仿，把青春熔铸于历史的丰碑；一百年来，在党的各个历史时期，一代代青年作为历史的见证者、时代的亲历者、未来的创造者，心怀使命担当，投身党的事业，锻造"站起来、富起来、强起来"的百年征程，百年恰是风华正茂。

献词中有一句："南海潮涌，东方风来，春天的故事在希望的田野上铺展。故事里，有开放的特区敢为人先。"其中，独具匠心地使用了"敢为人先"这个词。"敢为人先"是改革开放的精神，也是我的家乡浙江人、温州人精神。"敢为人先"作为改革开放时期特有的时代精神写进献词，体现了中国改革开放最前沿阵地的地位和作用。在天安门广场听到这个词，我感到由衷的骄傲和自豪。

4. 请党放心，强国有我

表达"未来感"：对党许下青春的誓言，不辱时代使命，不负党的期望，继往开来，接力奋斗，创造新的奇迹，共圆中国梦，共创第二个百年。

结尾处，希望体现"一代人有一代人的担当"，是青少年对党和国家教导和期望的回应，所以既要表现出一种决心，也要表现出青少年思维、眼界、语言上各方面的特点。"有我"这两个字，是最先闪现在脑海中的，这两个字表达了一种铿锵有力的态度、一种青少年的担当和决心，展望"未来"、志在"奋斗"、重在"有我"。

有了"有我"两个字做主框架，前面的"请党放心"也自然成形。这是庆祝党的生日的大会，自然是向党发出的誓言；"强国"则有着一种双关的含义，既是名词性的社会主义现代化强国，又是动词性的强大国家之意。把青少年为国奋斗、为了共产主义事业奋斗的情绪表现得淋漓尽致。

"请党放心，强国有我"中，还蕴含着独特的"对仗"修辞意味。这八个字便成了铿锵有力的青春誓言，也成了在各大媒体和朋友圈刷屏的"爆款"。

(三)献词培训

我还特意来到献词团驻地培训辅导，为孩子们讲解稿件的创作理念，揭示文字背后的深刻寓意，加深孩子心中对献词稿的理解。当我与他们分享在写作过程中参阅的一些视频素材，讲述自己的心路历程时，现场好多孩子感动得泪流满面。泪光中，我看到了这群孩子所代表的新时代青少年，传承红色基因，有信仰、有志气、有担当，是值得放心、值得托付的一代。

我为献词团解析，献词的核心和诀窍在于一个"真"字。孟子曰："大人者，不失其赤子之心者也。"我们要回归质朴、回归真实，没有套路、只有真诚。真实的力量最可贵、最动人，要去表演化、去播音腔、去朗诵体，留下真心实意、真情实感，表达真学真信、真懂真爱。永葆赤子之心，不忘初心、勠力同心、万众一心，向党表达心迹、倾诉心声。捧着一颗心来，就无往而不胜。

三、青春感悟 时代精神

(一)共襄盛举

平时大家看到的都是在灿烂阳光下万众瞩目的天安门。工作期间，我最难忘的却是广场活动全要素演练时，在夜幕下熠熠生辉的天安门广场。我可以很自豪地说：我见过凌晨1点、2点、3点直至4点、5点的天安门。这是我们为之捧出一颗赤子之心，让每一个身在其中的人心潮澎湃的动人场景。这个场景与我息息相关，让我充盈着欣逢盛世的幸福感、亲历盛典的自豪感、共襄盛举的参与感，已深深镌刻在我的生命里。

2021年7月1日，我作为庆祝中国共产党成立100周年大会广场活动总撰稿，有幸坐在天安门广场观礼台上，紧贴祖国的心房。当正式现场在我眼前呈现，每个环节、每个细节，都是如此熟悉，但又超出想象，十分震撼。看到亲自参与的一步步构想变为眼前的一幕幕现实，我感到无比亲切、无比欣慰，又非常激动、非常感怀，其间数度落泪。

（二）人民为师

我把这次参与书写"高光时刻"的历程，作为对自己的一场锤炼党性修养、筑牢党性根基的洗礼，一份荡涤、净化、升华心灵的记忆，一段提纯初心、提振精神的历程，一份弥足珍贵的青春回忆。历史是最好的编剧，时代是最美的诗人。我们要拜人民为师，与人民同心同德；向时代借一支妙笔，与时代同向同行；实现思想的文学化、艺术化表达，传统的创新化、时尚化呈现。文艺的力量可以触达人心中最柔软的地方，同频共振的心声定能触动历史的回响、奏起时代的交响乐。

我们有幸身处这个伟大的时代，能以自己的专业，亲身为歌颂党、歌颂祖国、歌颂人民贡献微薄之力。我只是沧海之一粟，集体才是掀起惊天巨澜的汪洋；我只是如豆的萤光，团队才是燃起冲天烈焰的火山。个人的力量永远是渺小的、微不足道的。一切的伟大与光荣都归于党的领导，归于组织的引领，归于知遇人的提携，归于同行者的协力。

征途漫漫，唯有奋斗；人生漫漫，唯有感恩。感恩伟大的中国共产党，感恩伟大的新时代。在人民面前，我们永远是小学生。我们向时代致敬，向这个最伟大的时代中最可爱的人民学习，永远不忘初心，永远保持本色。

（三）未来看我

青春朝气永在，百年仍是少年。"青春"是我着力强调的气质和气息，青春是穿越历史、通达未来的通行证，以朝气蓬勃的青春告白，致献风华正茂的百年大党。这是我们的时代，当代青年赶上中国最美好的年代，在中华民族发展的最好时期亮相，平视世界，奔向远方。今日中国"后浪"奔涌，豪迈自强；"90后、00后"青春做伴、壮志飞扬，到了2035、2050年，我们就是祖国建设的中坚力量。一代人有一代人的担当，以青春之我献身青春之党，将青春梦融入中国梦，把青春奋斗融入党和人民事业，以青春之歌礼赞伟大的党永远年轻，永远风华正茂。

我愿和全世界的青年朋友们一道，争当伟大理想的追梦人和奋斗者，高度共助、共情、共鸣，深度交流、交心、交融，同心追梦、筑梦、圆梦，携手成长、成才、成功。不负时代、不负韶华，奉献有我、使命召唤，强国有我、未来看我！

作者系庆祝中国共产党成立100周年大会广场活动总撰稿，故宫博物院博士后、国家京剧院编剧、中国梅兰芳文化艺术研究会副会长

从海外看中国：媒介间性作为纪录片的工具

[巴西]丽娅·梅洛

"看中国·外国青年影像计划"（以下简称"看中国"项目）是由北京师范大学和会林文化基金赞助，并由中国文化国际传播研究院（AICCC）主办的一个中国文化体验项目。在过去10多年里，项目吸引了来自世界各地的学生，每年约有100名海外学生远赴中国，在一个关于中国文化的年度主题下，选择一个预设主题，拍摄一部作品。2020年，由于受到疫情影响，中国乃至世界各国出行受到严重限制，"看中国"项目另辟蹊径，邀请世界各地的学生在远程模式下拍摄一部5～10分钟的纪录片。这意味着这些作品将采用不同的表达资源和混合媒介格式，包括图形、文字排版、摄影和绘画等多元技术。2020年的所有影片都以"农事·农家·农人"为主题，外国学生制作人将以两人或三人为一组，在来自中国各地的一位或多位中国学生制片人的协助下制作影片。

在本文中，我将从媒介间性与视听媒介的形式和功能之关系的角度来分析这一开创性项目。我特别感兴趣的是动画和混合媒介如何支持对现实的创造性处理，也就是纪录片拍摄，以揭示客观真实之外的其他各个方面，并增进我们对专题和故事、山水和人的理解。我将首先探讨视听媒介中的媒介间性，考虑现实主义者冲动如何在电影中与电影的混合媒介性质共存，然后介绍巴赞的摄影影像本体论，以及他对电影是一种不纯艺术形式的论述（1967）。其次，我将讨论近期兴起的"动画纪录片"体裁，这既是一种实践方式，也是理论争辩的主题。动画纪录片包含一种显而易见的不协调，一方面是电影记录现实的独特能力（也是纪录片体裁得以兴起的理由），另一方面是动画可以创造一个完全不参照客观真实的世界。最后，我介绍下于 2020 年参加"看中国"项目的情况，其间我指导了 6 部纪录片的制作，这些纪录片结合了多种媒介，包括真人影像、动画序列、图形和各种屏幕。通过分析这些例子，我能够深入探究电影和媒介间性研究的各个方面，包括动画纪录片、互联网对视听媒介的影响，以及远程电影制作实践的可行性。

一、媒介间性

在过去二十年里，媒介间性概念在电影和视听理论中愈发频繁地被提及（Pethö，2010）。然而，将之称为复兴是不准确的，因为"媒介间性"（intermediality）源自英国诗人塞缪尔·泰勒·柯尔律治于 1812 年创造的"中间媒介"（intermedia）（1971）一词，直到 20 世纪 60 年代中期，艺术家迪克·希金斯再次提到这个词，并将其定义为一个关键术语，之后中间媒介才开始频繁被提及。希金斯认为，媒介间性描述的是发生在艺术交叉领域的活动，这些活动可能会产生新的艺术流派，例如，视觉诗歌或表演艺术。随后，这个词的含义逐渐拓宽，泛指不同媒介之间的相互联结和相互影响。与此同时，它的含义也开始脱离包含其词根"媒介"的诸多概念，这使得媒介间性成为一个动态概念，而其异质性已被广泛接受。目前，比媒介间性的定义更具争议性的是不同媒介或艺术表现形式之间是否存在边界，因为媒介间性（intermediality）的前缀"inter"暗示着边界的存在。

自 20 世纪初关于电影这一新兴艺术的第一批著作问世以来，电影的中间媒介性质的重要性一直在被强化或削弱。有趣的是，这两种对立立场的目的类似，都是为了合法化电影，前者通过证明其与历史悠久、更受尊敬的艺术传统的相似性，后者则通过探索其作为一种自主艺术的特殊性。谢尔盖·爱森斯坦(2010)可能是20世纪20—30年代倡导电影与其他艺术对话的最多产的理论家之一，使得电影与音乐和建筑学的关系更加紧密。20世纪50年代，安德烈·巴赞发表了《非纯电影辩——为改编辩护》，为电影的不纯性质辩护，而在当时，大多数批评家和理论家在《电影手册》上发表的文章都试图确立和保护电影的特殊性。但是，在"作者政治"理论家及他们对文学改编的抵制兴起之前，已有作者开始追求电影本质或纯粹性，在有些情况下，他们将电影与其他艺术的交互视为对其特殊性的削弱。

20世纪60年代以来，关于电影特殊性或不纯性的讨论已逐渐转向电影和视听理论领域日益增多的媒介间性方法，一方面是因为它们被其他许多艺术形式吸收，另一方面是因为数字技术出现带来的技术支持日益丰富，新媒介关系随之激增。导致研究者重拾对媒介间性兴趣的原因还包括文化研究对电影理论的影响，以及由此引发的对纯粹和本质概念的排斥，并采用"杂交"、"跨国主义"、"多元文化主义"和"跨学科性"等概念取而代之。众所周知，电影被视为不同艺术和感官体验的交汇点，卓越的总体艺术似乎必须通过文化杂交才能实现，Stam和Shohat(2006)称，电影的互文性包含了一种多元文化本质。

在这一不断发展的领域，研究者们从诸多不同角度探究电影的中间媒介性质，包括声音和电影与音乐的密切关系，以及电影与戏剧、舞蹈、表演、文学之间长期以来的关系。在这篇文章中，我对这个辩论的两个方面特别感兴趣，第一个方面涉及电影与绘画的关系，第二个方面涉及电影与摄像的关系。这两个方面在动画纪录片中交织耦合，开启了对电影和视听媒介与现实之关系的新理解，我将在下文进行详细阐述。

首先，探讨电影和摄像的关系绕不开安德烈·巴赞的经典著作

《摄影影像的本体论》。这篇文章于 1945 年正式发表。根据巴赞的观点，电影以摄像为基础，而摄像将"现实从自然物转移至其影像中"，因此与其他艺术相比，电影从诞生开始就注定是现实主义。比尔·尼科尔斯(Bill Nichols)在《纪录片导论》中强调了巴赞对电影的理解，即电影首先是对现实的记录，而电影本体论——之后被彼得·沃伦(Peter Wollen)翻译成一个符号学术语"索引性"，则被视作为摄像机所记录的内容提供可视证据。这一特性隐藏在电影影像令人着迷的魅力和电影先驱者探索电影展示复制物理现实能力的冲动之后。光线通过摄像机的镜头，将现实以光机械精度记录在感光乳剂上，这就是电影记录现实的原理。戈达尔提出了"电影是每秒 24 帧的真相"的著名定义，揭示了这种现实主义冲动，并强调了电影源于摄影，而电影中的动作抹杀了摄影影像的静止性质，而静止是其索引性的保障。

这一讨论的另一个研究方向是将电影视为绘画的直接继承者，这让人想起戈达尔的另一句名言，他将卢米埃尔兄弟称为"最后的印象派画家"。事实上，我们可以将电影的银幕视为画布，而其虚幻的三维性可以类比为绘画中的错视画。最近，随着数字技术在电影制作各个阶段的应用，电影与摄影和电影与绘画之间的中间媒介关系重新获得了关注。数字技术逐渐取代电影，动摇了电影与摄影的中间媒介关系，产生了虚拟媒介和现实主义的新跨学科方法，以及电影本体论或索引属性的消失。一些研究者认为，将电影视为每秒 24 次的摄影，即现实的索引的理解正在被将电影视为绘画的理解所取代，而数字合成是这种理解的基础。这项不断发展的技术已经彻底颠覆电影剪辑原则，直到最近，"镜头"一直都是电影剪辑的最小单位。而如今，随着从数字或数字化图像中删除和插入像素的能力不断增强，像素已成为图像视域的最小单位，因此也成为数字视听作品的最小单位。这些保存在计算机内存中的经过编码的元素，在适当软件的帮助下，可以作为独立单位进行操作(更改、删除、替换)，从而使得电影近似于绘画艺术和实践。这些由数字合成实现的混合图像或镶嵌图像被实质性地整合到剪辑中，而且目前已将"同时性"

纳入"连续性",作为其另一个基础。因此,剪辑师构建的是图像的组合,而不是简单的连续镜头。

二、纪录片与动画

在这场辩论中,汤姆·冈宁(Tom Gunning)的文章《抛弃索引:电影和现实印象》(2007)讨论了电影动作的索引作用,这是一项独创性贡献。冈宁认为,电影的索引性不在于影像本身,而在于其描绘的动作。这一观点也证实了他的假设,即电影是动画的一个分支,而不是反过来。对现实的印象并不是来自电影的画面质量,而是其剪辑、运镜、演员、物体和视觉节奏(甚至包括描绘精神状态的内容),而一部作品引发的身体和情绪反应将与电影捕捉和创造动作的能力有关。冈宁将这种对动作的感知称为"动觉"。通过引用克里斯蒂安·麦茨(Christian Metz)的话,冈宁继续主张,观众总是认为动作是真实的,即使是在银幕的平面空间上描绘的动作——不像其他可视结构,例如容量,通常容易被认为是不真实的。因此,观众对电影的情绪和身体投入要比摄影深得多。

我们体验银幕中的动作与观看静态图像的方式截然不同,这一差异解释了我们对电影影像的投入,这是一种丰富的感知或直接投入。麦茨称,观众对动作影像的投入度取决于对动作的感知,以及由此引发的感知、认知和生理效应。电影动作的本质、其连续过程、逐渐展开的性质似乎都在吸引感知者投入其中。

冈宁对电影动作作为索引的新理解的有力论述,及其对电影作为一种动画形式的辩护(他将从摄影角度理解电影占据主导而导致动画边缘化称为电影理论界的最大丑闻之一),开辟了新的理论思考方向,并回应了纪录片和动画领域发生的渐进式变化,这两个领域在传统上被视为不可调和的对立面。然而,近年来,一种被称为"动画纪录片"(有时被简称为"anidoc")的亚体裁开始蓬勃发展,再次激起了围绕电影索引性和媒介间性问题的辩论。

安娜贝尔·霍内斯·罗伊（Annabelle Honess Roe）在她的《动画纪录片》（2013）一书中指出，在非虚构作品中，动画通常被用于演示、阐明和强调观点，或者用于描绘真人电影由于种种原因无法实现的想法，例如，迈克尔·摩尔（Michael Moore）《科伦拜恩的保龄》和弗兰克·卡普拉（Frank Capra）的《我们为何而战》系列（1942—1945）。① 然而，之后被称为"动画纪录片"的影片是在 20 世纪 90 年代才开始逐渐增加的。尽管大多数动画纪录片仍然采用短片形式，并且仅在电影节或者偶尔在电视上播放，动画纪录片知名度的提高得益于《和巴什尔跳华尔兹》（阿里·福尔曼，2008）和《芝加哥 10》（布瑞特·摩根，2008）等主流电影长片的发行，以及 BBC 于 1999 年发行的史前自然历史系列影片《与恐龙同行》中突破性地使用数字动画。

罗伊还指出，动画纪录片的多样性体现了动画技术和纪录片主题的多样性。她认为：

符合以下条件的视听作品（数字化制作、拍摄或者在赛璐珞胶片上刻录）可以视为动画纪录片：（i）逐帧录制或创作；（ii）关于现实世界，而不是完全由创作者构想的世界；（iii）制作人将其作为纪录片发行，以及/或者被观众、电影节或评论家接受为纪录片。

罗伊在这本开创性著作中研究了各种各样的动画纪录片示例，考虑了动画作为纪录片表现技术的效果，探索了动画在纪录片中的各种使用方式，包括动画表现的内容和表现方式，以及如何和为何选择动画来代替真人表演，或"传统方法"。她还从真人表演和动画与现实之间的关联关系来探讨两者本体论的区别。如前文所述，纪录片所主张的真实和证据严重依赖影像与现实之间的视觉索引关系，而这种关系在动画中是缺失的，因此动画不具备索引性，并超出了索引性范畴。但是，罗伊认为，虽然乍一看动画片可能动摇纪录片表现现实的主张，对纪录片构成威胁……事实正好相反，动画能够

---

① 《卢西塔尼亚号的沉没》是动画师温瑟·麦凯创作的一部 12 分钟的动画，是影史上第一部动画纪录片。影片描绘了 1915 年英国皇家邮轮"卢西塔尼亚号"被德国 U 型潜艇的两枚鱼雷击沉的过程。这一过程之前从未有镜头拍摄下来。动画自 20 世纪 20 年代以来被广泛用于教育和社会公益电影，也经常被用于演示复杂的概念。

提供新的或不同的体验世界的方式，因此改变并拓宽了我们描绘现实的内容和方式的边界，这在一定程度上是因为它与真人电影的实质区别：

　　（动画）能够以非常规方式呈现纪录片的常规主题（可观察事件的"外面的世界"）。动画也能够通过视觉传达主观、意识体验的"这里的世界"——这些主题超出了传统纪录片范畴。通过将纪录片从电影和专业电影之间的因果关联的限制中解脱出来，动画有可能拉近观众与电影的时间、空间和心理距离。动画能够融合历史，超越地理，洞察他人心理状态。

　　最后，罗伊指出，由于动画纪录片中影像和现实的非传统交互，电影的音轨通常会受到更多关注，这也引发了一系列非常有趣的问题，即，在说教式全知全能视角式解说或采访录音等标准纪录片技术与动画图像结合时，意义是如何传达的。

三、从海外看中国

　　对不断发展的动画纪录片领域的观察也引出了我在 2020 年为"看中国"项目制作影片的过程中提出的一些核心问题。2020 年，出行限制对世界各地的青年电影人构成了一项审美挑战，同时也为他们提供了丰富的创造性机会。作为巴西圣保罗大学的代表，多年来我一直在思考"看中国"项目的特点。我曾认为它是集旅行、调研和情感为一体的凝视。那么，当"旅行"凝视无法再依赖真实错位激发的灵感时，会发生什么？在你无法与你的主体和客体进行面对面互动时，如何制作一部纪录片？在无法前往现场进行拍摄的情况下，如何处理和描绘一个从现实中提炼的主题？以及当与你搭配的中国学生制片人为你提供了真人表演素材时，你如何确保不在他们的世界中刻上自己的凝视印记，将这些素材剪辑为一部传统纪录片？

　　这个挑战相当巨大，2020 年，在"农事·农家·农人"的总主题下，"看中国"项目呼吁各个参与者迎难而上。以下摘录自"看中国"

项目的作品征集文案：

从古至今，农业一直在中国扮演着至关重要的角色。中国人口庞大，耕地资源严重短缺，农业一直都是中国人关注的焦点。除了经济意义之外，农业——以及农村生活——也强调了中国人对平静生活和谐人际关系的向往。疫情当下，国际旅行恢复无望，"看中国"邀请来自世界各地的青年电影人（从他们的家乡）利用混合媒介——动画/图形/胶片讲述中国农事、农家、农人的故事。

受疫情影响，我受邀远程指导一组学生，这些学生分布在世界各地（阿根廷、加拿大、葡萄牙、黎巴嫩和巴西），包括我在巴西圣保罗大学艺术与传媒学院的两名学生，以及为他们提供协助的来自中国各地的学生。"看中国"项目代表了最宝贵的经验，并取得了值得学术界关注的丰硕成果。2020年"看中国"项目针对不同省份预先选定了6个真实主题，由通过筛选的6个小组进行创作，而其中4个小组在项目一开始便选择了动画形式，包括在真人表演中穿插少量动画、全动作动画序列，甚至整部影片完全采用动画。剩下两组选择了不同的审美形式，以缩短电影制作人与其创作主题之间的距离：创造性地使用多个屏幕，包括桌面图像和移动手机拍摄的视频。我在下文对这些作品进行进一步分析。

从2020年8月初开始，我和这些学生团队的队员尽我们所能，尝试通过Zoom、谷歌视频会议、WhatsApp、微信、QQ等工具进行沟通和数据交换。另外，时差也是一个问题，我们的队员有些来自温哥华、多伦多、布宜诺斯艾利斯和圣保罗，还有一些来自里斯本、贝鲁特，以及中国（中国时间比巴西早11个小时），这导致我们很难安排一场照顾到所有人的大型会议。即使我们能够轻松解决交流问题，交换数据和粗剪影片也意味着技术挑战。因此，我们尝试使用不同应用程序来传送样片、粗剪和精剪样片，有时可能比较顺利，有时也有障碍。我们的时间非常紧迫，必须在18天里完成影片拍摄、海报制作、字幕制作和其他细节工作。这的确是一项巨大挑战，同时也是一次难忘的经历。经过这次项目，我们得以制作影片、交流思想、了解中国、了解视听表达、了解网络上的人际关系。我相信，所有这些成果都将在最后完成的优质影片中得到展示，我将在本文的最后两部分简要介绍和分析这些影片。

四、动画与纪录片

我在指导 2020 年"看中国"项目纪录片时通过不同方式打破地理空间限制，处理选定的主题，并通过具有媒介间性的多种方式来传达他们的想法。第一部影片是《佛桃》，由蕾切莎·希尔曼和莉娅·阿格黛西执导。在影片中，一名中国桃农许先生介绍了他的桃园，并讲述了山东肥城优质肥桃背后的神话故事。他讲述了一个关于牺牲和神赐的古老故事，并展示了他在桃园内的日常工作。许先生在很小的时候从他的父母那里听说了这个故事，但是这个故事并没有相关书面记载，只是通过人们口口相传，流传至今。[①] 这部影片运用真人表演结合动画来表现现在和过去。影片的开头和结尾都是现场拍摄的许先生在桃园的画面，而许先生讲述的故事则是通过一个二维逐帧动画传达的。两位导演选择了一种流畅简单的动画风格，有时也穿插抽象动画，这样就能够实现民间故事与现代采访的自然过渡。这部纪录片结合动画和真人表演，强调了这个口口相传的神话故事对现代"肥桃"种植业的重要性，揭示了"肥桃"种植和肥城这座城市的历史、文化和经济联系。影片还谈到了桃在中国文化中扮演的重要角色，桃子和桃木分别代表着好运和保护。因此，种植桃子不只是为了营生，也是一种传统的延续。（见图 4.1）

第二部动画纪录片是 Sarah Choi（莎拉·克洛伊）执导的实验性

---

① 许先生讲述的故事：从前，有一个贫穷的农民和他的母亲相依为命。有一年大旱，家里收成不好，他的母亲也生病了。他的钱不够，买不起一味重要的药材。他问大夫怎么办，大夫让他割肉代替。他照做了，从大腿上割下一块肉熬了药。他的母亲在喝了药之后真的好了。七仙女看到了他割肉救母的过程，告诉了王母娘娘。王母娘娘深受感动，于是把自己花园里的一颗桃核扔到了农民的院子里。这个农民发现这棵桃树结出的果实非常神奇，之后全镇遍地都种植了这种桃树。肥城也成为有名的桃子产地。

图 4.1　《佛桃》(蕾切莎·希尔曼和莉娅·阿格黛西，2020)

纪录片《鸟、人、水》。这部影片的挑战是使用二维动画、拍摄的素材和文字排版来创作一部五分钟的混合媒介纪录片，介绍四川安州悠久的鱼鹰捕鱼传统。影片的想法是通过研究和实验来探索中国文化，用简单的动画呈现这一濒临失传的复杂古老传统。影片选择了三个不同视角，分别对应标题中的鱼鹰、渔民和河流。影片采用三幕式结构，描绘了三个不同视角，突显了这些看似不同但平等的生物相互联结织成的错综复杂的网络。这部影片通过动画和文字排版介绍了正在消失的鱼鹰捕鱼艺术，为观众思考鸟、人与水之间的复杂相互依存关系提供了一个独特机会。

　　影片色调简单，主要由灰色和淡棕色组成，并采用转描机技术（即逐帧追踪真实动作技术）制作极简二维动画。电影采用的笔触风格的灵感来自中国水墨书法的古典之美。"笔法"的变化为极简主义审美添加了灵动节奏。每一幕都以毛笔写下对应标题的汉字——鸟、人、水——的动画开启。然后，这个汉字变成一个有生命的存在，一只鸟、一个渔夫或者一条河流。（见图 4.2）

图 4.2　《鸟、人、水》(莎拉·克洛伊，2020)

　　第三部动画影片是阿提法·哈德莫雷萨、塞巴斯蒂安·克莱蒙特和拉格德·查拉巴蒂执导的《山中琥珀》。这部影片的主题是贵州省赫章县的核桃种植传统。赫章县位于中国南方，土地适合种植核桃树。这个品种的核桃也被称为赫章核桃。赫章县的核桃产业包括核桃糖等加工产品。但影片的重点并不是这些事实，而是构思了一个小女孩和她父亲的故事。她的父亲经营着一个成功的核桃糖工厂，并且拥有赫章最大的核桃树。影片讲述的是一个关于核桃穿越时空的神话，是一个关于珍爱自然并从自然获得爱的馈赠的故事。这个神话将核桃幻化成通往星空、梦想和希望的路线图。这个路线图也勾勒出核桃仁的形状。

　　这个故事分为三个部分，即过去、现在和未来，对应的动画风格略有不同，以不同风格代表不同时代。动画风格包括二维动画、视差效果和合成动画。过去赫章县干旱土地较多。主角出现后将梦想种植在这片土地上，并把梦想变成了现实。现在主角和她的父亲挥洒汗水和泪水，培育出了自己的核桃树，把对自然的爱变成了一座独一无二的核桃糖工厂。将来，孩子们看到整个赫章县遍地种满了核桃树。夜晚天空中布满了星星，每一颗星星看起来就像一个闪闪发光的核桃。

图 4.3 《山中琥珀》(阿提法·哈德莫雷萨、塞巴斯蒂安·克莱蒙特 和拉格德·查拉巴蒂，2020)

第四部动画影片是由安德里亚·莫、纳胡埃尔·斯内茨和安娜·蒙塞拉执导的《断枝》。影片的主题是中国西兰卡普编织技艺及其与当地山水景观的联系，以及重庆织工左翠平如何使用这种技艺制作织物。导演的意图是让观众感受西兰卡普编织技艺这一世代传承并与酉阳山水景观紧密关联的宝贵遗产。影片将织布机上拉紧的经线与广袤农田的边界线，以及周边河流和湖泊叠加在一起，并采用白色线条绘制简单动画，以一种有趣的方式，将一个缩小版的乡村农民形象与彩色"线条"进行互动，背景音乐则是左翠平娓娓讲述她的故事，介绍她的编织技艺，以及西兰卡普与土家族的渊源。这些动画制作的白色线条围绕着她，勾勒出她的轮廓、她的双手和一些西兰卡普图案。(见图 4.4)

图 4.4 《断枝》(安德里亚·莫、纳胡埃尔·斯内茨和安娜·蒙塞拉，2020)

五、桌面和移动手机

我为 2020 年"看中国"项目远程指导的另外两部影片也力求采用中间媒介工具，通过融合互联网和手机社交媒体应用上的美学资源，采用混合媒介形式。在我们这个时代，互联网催生了新的视听美学方法，并对运动图像文化产生了决定性影响。近年兴起的当代桌面电影展现了我们的日常经验和我们对屏幕的依赖，而电影制作人也正在将网络媒体平台上发展起来的视觉和叙事语言搬上大屏幕，冲击现有体裁，并催生出新的体裁。2020 年以来，我们的许多活动都在网络上进行，屏幕成为我们的主要交流和创作工具。疫情期间，人际交流的缺失进一步增加了人们对社交的需求，而社交媒体平台等网络交流工具为我们提供了一个分享想法、理想，甚至日常生活细节的平台。

赛琳娜·迪普拉执导的《东北老铁》的主角是中国黑龙江省的两位农民和一位采摘人，他们将快手作为表达自己的爱好和愿望的出口，以及一个推销产品的平台。在这种私人生活媒介化的背景下，项目的主要想法是通过三个角色形成合唱叙事。三个角色由导演精心筛选，以便为观众提供一个多焦点视角，以了解中国东北农民的生活。影片的三位主角分别是：刘学振，一个喜欢在农田唱歌的农民，他希望他的歌声能够帮助庄稼生长；梅子，她从小就开始学习东北传统舞蹈扭秧歌，喜欢在忙农活之余来一段扭秧歌；吴笛则是一位身兼多项技能的采摘者，他喜欢探索森林，经常爬上大树寻找各种各样的山货。（见图 4.5）

图 4.5 《东北老铁》(赛琳娜·迪普拉，2020)

影片使用了采访视频和各种材料，这些材料都是由角色本人上传至其快手个人账户的。这些材料拉近了观众与主角之间的距离，消除了正式访谈往往存在的距离感。这些视频的拍摄内容、拍摄方式和展示方式都是由角色自行决定的，因此，我们可以从中了解他们的真实想法。最后，在剪辑过程中，影片采用相似的剪辑手法，将不同屏幕、图形和书面材料结合起来，构建自己的审美，这一过程在很大程度上受到快手等 App，以及手机或台式机上网体验的影响。虽然农业通常被认为是一个与技术进步脱节的行业，但这部影片中展示的农业却与其他行业一样连接世界，充满活力。这也表明了中国文化，尤其是中国人民的多样化和多元化。

最后一部影片是潘若水执导的《不同的乡土》。这是一部实验性远程纪录片,讲述了通过另一个人的眼睛和身体了解一种不同耕作方式的故事。这部元语言纪录片的主线是导演潘若水和他的中国搭档制片人董子凌(Poli)2020年在网络上相遇的故事。潘若水在葡萄牙,他想开辟一个小菜园,这让他想起他在中国龙脊的经历。他曾在龙脊与"看中国"项目开展合作。2020年的今天,他与居住在河南郑州的董子凌建立了一段美好的友谊。董子凌向潘若水介绍郑州的城郊农民,以及他们在城市周边的小块农田里耕作的故事。在这部影片中,通过董子凌和潘若水的交流,极为感性地展示了大城市与农耕传统、城市化与农田、新建公寓与田野之间的对比画面。因此,这部影片的主题是友谊——两个对老一辈人与土地的深厚感情感兴趣的年轻人远程体验的友谊。(见图4.6)

图4.6 《不同的乡土》(潘若水,2020)

"看中国"项目开辟了一个新平台,让我们可以评估跨文化纪录片领域的不同凝视和冲动。我认为,它从中国农民身上汲取灵感,制作具有创新性和启发性的纪录片非常有想法和有创意。本文分析的六部影片揭示了媒介间性如何增强对现实的创造性处理,这也是纪录片的基础,不论是通过动画(各种类型和形式),还是通过桌面截屏或移动屏幕，都给了我们启发。通过"看中国"项目，我们再一次以一种奇妙的、出乎意料的方式，感受到了我们与中国，以及通过中国与整个世界的联系。

　　作者系巴西圣保罗大学艺术与传媒学院电影广播电视系电影专业教授

"看中国·外国青年影像计划"项目中跨文化范式基础的多元化

［南非］坎图·洛里斯·多希

非洲有句古老的谚语："不要把知识带进坟墓，把它们传授给年轻人。"众所周知，年轻人是我们的未来，因为他们是知识的传承者。正如人们百般强调的那样，文化是我们的未来，是保存所有必要知识，让下一代了解国家发展前景的明确方法。未传授给下一代的知识将被白白浪费，这也是我在这个严酷现实的时代撰写本文的一个重要理由。此前，我在参加"看中国·外国青年影像计划"（以下简称"看中国"项目）多元化项目期间探索了诸多关键角色，这个项目为来自各行各业的纪录片工作者搭建了世界一流的知识分享经验交流平台。他们是专业的分析师，专门制作关于中国的事实记录：国际导演与中国制片人合作，携手创作一部10～12分钟的视觉表达作品，展示国际电影人微观视角下的现实中国。"看中国"项目邀请外国学生通过拍摄事实内容，尤其是纪录片，亲眼观察中国文化和亲身体验中国故事。"看中国"项目是由北京师范大学中国文化国际传播研究院举办的一场文化体验活动。

创作一部作品需要各种各样角色的支持，这是人们的共识。"看中国"项目要求所有参与者齐心协力，携手创作一部事实电影。这在本质上是一次体验，这些学生也是首次在纪录片标准下开展合作。这种创作方式与电影业中通常所说的合拍片类似，但是在"看中国"项目中，国际学生是在一个非政府组织的护航下前往中国，这个组织也负责他们在中国的出行和安全。2020 年以来，"看中国"项目的运作模式发生了巨大变化，不再邀请其他国际高等学府的学生前往中国，而是开设"在华外国青年看中国"单元，邀请在中国的外国学生担任导演，与中国学生制作人合作进行创作。在这种情况下，"看中国"项目在一定程度上维持了正常运行，因此，这一合作联盟也得以继续。在创作先锋艺术时，社会构建主义方法是最佳方法，因为它并不鼓励个人主义方法。对于一个非专业电影人而言，创作第一部影片是一个巨大挑战。就如"看中国"项目宣传手册中所述，制片人、指导老师、导师和创作指南可以拯救一部平庸的作品。因此，参与者必须了解到为确保顺利创作而制定的严格措施，而且创作出来的作品应当达到定性标准和顶尖艺术水准。项目从根本上体现了跨文化本质，每部影片的选题都在主办方规定的年度主题的范围内。在为期18 天的过程结束后，最终作品将进行展映，展示统一下的多元化取得的丰硕成果。在创新艺术形式方面，两个二元对立面交织，增加了电影行业的丰富性，比如，其中一些影片已在全球多个电影节获得极高赞誉。为了尽力确保准确性，我通过自己作为指导老师和参与者，与国际电影人和中国当地学生合作的经验来进行推测。作为一个沉迷于中国文化的非洲电影爱好者，我有幸多次参与"看中国"项目，这对我来说是一次非常有价值的经历。指导学生完成他们的学士学位、硕士学位和博士学位需要通过大量对话来塑造未来前景，这也是教育对世界上任何国家具有重大意义的原因。但有一种学习似乎没有明确标准，仅有的标准都是无法简化的要素，即人类真正的价值。参与者在创作作品时分享每时每刻萦绕在其心头的内在价值。这篇文章分享我参与"看中国"项目以来的主要经验，期待我提供的这些经验可以适时协助提高"看中国"项目的可持续性。

一、初次参与

2016 年，"看中国"项目被 AFDA 影视学院约翰内斯堡创意经济学院介绍给南非的电影人。作为指导老师，我有幸受邀前往亚洲，尤其是中国。这段旅行是我 2016 年最激动人心的经历。在筛选指导老师的同时，AFDA 影视学院的两位学生也入选了项目。这是我首次作为指导老师与来自南非和罗马尼亚的学生开展合作。我们前往中国开展这个为期 18 天的项目。

主办方向每个国家的电影制作人提供了多个可供选择的选题。

我负责指导的主题如下：

——擀毡手工技艺，Cosmic Filisan(罗马尼亚)执导

——盖碗，Saschica Archery(南非)执导

——刀剑大师，Tristan Schaeffer(南非)执导

——东乡族的村长，Sebastian Conduranche(罗马尼亚)执导

每位电影制作人需完成以下步骤：

——选题调研

——概念开发

——导演

——拍摄

——声音设计

——剪辑

——展映

我了解到"看中国"项目是一个非政府组织项目，在中国与多所高等院校开展合作，而被授权与我们合作的高校是位于甘肃兰州的西北师范大学。据报道，习近平主席在出访新加坡时发表题为《深化合作伙伴关系 共建亚洲美好家园》的重要演讲，提及了在兰州举行的 2015"看中国"项目。由此可见，"看中国"项目是一个标准极高的平台。

　　在甘肃，我开始意识到一个人对中国的看法是如何受到媒体关于亚洲人的接连不断的反面报道的影响。在大多数情况下，刻板印象都具有欺骗性，从武术到食物，不胜枚举。多年来，外国普遍认为亚洲人都是功夫大师，但事实上，不是每个人都会武术。我们不能假设每个中国人都是功夫高手，或者狂热的好战者，而作为一个外国人，在看过大量特定类型的电影之后，可能会相信这种无稽之谈。

　　其中一名参与者 Sachica Archery（萨奇卡·阿池莉）在东乡族自治县拍摄了一部以茶史为主题的纪录片《盖碗》。这个项目对参与者的创造力提出了挑战。这部影片是与来自西北师范大学的学生合作的。项目的青年制片人是谢萍（Eva）。英语对谢萍来说是一项挑战，但新的基础沟通工具方便了她与外国导演进行沟通。导演和制片人相互学习。在初期进行项目构思时，语言的确是一种沟通障碍，但随着项目推进，她们彼此分享宝贵意见，齐心协力推进项目，建立了友谊。谢萍一开始有些自卑，不知道如何做出有效回应。词汇用法和语法运用是一项挑战，但是，将词汇放在句子中，勤加练习，就会变得容易很多。等到真正开始拍摄时，她们已经成为密不可分的好朋友。而在这个阶段，谢萍也变得更加自信，在分享观点时落落大方，不再妄自菲薄。导演和制片人在影片创作过程中形成如此深厚的姐妹情是一段不可思议的珍贵回忆。谢萍也会教萨奇卡说普通话，这是一段双向奔赴的友谊，相互学习，共同成长。

　　来自南非的另一位电影制作人是 Tristan Schaeffer（特里斯坦·谢弗）。特里斯坦创作的影片题为《刀剑大师》。这个故事的核心是一位父亲，他是一位出色的腰刀制作人，这是他从他父亲手中接过的责任，他希望他的儿子能够继续传承腰刀制作工艺，世代相传，生生不息。特里斯坦自己从南非带来了拍摄设备，并对影片进行了巧妙剪辑。特里斯坦凭借这部影片获得了 2017 年金目奖。这是国际电影制作人与当地优秀学生合作创作的一大亮点。

　　我很荣幸能够担任罗马尼亚电影制作人 Cosmic Filisan（考斯米科·菲尔森）的指导老师。他拍摄的作品题为《匠人的手》。这个项目的主题是擀毡工艺。影片也是在东乡族自治县拍摄的。团队一开始偏离了方向，原因是调研阶段的工作不够深入。在当地制片人的协助下，项目开始步入正轨，故事也开始有条不紊地展开。团队利用拍摄的素材编织出一个精彩的故事。但是由于影片采用的辅助镜头非常少，影片说教意味过于浓厚，不过其故事轨迹仍然比较清晰。

　　我指导的第四部影片是《在希望的田野上》。在影片拍摄期间，虽然我的参与比较少，但我积极参与了后期制作。这部影片的导演Sebastian Conduranche（塞巴斯蒂安·康布兰奇）有幸获得了一支优秀制片人团队的支持。他们愿意为项目付出额外努力，确保影片顺利完成。一开始，故事框架不完整，获取的信息较少，项目存在很多问题。出人意料的是，在制片人的协助下，团队找到了一个有趣的主人公。他是东乡族的一位村主任，他同意团队拍摄他的日常工作。塞巴斯蒂安通过这部影片获得了多个奖项，对此我感到非常荣幸。

　　除了这些项目之外，其他团队也在甘肃拍摄他们的影片，如来自巴西的团队。我负责担任其中一个团队的指导老师。这个团队的故事主人公中途离开，导致故事框架不完整，我建议制作人利用她已经拍摄完成的素材，并利用旁白从一个巴西女孩的视角来解说影片，分享她在中国的经历。这部影片的导演是索菲亚。她很感激最后能够制作出一部有意义的影片。

　　在离开中国之前，我听说巴西团队计划进行一次短途旅行，目的地包括长城等著名景点。我也非常想去，但在来中国之前没有制订相关计划。我应该提前做好计划。因此，我非常希望能够有机会参观中国的名胜古迹。但我这次来中国并不是为了个人私事，而是为了参加"看中国"项目。18天后，我带着作为"南非驻华大使"的激动心情回到了南非。那时我也没想到还有机会再次回到中国。

二、第2次返华：作为研究生重返中国

　　2019年，我终于拿到了硕士学位。我很荣幸能够以参与者的身

份再次回到中国。在我离开南非前往中国之前，我已经与我的制作人王启田联系上了。王启田向我介绍了研究主题，并给了我一些材料让我提前翻阅。项目的主题是亚洲的跨种族关系。在前往中国之前，我满怀信心，认为已经做好万全准备。然而，当我抵达青岛与王启田会面后，事情却突然有了变化。制片人告诉我，故事的主人公不愿参与拍摄，我们必须得想一个替代方案。之后，我们变更了主人公，这次的故事围绕一个在日照学医的留学生——沙菲。沙菲来自坦桑尼亚，他已经在日照留学 3 年了。

在项目期间，我的驻地是曲阜师范大学。对我来说，这所大学的亮点之一是可以了解伟大教育家孔子的哲学思想。曲阜是孔子的家乡。孔子建立了一套基于相互尊重、品行端正和家庭关系等人类原则的道德行为准则。我在中国逗留的 18 天里，曲阜师范大学是我们的交流基地。我们确定了故事轨迹，然后配合沙菲的时间进行拍摄，因为他还要去学校上课。我们把这部影片命名为《新大陆》。影片主要采用观察方法。在指导老师 Arun Gupta（阿伦·古普塔）的监督下，我与王启田一起夜以继日，全力以赴推进项目。

三、凡事预则立，不预则废——孔子

《新大陆》在多个电影节上大放异彩。故事的主人公希望通过网络向他的家人播放这部影片，让他们了解他在日照的生活。我们满足了他的要求，这是一种奇妙的感觉。

在回南非之前，我还去了多座城市旅行，包括参观了故宫和长城。由于时间紧迫，还有许多宝贵的世界文化遗产来不及参观。这是之前巴西团队给我的启发。我认为这是探索中国的最佳机会。

中国高铁惊人的速度让人叹为观止。2019 年，我乘坐高铁从日照出发，前往北京，这是一次令人难忘的激动人心的经历。这与在南非乘坐豪登列车（Gautrain）的体验类似。列车就像一枚出膛的子弹，很快就能将你带到目的地。在当时，中国高铁的速度在社交媒体和电视新闻中广受赞誉。对我来说，这不啻梦想成真：远远看到列车，听到列车行驶的声音，从远距离欣赏到亲身踏上这趟激动人心的列车。

一切都要从我在山东日照的 18 天历程说起。在一个文化交流项目中，作为一个非洲人，我经历了一场令人惊奇的探险，这是我学到的一个关于文化保护的概念。在这 18 天里，我一直和曲阜师范大学的学生们待在一起，从他们那里认识了伟大的孔子和读到了《论语》。我最喜欢论语中的一句话是"贵人语迟，敏于行而不讷于言"。从曲阜师范大学到曲阜孔庙，我发现了许多具有启发性的东西。我还买了一些很棒的工艺品，比如说印有我儿子名字的邮票，上面有汉字和我家乡的文字塞索托文。我还买了一本关于孔子教义的书。从日照西站到北京，就像乘坐"瞬间移动机"，弹指间从一个地方转移到另一个地方。

高铁车厢内的设施也很棒，给我的感觉和飞机类似，还可以享用美味的菜肴。现在，我已经能很熟练地使用筷子了。你可以看到一个黑人津津有味地享用米饭、鸡肉、蔬菜、果汁和水。为了不白白浪费在列车上的时间，我去了另一个车厢参观，那里售卖各种饮料。我留在了那个车厢，从不同角度欣赏开往北京的列车的沿途风景，体验平常坐汽车兜风的感觉。

从日照到北京只需要几小时。一转眼我就到了北京，在这里体验到了另一种生活。日照的节奏较为缓慢，而北京则是一个快节奏城市，类似约翰内斯堡，拥有多元文化。在北京时，我住在阿来客栈。住在这里的大多数人都是背包客，期待着去中国长城和故宫体验激动人心的旅程。在这个客栈你可以和来自世界各地的有趣的人交流。我们游览了长城，走了很远很远，最后爬到了最上面的烽火台，俯瞰长城。所有这一切都是我本人参与"看中国"项目计划的一部分，而这一切都是通过"看中国"项目实现的。

四、第 3 次返华

2020 年，我再次收到"看中国"项目的邀请，这一次项目分配给我的合作伙伴是 Leron（里昂瑞），而我们的两位制片人是 Hao（郝）和 Wen（文）。我还在南非时便开始与文进行沟通，以确定项目内容和调研计划，进而确定影片结构的关键点。影片的主题是中国功夫，更具体而言是佛山功夫文化。佛山是多位武术大师的故乡。我对在佛山节庆活动中常见的舞狮、锣、鼓和钹进行了研究。在离开南非前往中国之前，我制订了一份导演计划，让我的搭档补充更多细节。但他没有进行补充，而是全盘接受了我的计划。

项目最初的标题是《佛山精华》，后更改为《佛山武术》。我们在中国国际电视台（CGTN）旁边的一栋大楼里会面。这是一座 N 型建筑，造型奇特，令人过目难忘。之后我们前往广州，但主要基地是在佛山。广州与北京路途遥远，因此我们选择坐飞机。抵达广州之后，我们乘坐大巴前往佛山。在黄飞鸿、叶问和李小龙的家乡拍摄一部以武术为主题的影片，了解不同武术技能（研究表明，这里有数百座武馆）属实是一种荣幸。我曾在我父亲的指导下学习武术，因此，我对这个项目也注入了一些私人情感。虽然我小时候没有练过中国功夫，但我练过日本空手道，并于 1996 年被授予一级黑带。

（一）纪录片的叙事方法

这部纪录片以佛山社区，尤其是武术为焦点，并揭示这种文化现象的本质。我们以佛山鸿胜馆为中心来探讨两代人共同具有的精神，揭示过去和现在武术世界。一对师徒（黄镇江和他的徒弟）介绍了他们对蔡李佛拳的文化意义的看法。蔡李佛拳创立至今已 100 多年，拥有独特的练功方法和实战价值。我们希望能够找到一种方法来了解他们如何寻根祭祖和学习武术。我通过翻阅《蔡李佛拳》来寻找这个问题的答案。

这也让我们决定将舞狮（南狮）融入电影中。舞狮是一种非常流行的民俗活动，南海迎春花市在每年春节期间都会举办舞龙舞狮竞技活动。精彩绝伦的舞狮伴随着喜庆热闹的音乐，锣、鼓、钹三种乐器齐上阵，营造喜庆欢乐的氛围，动作矫健优雅的舞狮与音乐配合，将人们紧紧联系在一起。

斑斓的色彩、精彩的表演和喜庆的音乐让人们的脸上洋溢着幸福的微笑。在筹备阶段，项目最初计划拍摄"行通济"和商场开业庆典活动，但受到疫情影响，不得不进行了调整。

故事轨迹大致包括以下基本场景：

1. 从广州开往佛山的大巴的旅行镜头和用于转场的切出镜头。我们抵达佛山鸿胜馆，这里成为故事的背景。黄师傅来到武馆，打开门欢迎我们。

2. 简要介绍黄飞鸿和叶问等功夫大师的故事，叶问是一代传奇人物李小龙的师父，而李小龙后来自创了一种被称为截拳道的武术体系。这些知识都是通过参观李小龙祖居和李氏祠堂获取的。这部分的主要内容是将南方武术的发展历程与佛山鸿胜馆关联起来，因此，为了构建故事里的武术世界，就必须介绍这些功夫大师。

3. 通过佛山鸿胜馆内一场精彩的表演隆重介绍黄师傅的徒弟李子民（Kelly），展示她的性格特征。鸿胜馆内正在排练舞狮。在锣、鼓、钹的伴奏声中，在一系列套路表演后，舞狮表演达到高潮。

4. 从李子民家里跟拍到一家商店，这一部分是为了突出角色的人物关系。李子民需要照顾她的母亲。之后，她和她的朋友们会面，一起逛街，和朋友们分享她将在南海迎春花市表演的消息。

5. 李子民和队友一起排练，为南海迎春花市的精彩舞狮表演做准备。黄师傅也参与了排练，为他的徒弟们提供指导。

6. 备受期待的一天终于来临，团队集合后，一起前往南海迎春花市。我们欣赏了鸿胜馆带来的精彩表演，包括舞狮和功夫表演，李子民的表演非常精彩。这一部分需要拍摄观众对主要人物李子民的反应和情感构建。

7. 一个自我反思情景，总结武术精神，以及佛山让我这个局外人体验这种从过去到现在传承人不分男女的文化现象，这是为了保护佛山武术文化的历史。

(二)主人公处理方法

我们的纪录片的主人公是：

——徒弟，李子民

——师傅，黄镇江

这是一部观察纪录片，因此，更理想的情况是在采访前后与他们多交流，这样可以让影片更自然、更真实。

(三)媒介角度

出于创作目的，我们希望能够在上述主人公各自的活动空间，特别是在武馆中，对他们进行采访，以拍摄近景、中景，并将主人公置于前景中。然而，在准备公开表演的阶段，制片人认为没有必要进行采访，而是应该把拍摄重点放在舞狮表演活动上，因此，虽然拍摄了采访环节，但在后期进行了删减。

我们使用以下地标作为主要的 B-roll 镜头，以介绍宏伟壮观的广东风景：

——千灯湖

——魁星阁

——西樵山

——通济桥

我们还在鸿胜馆采景，用近景镜头来吸引观众。

我们用各种镜头拍摄在鸿胜馆练功的师徒，包括长镜头、中镜头和特写。我们还拍摄了整座建筑，展示武馆的建筑材料（长镜头切换至近距离特写）、墙上的书法、图片，弟子们进出武馆的情景。我们花费了很多时间来展示武馆的精神内核。

我们采用低角度拍摄舞狮表演，营造出醒狮俯视众人的压迫感。

五、第 4 次返华——这一次是虚拟参与

2021 年，中国文化国际传播研究院团队诚挚地邀请我指导江苏的"看中国"项目。自 2020 年起，受疫情影响，"看中国"项目特别设立了一个"融媒体"单元，协助青年电影人讲好故事。"融媒体"是在新形势下采用的一种新方法，从不同层面保证了"看中国"项目在这一时期的连续性。

会林文化基金继续为参与者（仅限国际学生）提供赞助。我与江苏团队的合作时间是 5 月 6—22 日。江南大学（江苏无锡）共有 8 组学生。作为指导老师，我无法前往中国，只能在线上进行指导。我需要根据项目时间安排组织视频会议，协助学生开始拍摄，协助他们完成最终作品。我使用的主要网络交流工具包括微信、Zoom、电子邮箱等。

在此期间，我有幸结识了一位合作伙伴，Fafa（法苏恬）女士，她负责在江苏协调这 8 个团队，为我提供了极大帮助。我们的团队成员有来自孟加拉国、加纳和巴基斯坦的留学生。早在项目启动之前，我们便与法苏恬女士联系，提前进行准备，并通过 Zoom 会议来进行沟通。

项目一开始非常顺利。我受到"看中国"项目手册的启发，制订了一份实施计划。对我而言，实施计划是一份更为具体和详细的日常工作计划，让我可以顺利履行作为指导老师的责任，并保证电影制作人顺利、高效地推进工作。

我为 2021 年 5 月项目制订的实施计划如下：

1. 第 1 天和第 2 天——启动和规划

日期：2021 年 5 月 6 日和 5 月 7 日

导师和指导老师就 10 多天的电影创作过程展开讨论。

导师和指导老师进行在线演示介绍。发送 Zoom 会议链接。

时间：13：00—16：00

队员介绍和 PPT 展示(处理类型)。

要求电影制作人制作一份 PPT(6～10 页)。提前一天将 PPT 发送给指导老师。演示介绍日期：2021 年 5 月 6 日(第 1 天)，13：00 开始。每组 40 分钟(10 分钟介绍制片人和导演的背景＋10 分钟选题介绍＋20 分钟与指导老师和导师进行讨论)。

①外教 Nkantu(坎图)老师、法苏恬老师和周老师向外国青年传达计划和要求。

②外籍指导老师主持，中方老师带队。依次报告，一起讨论。

③介绍项目手册、现场记录、工作信息表、提交清单及要求、技术指标。

我要求电影制作人以 PPT 形式介绍选题，介绍他们的初步想法：想要讲述什么样的故事？他们需要在 PPT 上突出标明项目标题(如果已确定标题)，或者注明暂定标题。

电影制作人的 PPT 需要按照以下要求来阐明初步想法：

①叙事：解释故事轨迹的大致构思。即使故事尚未成形，也应当了解故事的基础思路，至少了解故事环境，并思考故事情节。

②主人公：详细说明谁是纪录片的主人公。必须开展相关调研并确定主人公，或者至少通过调研了解主人公所属群体及其文化。

确定电影的主要中心人物。你希望观众对你的主人公产生什么样的情感投入或联结？

①媒介方法：如何使用媒介？如何在规定时间内发挥创造力来讲述故事。确定视听媒介对故事传达的重要性，镜头类型、动作和切出镜头等。

②观感：确定拍摄地点的地理位置，提供地点、物体类型的视觉资料。了解拍摄地点的氛围，确定拍摄地点的文化。

③管理方法：团队如何管理拍摄工作？解释每一天的具体工作，完成初剪样片的制作。确定团队成员的作息时间，计划通过何种方式组织每天的会议。

2. 第 3 天——巩固构思

日期：5 月 8 日

时间：18：00—22：00

向每个小组发送 Zoom 会议链接。

议程：完善故事构思，具化角色、空间、活动和事件。晚上，队员需要向指导老师和导师报告具体工作内容。

3. 第 4 天～第 8 天——摄制阶段：拍摄

日期：5 月 9—13 日

——每个团队都应制订每天的拍摄计划，说明拍摄的镜头类型、角度和切出镜头。

——需跟拍主人公及其活动，确保素材的详细程度。

——创造性地使用主人公的世界，提升你的影像或构图的质感。

——确保影像质量。

——关注细节，如声音（最佳声音设计），去除不必要的杂音，如巨大的噪声、交谈的声音、电话铃声等。

——坚持撰写每日报告。

——坚持通过照片记录拍摄过程。

各个团队每天都应向指导老师和导师发送一封电子邮件，说明当日完成的工作流程。

［注意］随时查阅手册第 6 页的技术要求和格式要求。

4. 第 9 天～第 14 天：后期制作（粗剪）

日期：5 月 14—19 日

交付：所有剪辑版本都应通过 Wetransfer 提交给指导老师（5 月14—15 日）。

一剪（粗剪）：整理出故事主线。

5 月 16 日：第 1 组～第 4 组线上报告（晚间会议）。

5 月 17 日：第 5 组～第 8 组线上报告（晚间会议）。

5 月 18 日：所有小组根据指导老师反馈优化项目。

5 月 19 日：制作海报、剧情梗概、20 张照片和脚本。

5. 第 15 天：二剪

日期：5 月 20 日

交付：所有剪辑版本都应通过 Wetransfer 提交给指导老师。

二剪：二剪版本的故事经过改进，并且已完成字幕（中英文）和声音设计。

2021 年 5 月 20 日提交，12 时。

5 月 20 日：第 1 组～第 4 组线上报告/反馈。

5 月 20 日：第 5 组～第 8 组线上报告/反馈。

6. 第 16 天：三剪（最终剪辑）

日期：5 月 21 日

三剪：改进版本。素材经过仔细打磨，并考虑等级。

交付：所有剪辑版本都应通过 Wetransfer 提交给指导老师。

2021 年 5 月 21 日 19 时前提交所有要求的文件（脚本、剧情梗概、海报和表格）。

7. 第 17 天：展映

日期：5 月 22 日

5 月 22 日：第 1 组～第 4 组，在线反馈。

5 月 22 日：第 5 组～第 8 组，在线反馈。

上述实施计划说明了为期 17 天的项目的每日工作流程。我负责指导江苏的 8 个项目，各个项目的导演和制片人如表 4.1 所示：

表 4.1　分组选题情况表

组号	制片人	导演	主题	标题
第 1 组	邢英杰	阿提娅	让地域、家乡文化融入美术教育	与灵魂的沟通：中国艺术
第 2 组	潘文靓	阿德	惠山祠堂群：祠堂背后的家族文化	宗祠文化
第 3 组	俞丽阳	何爱兵	许赟艺术的陆港家国情怀	苦旅春风
第 4 组	吴砚凝	陆力瓦	百年牡丹背后的家族故事——秦氏文脉的传承	福寿堂的故事

续表

组号	制片人	导演	主题	标题
第5组	孔馨语	克莱姆	吴文化的发源地：泰伯	泰伯庙之旅
第6组	万景怡	阿尔法	园林艺术家华雪寒为当代人打造的园林之家	喝杯茶吧
第7组	柳艺涵	米汉斯	两岸情浓，紫砂艺术	一壶着古意
第8组	张嘉桐	宝安	给残障家庭带来希望的心理咨询治疗师	治愈之音

六、第5次返华——增强导师、指导老师和参与者的多元化联系

2022 年，我有幸受邀与 6 个北京团队合作，此次我的合作伙伴包括我的老搭档法苏恬女士，另外还有一位 Yumin（喻溟）女士。这是一次精彩的合作。和以往一样，我们在项目启动之前便已建立联系。我的合作伙伴向我介绍了一个新的沟通平台——腾讯视频会议。我学会了如何使用这个 App，并开始通过线上会议与在北京的 6 个团队进行交流。我应"看中国"项目负责人邀请制作了一段介绍自己与"看中国"项目的深厚缘分的视频，以及我和我的合作伙伴喻溟女士和法苏恬女士对项目的要求。我在自己家里录制了一个视频。这个视频由我一个人拍摄、剪辑和执导。

2022 年是我参与"看中国"项目的第 5 个年头，我必须说的是，每一年的项目都令人惊叹不已。这些经历至今仍在我的脑海中挥之不去。在视频中，我对中国文化国际传播研究院和会林文化基金表示了感谢。中国文化国际传播研究院和会林文化基金将各行各业的人汇集在一起。他们追求同一个目标，即讲故事的艺术。在这里，我结识了许多来自世界各地的杰出的电影人，他们创作了令人惊叹的影片，而一些电影人也通过项目取得了巨大的进步，赢得了金目

奖。所有参与者都有机会获得这一奖项。

我此次参与的是"看中国·北京行"。北京是一座拥有深厚历史底蕴的城市。今年我们的主题围绕"人、社会和自然的关系"。这三个方面共同编织成了快速发展的现代中国。"看中国"项目选择了众多优秀参与者来参与这场"冒险"，他们以纪录片形式讲述精彩的中国故事。今年我们也邀请了多位优秀导演来与杰出的制片人合作。

在开幕式上，我向各位导演和制片人表示了欢迎，主要分为 6 组，见表 4.2。

表 4.2 "看中国·北京行"项目情况

组号	制片人	导演	主题	影片标题
第 1 组	黄山桃	李诺	关于一个小小年纪的资深观鸟爱好者保护自然的精彩故事	如果我是一只鸟
第 2 组	陈欣悦	崔瑜珉	探寻一个被遗忘的善良淳朴的社区	走进胡同
第 3 组	张静怡	Kihumuro Jotham（基胡穆罗·约瑟姆）	一个关于探寻外太空生命的故事	飞天
第 4 组	董宇涵和徐方桐	Raaz Ali（拉兹·阿里）	刺绣艺术的生命力	绣里千秋
第 5 组	孙嘉蕙	尼克	讲述了一个流行乐团即使在艰难时期也不忘初心，坚持创作的故事	疗愈心碎之旅
第 6 组	凌子怡	LILY PAN（余家蓉）	一个关于如何利用手语有效交流的故事	写给爷爷的一首诗

我请他们尊重电影的创作过程。他们需要时刻铭记，沟通是关键。完成一个好的项目需要团队共同努力。我再次感谢了我的合作伙伴喻滇女士和法苏恬女士，感谢她们为这个有趣的项目付出的巨

大努力。我祝愿所有电影制作人的未来一切顺利。这是我的开幕式致辞的一部分内容。

为期 18 天的项目在北京进行。"看中国"是与北京师范大学合作开展的项目，由外国博士生担任导演，北京师范大学的学生担任制片人。根据实施计划和"看中国"项目手册，项目已于 2022 年 4 月交付。

在项目最后，我录制了另一个视频作为闭幕式致辞。以下是我的闭幕式致辞：

你好！

首先，我想借此机会感谢 2022 年"看中国·北京行"的所有参与者，包括各位导演、制片人、剪辑师、教师、导师、教授、纪录片主人公，以及最重要的，"看中国"项目的主办方。这是一次美好的经历。中国文化国际传播研究院院长为黄会林教授，是会林文化基金的核心机构。你们成功地创造了一个令人惊叹的项目，吸引了来自全球各地的优秀人才。我就是其中一员，而这已经是我第 5 次参与"看中国"项目。在此，我想感谢中国文化国际传播研究院及其优秀的工作人员。

其次，我要感谢北京师范大学，为青年电影人提供一个实现抱负的平台，让他们有机会创作引起观众共鸣的故事。法苏恬女士，感谢您在管理项目相关事务，确保项目完整性方面发挥的关键作用。而喻溟女士则也是一位出色的导师，以极大的热情帮助团队完成最终作品。今天，我们在这里庆祝我们顺利实现了最终目标。

第三，我向 2022 年"看中国"项目的所有参与者致敬，他们创作了精彩的电影，揭示了不同的社会问题，包括《如果我是一只鸟》《走进胡同》《飞天》《绣里千秋》《疗愈心碎之旅》和《写给爷爷的一首诗》。

这些影片拥有不同的质感，见证这些生动故事的创作过程就像一场精神之旅，见证具有创造力的电影人分享和培养巧妙的故事创作技能。我希望每一位参与者在未来一切顺利，希望参与"看中国"项目的经历成为他们未来的一部分。这是一次受益终身的经历。我们所有人都会铭记这段宝贵的经历。我希望你们无畏困难，继续勇攀高峰。我要向你们致敬，并向你们表达深沉的爱与感激，不要忘记我们所说的班图精神，也就是关爱人类。今天的闭幕式恰逢我42岁生日，我很荣幸能够以项目圆满结束来庆祝我自己的生日。再次向你们致敬。

我和我的合作伙伴法苏恬女士和喻溟女士共同指导的成功团队是我撰写上面闭幕式致辞的灵感来源。我们的合作贯穿整个项目，就好像我人在北京一样。事实上，尽管在外人眼中，我们之间横亘着一个大洋，但我的心一直与他们同在。2022年"看中国·北京行"的闭幕式时间恰逢我的生日，这对我来说是一个最难忘的生日。

项目结束一个月之后，我收到了主办方寄来的"看中国"项目纪念品，这是一件非常棒的礼物，包括一件非常漂亮的粉色T恤、一件黄色连帽衫和一件有2022年"看中国"标志的橘色T恤。这些礼物让我非常感动，让我想起了那些虽然相隔大洋，却彼此心心相印的时光，并思考继续这种模式的可能性。我的房子里现在到处装饰着我从中国带回来的、承载着丰富记忆的纪念品。我的儿子和女儿，波卡莫索（Bokamoso）和沃特哈利（Vutlhari），已经开始了解中国与南非文化的差异，并开始尝试享受一些中国美食。他们每次在吃意大利面时都对筷子非常感兴趣。这是他们从我身上吸收的中国文化，由于他们的爸爸已经成为一个被称为"看中国"项目大家庭的一员。在这个大家庭中，我将在友善而热情的项目统筹杨卓凡女士和罗军先生的帮助下继续成长。我非常感谢黄会林女士创建了这样一个平台，而这个平台也将不断发展，以实现跨文化交流的目标。

如果我有一天想要攻读博士学位，那么我将探讨借鉴中国实际，构建"看南非"项目的可能性，我希望能够创立一个文化交流项目，加强两国联系，促进两国长期文化交流。

作者系AFDA影视学院约翰内斯堡创意经济学院讲师

现实题材电视剧"出海"带来的国际传播启示

许　莹

　　过去一谈到国产电视剧出海，古装仙侠剧和深宫权谋剧基本占据了电视剧海外传播的半壁江山，如《三生三世十里桃花》《陈情令》《香蜜沉沉烬如雪》《延禧攻略》《甄嬛传》等，凭借"人无我有"的天然优势，将中国传统文化元素融入别致妆造、精美场景，展现了极具文化辨识度的东方美学的独特魅力。应当看到，前期古装仙侠"出海"，一方面在一定程度上培养了我国电视剧海外市场的受众土壤，特别是在以韩国、越南、泰国、马来西亚、新加坡、日本等国为代表的亚洲文化圈，拥有较为稳定的市场和受众；另一方面，"出海"内容的单一化、轻薄化，容易给海外观众留下我国电视剧题材匮乏、单一刻板的印象。现实题材电视剧可以帮助海外观众更好地了解与时俱进的当下中国，但相较于古装仙侠剧和深宫权谋剧，现实题材电视剧的"出海"难度更大，更容易受限于翻译、配音、语言障碍、生活习俗等因素影响。如何降低"文化折扣"，是长期以来困扰我国现实题材电视剧出海的一大难题。

　　近年来，现实题材电视剧"出海"带给海外观众更多惊喜。在国家广播电视总局评选的 2020 年度、2021 年度优秀海外传播作品中，《在一起》《以家人之名》《三十而已》《山海情》《大江大河 2》《理想之城》《我在他乡挺好的》等现实题材作品榜上有名，占比达 70%。

一、中国方案中国力量，既要政策扶持
也要搭建民心相通的桥梁

随着我国国家实力和国际地位的不断提高，越来越多的目光聚焦到当下发展着的中国。电视剧《大考》已由十多家海外电视台及新媒体平台发行，包括辐射非洲多国的四达时代频道，以及新加坡、柬埔寨的主流电视频道，辐射面更广，辐射力更强，同时也通过爱奇艺国际站在 191 个国家和地区，与中国同步上线。《山海情》在 2021 年成功登陆全球 50 多个国家和地区，23 集正片在 YouTube 的播放量突破 1000 万次……国家政策的激励为此类题材电视剧出海提供了有力保障，例如，国家广播电视总局自 2019 年起实施的大型国际传播活动"视听中国"已在海外建立 58 个电视中国剧场，推动了《超越》《功勋》等近百部优秀节目在 100 多个国家和地区的电视和网络媒体播出；由国务院新闻办公室对外推广局和国家广播电视总局国际合作司共同支持的"中国联合展台"助推不少热播国产电视剧在海外亮相，如《在一起》《光荣与梦想》《山海情》等作品分别在 2021 年春季戛纳电视节、新加坡电视节在线活动上被推广……国家广播电视总局实施的一系列"走出去工程"，提供了包括海外展播、合作拍摄、扶持译制等全方位支持。

我们会发现，这类成功出海、出圈的现实题材电视剧在内容层面尊重艺术规律。此外，在国家力量之余，剧集"出海"的姿态也更加真诚主动。例如，为了让阿拉伯观众深度了解、广泛关注，进而喜爱《山海情》，阿拉伯籍友人"宝云"在宁夏永宁县闽宁镇拍摄了系列 vlog，亲自沉浸式体验《山海情》剧中场景，成为带领海外观众了解故事背景的有效宣推利器。"宝云"模仿水花挑水、烤土豆，在来宁夏永宁县闽宁镇挂职的李辉钦镇长的带领下，进入地窝子参观，

"一捏、二压、三摇"，在蘑菇大棚里摘蘑菇……剧中人物水花的生活，让她感同身受。"宝云"的真实反应，直观地向观众展现出对人物故事的理解和对闽宁镇巨变的惊叹，也进一步拉近了与阿拉伯观众的距离。

二、链接全球创新资源，不断寻求表达手法的突破

2022 年 4 月，网剧《开端》被韩国引进并在奈飞（Netflix）播出。《开端》无限流循环叙事结构在国内有填补空白、开疆辟土之功，但是放在国际上，无限流循环叙事结构并不是多么新鲜的事物，电影《土拨鼠之日》（1993 年）、《源代码》（2011 年）、《明日边缘》（2014 年）、《九回时间旅行》（2013 年的韩剧）等都已使用了这种无限流循环叙事结构。在电视剧《开端》中，多达 20 多次的循环为剧集提供了饱满情节。再比如我们知道在邻国日本，悬疑推理类文艺作品十分发达，他们拥有一个从创作到出版到改编再到播出的全产业链，经过几十年的产业发展，培养出了一大批推理剧迷。但是在中国，悬疑剧却是在近 5 年逐渐打开受众面并被海外观众所认可的。2017 年《白夜追凶》成为首部被流媒体巨头奈飞买下海外发行权的国产网剧，面向全球播出。被称为"白夜前传"的《反黑》以及《无证之罪》等作品也陆续受到奈飞的青睐。《无证之罪》还曾在黄金时段登陆日本电视台，《隐秘的角落》《沉默的真相》等为代表的悬疑剧也在日本、韩国、新加坡、澳大利亚等多个国家发行并播出，得到当地观众的认可。国内悬疑剧在本格派推理与社会派推理两方面皆有较好尝试，前者凭借题材红利，利用高强度的逻辑推理和骇人听闻的犯案手法，打破了电视剧的创作舒适区，给观众留下了深刻印象，有着比肩美剧的视觉观感；而后者则伴随网剧审查尺度的收紧逐渐占据上风，在人性洞察与现实社会的呈现上更具深度。

三、细化调研受众偏好，推进海外传播精准落地

约瑟夫·斯特劳哈尔（Joseph Straubhaar）曾提出"文化接近性"理论，用以通过对受众主观能动性的强调，为发展中国家提供一种改善在全球信息传播中与发达国家（特别是美国）不平等地位进而摆脱其控制的可能性。他认为，受众最倾向于接受本国家或地区生产的文化产品，影响选择的因素包括对本地明星的喜爱、对本地知识的积累、对本地议题的关切、对相似族群的亲近感，以及对本地生活方式的熟悉等。根据"文化接近性"理论，不同国家地区的受众对现实题材剧集的偏好也有所不同：例如，欧美地区青睐犯罪悬疑，2017年奈飞买下优酷的自制悬疑侦探网剧《白夜追凶》的海外发行权，这也是国内首部被奈飞买下海外发行权的网剧，并通过奈飞在190多个国家和地区播出。《白夜追凶》从制作伊始，在叙事节奏、镜头语言、人物设置等方面皆对标美剧，剧中一个怕黑的警察，一个见不得光的通缉犯，白黑交替，破案救人的同时也在追寻灭门案的真凶，是典型的诺兰式人设，该剧叙事节奏也较快，在创作策略上对美剧语言的模仿可视为"弯道超车"的一种技巧；同年，奈飞还买下了爱奇艺自制剧《无证之罪》的版权，该剧同样在制作伊始参考了国外的产品形态及工业体系，该剧没有走日播剧的路径，而是描写一个案件、12集剧集、每周更新两集，从剪辑、调色、配乐到细节呈现等方面皆有英美悬疑剧的影子。自我国电视剧2012年开始启动阿拉伯语版的译制工作后，如《金太郎的幸福生活》《媳妇的美好时代》《父母爱情》《恋爱先生》等都在中东地区国家广受欢迎。而在非洲地区，非洲观众更青睐反映现代家庭伦理关系和国家建设的剧集，非洲观众的社群观念较强、国家也正处于发展中阶段。2012年，国产电视剧《媳妇的美好时代》在坦桑尼亚热播，是中国电视剧在非洲传播的标志性事件，此后《父母爱情》《咱们结婚吧》《奋斗》《杜拉拉升职记》等国产剧也进入肯尼亚、埃及等40多个非洲国家。

　　我们也应当认识到，随着国际政治格局与信息技术环境的不断变化，同一地区内受众的个体文化认同极有可能表现出巨大差异，以大洲区域为单位的文化间比较的颗粒度仍较为粗糙。比如，在亚洲地区，韩国观众和老挝观众对中国现实题材电视剧的偏好也有所不同，例如，包含青春、爱情等元素都市情感剧更贴近韩国群众的喜好。从最早的《北京人在纽约》（SBS 1995 年播放）到《北京我的爱》（KBS 2004 年播放）、《奋斗》（KBS 2007 年播放），再到近年来的《何以笙箫默》《欢乐颂》《我的前半生》《致我们单纯的小美好》《微微一笑很倾城》等剧集，在韩国掀起了中国电视剧热潮。2022 年以来，《你是我的城池营垒》《爱很美味》等都被韩国引进并在当地收获好评。而老挝观众则更偏向于含纳喜剧元素的都市情感剧，在老挝，绝大部分民众奉行及时行乐和随遇而安的生活方式与态度。像在老挝广受民众喜爱的中国电视剧《野鸭子》和《时尚女编辑》，前者讲述了一位母亲为圆出国梦弄丢了自己女儿，多年后亿万身家的她回国与女儿"野鸭子"相认的故事，但该剧在台词、人物性情等方面叠加了诸多喜剧元素，成为吸引老挝民众观看的重要元素；而后者充满轻喜剧风格，于嬉笑中思考亲情、友情、爱情与自我价值。

四、海外传播覆盖剧集全生命周期，
制造属于自己的现实题材文化 IP

　　过去中国电视剧"出海"，海外买家一般都是看到剧集在中国的播出效果后，才有购买意向。而现在，优质剧集的题材类型、主创阵容等往往被海外公司更早锁定。例如，2022 年年初播出的爆款电视剧《人世间》，开拍仅一个月，就被迪士尼购买了海外独家发行版权。编剧王海鸰对梁晓声茅盾文学奖获奖作品的改编，成功实现了个人痕迹与大众情感平衡，这一处理难度非常大。我们都知道，越是严肃文学，私人痕迹就越重，但是这部剧不仅得到了国内大众的喜爱，而且让迪士尼看到了它能够征服全世界观众的价值。这种由私人经验向更大范围内引起观众共鸣的辐射，正在于全世界观众都对厚重的生活质感、真挚情感的向往是一样的，在这两方面，《人世间》与在全球热播的韩国电视剧《请回答1988》有异曲同工之妙。

曾经，国产电视剧海外翻拍的热门主要集中于金庸 IP 和古典神话传说。随着优质现实题材电视剧对高质量剧本内容的倚重，如今，越来越多现实题材文化 IP"出海"。国产现实题材电视剧"出海"开始从过去的落地播出、版权售卖为主，逐步走向"改编权"的对外输出。比如，2013 年播出由沈严执导，孙俪、张译等主演的都市剧《辣妈正传》被翻拍成日剧 Hot Mom，于 2021 年 3 月 19 日起在哔哩哔哩和亚马逊 Prime Video 同时开播。2021 年年初，韩国电视台 JTBC 购买了《三十而已》的翻拍权。除韩国外，越南影视制作中心（VFC）也已经确定购买《三十而已》的翻拍权。在此之前，《三十而已》已经是马来西亚 2020 年新媒体点播率最高的中国剧，同时是马来西亚双星台Astro 同期收视第一的电视剧。《致我们单纯的小美好》《以家人之名》等剧本也出口到多个国家和地区。其中，《致我们单纯的小美好》被韩国翻拍为《致美丽的我们》，原有的 23 集改变为 24 集，受到当地年轻观众喜爱。

现实题材电视剧"出海"，带来了国产电视剧海外传播版图和模式的双升级。但我们也应看到，我国目前尚缺乏具备全球影响力的现象级现实题材剧集，现实题材剧集"出海"的变现能力也相对偏弱，像《白夜追凶》《无证之罪》等现实题材国产剧的售价则只有单集 1 万美元左右，相比之下，爆款古装剧价格已经达到单集 8 万美元，而同样是现实题材剧集，制作精良的韩剧却能在海外卖出单集 30 万～50 万美元。"走出去"是第一步，而随着更多优质现实题材电视剧成功"出海"，相信"传得远"将为国剧出海带来更大的议价权。

作者系《文艺报》艺术评论部编辑，北京师范大学艺术与传媒学院博士研究生

中国民俗文化符号的语言翻译与影视传播问题

田忠山　李　瑶　刘佳欣

文化符号是一个民族精神的表象特征，是一个国家形象的鲜明标识，是文化内涵的重要载体和形式。人们对一个国家或一个民族最基本的认知和了解，往往都是从熟悉和理解其鲜明独特的文化符号开始的。① 随着国际地位的提升，中国与其他国家的文化交流也日益加深。而在国际文化交流的过程中，文化传播由于历史、语言和文化背景等因素的影响受到种种限制，因此，如何更有效地传播中国文化，是值得我们深思的问题。作为一名英语学习者，将我国优秀的作品通过我们的翻译传播至世界，是我们的担当与责任。

本文我们将探究中国当代文学中民俗文化符号语言传播翻译及其镜头呈现，以《红高粱》《伏羲伏羲》《妻妾成群》《活着》为例。这四部作品分别由莫言、刘恒、苏童、余华创作。这四位不仅是国内知名文学作家，而且在国际上有一定的影响力。这些文学作品通过翻译传播至国外，也收获了不少读者的喜爱。作为本土作者，他们作品中所蕴藏的民俗文化符号也极具代表性，例如，作品中的婚嫁文化、丧礼文化及服饰文化，这些民俗意

---

① 阮静：《中华文化符号与中国文化传播》，载《中南民族大学学报（人文社会科学版）》，2023 年第 1 期。

象是人们在长期生产实践和社会生活中逐渐形成并世代相传的较为稳定的文化事项，可以简单概括为民间流行的风尚、习俗等，是中国传统文化的重要组成部分。民俗文化有利于传播传统文化，同时让民俗元素渗透到日常的工作和生活中。①

一、民俗文化的语言翻译案例分析

（一）原文：红盖头

译文：Red head cover（one of the marriage custom of Han in ancient times, at the wedding, the bride always wears a piece of red silk on her head, which is called a red head cover）.

作品以"红高粱"为题，红色是整部作品的色彩倾向。作品开篇就出现了红色，九儿的红嫁衣、红盖头、红轿子，通过"颠轿"这一情节，完整展现了中国传统的婚嫁习俗。在中国传统婚礼上，新娘头上会蒙上一块别致的红绸缎，要在入洞房时由新郎揭开。最早的红盖头出现在东汉末年，并在民间流行不废，逐渐演化成为婚礼上不可缺少的喜庆装饰。由于文化背景、历史的不同，中西方传统婚礼也有很大差异，最能一目了然的就是色彩上的差异。红色是中国传统婚礼的代表色，寓意着红红火火和吉祥。而西方婚礼上寓意着纯洁的白色，在中国却是葬礼的代表色。如果简单译为"red head cover"，目标读者就可能会理解为面罩之类的东西，所以译者在后面加了注释来帮助读者理解。

（二）原文：坐轿不能哭，哭轿吐轿没有好报；盖头不能掀，盖头一掀必生事端。

译文：You can't cry in the sedan chair or lift the head cover, because that will bring misfortune.

---

① 刘欢：《历史建构的艰辛与荧屏解构的虚弱——电影〈活着〉中皮影戏艺术的文化隐喻》，载《小品文选刊（下）》，2016 年第 9 期。

这句话也出自《红高粱》，九儿出嫁的时候。这两个分句是在说，在轿子里哭和提前掀盖头都是不吉利的，会发生不好的事情。原句在韵律及形式上也很有特点，但是很难用英语翻译出来。所以译者在翻译时对原句的分句进行了整合，翻译为"that will bring misfortune"，避免译文重复和冗长。并且原句省略了主语，译者在翻译时把主语补充了出来，使译文更符合英语习惯。

(三)原文：出甑

译文：Get the sorghum out

Footnote：It is a process of brewing sorghum-based liquor. When brewing sorghum-based liquor, the cleaned sorghum should be steamed at high temperature in this container, "get the sorghum" means taking out the fermented sorghum in the retort after taking out the wine.

高粱酒可以说是《红高粱》叙事的核心，整个故事以酒为主线展开。作品对酿制高粱酒的每道工序也有较为完整的展现。"出甑"就是其中一道工序。"甑"是一种蒸馏容器，也可以理解为"蒸锅"。酿高粱酒时，要先把清洗干净的高粱在"甑"中高温蒸熟。"出甑"就是指取完酒后，把"甑"内蒸后发酵好的高粱取出来。中国读者看到这个词时会有所联想，能猜出其大体意思。高粱酒以其色、香、味和风格闻名，展现了我国酒文化的深厚底蕴。许多外国读者对高粱酒的酿造工序并不熟悉，如果直接在词后解释，会因为内容过多而影响译文可读性。所以译者直译了这个词并加了脚注，既简洁又能详细介绍相关文化信息。

(四)原文：挡棺

译文：Block the coffin

Footnote：This is a funeral custom in China, and its origin can be traced back to the period of Shennong. Legend has it that Shennong died of eating poisonous herbs by mistake while collecting herbs. Eight attendants of him decided to bury Shennong in a geomantic treasure land. His wife, "Chun Fen", was so sad that she desperately stopped Shennong's coffin on the way, cried out and died. This way of offering sacrifices of "Chun Fen" has also been handed down and evolved into today's "block the coffin".

"挡棺"是作品《伏羲伏羲》中非常震撼的一幕。"挡棺"是中国传统的丧葬习俗，挡棺的人一般是死者的直系亲属，他们会在逝者出殡的路上，拦住棺材痛哭，以表达对逝者去世的痛心。作品中对"挡棺"这一情节刻画得非常细致，菊豆和杨天青披麻戴孝，号啕大哭，从棺材的前面拦起，然后出殡的人把他们推倒，让棺材从二人身上抬过，再把他们赶出送葬队伍，然后二人又疯了一样地跑到棺材前重来一遍。"挡棺"的来历可以追溯到上古时期，传说，神农在采药时误食毒草而死，他的八名侍从决定把他的遗体运到一个风水宝地埋葬。神农的妻子"春分"伤心不已，在途中拼命拦下神农的棺材，撕心裂肺地哭喊，气绝而亡。"春分"的这种祭祀方式也流传下来，演变成今天的"挡棺"。另外，目标读者对中国的这种传统祭祀方式了解较少，可能认为"挡棺"这种行为是不尊重逝者的，为了避免影响译文可读性，译者加了脚注，有助于读者更好地了解这一习俗。

（五）原文：封灯

译文：Cover the lantern with a black cloth

"灯笼"是贯穿作品《妻妾成群》的叙事线索，几乎作品中的所有的女人都为了代表着权力与欲望的"灯笼"而活，逐渐在封建男权下迷失自我。红色依旧是这部电影的色彩倾向，红灯笼就是这部电影的色彩符号。灯笼唯一一次变成黑色就是在"封灯"这个片段。红灯笼一个个熄灭，然后一个个套上黑色的布罩，意味着受到惩罚，取消所有的待遇。只看这个词而不看电影关于这一段的描写的话，读者并不能理解这个词，因此译者采用了意译的方法来诠释。

（六）原文：马褂

译文：A jacket with mandarin collar over a long gown

《妻妾成群》中的大少爷年轻风雅，他的出现给了颂莲短暂的希望。大少爷每次出现都穿着长袍马褂，俨然一副旧式派头。马褂是一种穿在袍子外的带有中式领的短衣，衣长至脐，因为穿着它方便骑马而得名，流行于清、民国时期。清代初期只有士兵穿马褂，雍正后成为男士便衣，之后逐渐演变为一种礼仪性的服装。不论是何身份，把马褂穿在长袍外面，会显得比较文雅。中华人民共和国成立后，马褂逐渐被摒弃，后来经过改良，以唐装的形式回到人们的视野之中。民国时期，由于西方文化的冲击，一些人不仅开始穿西装，而且开始穿很多同时具有中西方特色的服饰，如中山装和旗袍。但即使如此，当时的人们并不排斥传统服饰，所以出现了长袍马褂和西装并行的情景。牛津词典对于中式领——"mandarin collar"给出的解释是：a small collar that standards up and fits closed around the neck. 而民国初期的男士学生装也是这种领子，由此可见，仅用"mandarin collar"来解释是不够的。所以译者在后面补充了"over a long gown"来区分。

（七）原文：好死不如赖活

译文：Better a living dog than a dead lion

"好死不如赖活"是中国的一句谚语，正如作品的名字《活着》一样，是贯穿整部电影的主题。整个故事平淡且真实，伴随着一次次生离死别，主人公福贵过完了他凄惨的大半生。而就是在这一次次悲惨的遭遇之后，福贵终于明白了人生的意义——活着，好好地活着。谚语是流传于人民中间的、形式相对稳定的、简练而生动的语句，它总结了人民大众生活、工作的经验，具有诲人和劝诫的功能。① 虽然中西方文化存在着较多差异，但人们在认识世界的过程中和日常生活中有很多相似的经验，这就使得中西方谚语在内涵上有很多相似之处。所以译者在翻译时用有相同含义的英语谚语"Better a living dog than a dead lion"来替代原文，既能保持原文的神韵，又能让目标读者理解和接受译文。

---

① 梁茂成：《英语谚语的理解与翻译》，载《中国翻译》，1995 年第 5 期。

二、民俗文化的影视镜头表达与传播效果

作为中国最有影响力的导演之一，张艺谋的影视作品总能在国内及国际市场上收获较高的关注度。他的作品蕴含着丰富的中国文化符号，特别是民俗意象，表达了强烈的民族意识。这些独特的中国文化符号对于中国电影屹立于世界电影之林有重要作用，这对于海外观众了解中国文化有重要影响。同时它们也通过电影得到了传播，促进了中外文化交流。本文我们所探究的四部文学作品均被张艺谋改编为了影视作品，而其民俗文化元素的运用也具有典型性和代表性，例如：《红高粱》中的婚嫁习俗、酒文化；改编自《伏羲伏羲》的《菊豆》中的染坊、挡棺；由《妻妾成群》改编为《大红灯笼高高挂》中的大宅院、红灯笼；《活着》中的皮影戏；等等。丰富多样的民俗展演使张艺谋的影片浸透了民族的情调与韵味。影片的第一层面是明朗的民俗画面，作品通过方言、服饰、环境设置极力渲染中国文化背景。而作品的中心主题则是对于民族重负的思考。

在《红高粱》这部电影中，通过"颠轿"这一情节，完整展现了中国传统的婚嫁习俗。"颠轿"原是山东高密东北乡的民俗，抬轿在街上走时，其颠动的节奏与吹鼓手的吹奏步调一致，以展示自己的职业风度，获得雇主的赏钱，而一旦到了野外没人的地方，便开始"颠轿"挑逗新娘。在这部电影作品中，张艺谋将这一民俗展现得淋漓尽致，"我爷爷"叫"我奶奶"唱曲，见"我奶奶"不唱便变换步伐，唱着小曲颠轿子，直到颠得"我奶奶"脸色苍白，号啕大哭才停手。这场戏充分渲染了一种"张扬"的人性，把久蕴民族意识深处的冲天浩气尽情抖搂了出来。而之后的酿酒和祭酒仪式也是这部作品中的一大亮点。酿酒的作坊充满了神秘色彩，被风雨侵蚀的院墙，巨大的门洞，大得出奇的酒缸、酒碗等，墙上挂着杜康像，大家经过一道道复杂工序最终酿制好了"十八里红"，站在杜康像前敬酒碰碗唱着《酒神曲》，这不仅是对酒神的神秘崇拜，而且是对生命和劳动本身的

礼赞。

"挡棺"是电影《菊豆》中非常震撼的一幕。如此与众不同的送葬方式及影片对丧俗场面的渲染，给影片罩上了一层悲剧色彩，让我们深刻体会到封建礼制对当时人们的迫害，为观众带来了不一样的观影体验，使观众对旧社会有了更深的了解。

"灯笼"是贯穿电影《大红灯笼高高挂》的叙事线索，几乎电影中的所有的女人都为了代表着权力与欲望的"灯笼"而活，逐渐在封建男权下迷失自我。红色依旧是这部电影的色彩倾向，红灯笼就是这部电影的色彩符号。红灯笼一个个点亮，象征着陈家宅院里的恩宠、荣誉，代表着她们的"幸福"；而红灯笼一个个熄灭，然后一个个套上黑色的布罩，则意味着受到惩罚，取消所有的待遇。一次次地点灯、挂灯、灭灯、封灯，隐藏着陈家宅院里的一幕幕欺人、逼人、害人、杀人的悲剧，揭示了旧社会封建婚姻对女性生存权的剥夺。在那个男尊女卑的封建时代，女性没有办法进行反抗，只能自生自灭，何尝不是一种悲哀。

"皮影戏"是电影《活着》中一处细腻的细节，作为线索贯穿整部影片。皮影戏的第一次出场是在赌场，福贵在这里赌钱输光了家产，从地主家少爷变得一无所有，皮影戏的演出也暗示了这一情节；第二次出现是在被解放军带走的时候，他给解放军演皮影戏，希望可以保全他活下来回家和家人团圆；第三次出现是在炼钢工厂，福贵给炼钢工人们演皮影戏，此时的福贵希望他们一家可以一直幸福快乐平安地生活，演戏时也是神采飞扬，精神抖擞；第四次出现是在"文化大革命"破四旧时期，皮影被烧，也象征着他家庭的破碎，儿子被车撞死，女儿难产而死，而家珍也得了重病，展示了福贵内心悲痛的心境。皮影戏是电影的一大亮点，普通百姓围坐在昏黄灯光的幕布周围，听着戏，这不仅是他们生活中的乐趣，而且是他们努力追求生活的一种方式。

民俗文化是人类文明发展的历史积淀，是中国优秀的文化遗产，蕴含着博大精深的中国传统文化。随着国力的增强和国际交流的加深，中国文化正在走向世界。翻译和文学作品影视化已成为跨文化交流的桥梁和传播中国文化的有效途径。由于中西方文化背景不同，文化意象的翻译成了一大难点；而影视作品及其他大众传媒途径拥有传播途径广、传播范围大的优势，可以更好更快地传播至海外观众。将这两种传播方式相结合，把存在于文学作品中的中国文化符号经过翻译和影视化创作，不仅可以使海内外读者和观众与作品产生共鸣，而且对于传播中国文化也有重要作用。因此，对于文化意象传播要采取恰当的策略和方法，最大限度地让目标读者体会其文化内涵，弘扬中国传统文化，讲好中国故事。

作者田忠山系内蒙古工业大学副教授，李瑶、刘佳欣系内蒙古工业大学硕士研究生、本科生

第五辑
当代中国文化的生成经验

融通中西的艺术自觉

——观杨刚冬奥运动水墨画随想

向云驹

好多年前我在民族文化宫看过杨刚的一个小型的展览，那时候留下了一个初步的印象。因为我跟杨刚的同学许涿是老朋友，所以通过这种渠道，间接了解到有关他的一些生活经历和创作经历。通过今年两个展览的集中展示，我才更多地关注到他更全面的创作。我看得越多，就越震撼，引发了越多的思考。

今天来到现场观看作品以后，我的震惊或者说是震撼，更加强烈了。首先，将这批北京冬奥会题材的作品，做这样一种形式的展览，确实展现了杨刚在水墨艺术上的一种特殊追求。这个展览把他这一部分特别成就，做了一个单独的展示。展览的策划不仅有宣传奥运的需要，而且他的创作确实在这个方面有突出的成就。在我们美术界，以往表现这个题材的作品不多。传统水墨在现代的题材拓展方面，有画戏曲人物的，也有画舞蹈人物及其姿态的，但是画体育运动项目，包括画冬奥会，这么集中表现此类题材的，恐怕杨刚是第一个。而且他呈现的水平一开始就达到了顶峰。他这样一种呈现，一方面能够让外国观众一目了然地理解中国水墨艺术；另一方面对包括中国传统在内的中国文化内涵的表达，让中国美术界、中国画界、中国画的人物画界的同行们看了，也是佩服的。他的艺术语言之所以如此简洁凝练,如此准确又如此写意,是因为背后是下了大量功夫的,是由深厚的艺术功底支撑的,最终才得以集中体现在特定题材上,因此出现了一种特殊的创作样式和艺术范式,令人感到非常震撼。

我刚从中国文联十一大、中国作协十大上回来,在这里特别想把习近平总书记的一段话念一下。习近平总书记在中国文联十一大、中国作协十大开幕式上的讲话中说:"希望广大文艺工作者用情用力讲好中国故事,向世界展现可信、可爱、可敬的中国形象。中国人民历来具有深厚的天下情怀,当代中国文艺要把目光投向世界、投向人类。广大文艺工作者要有信心和抱负,承百代之流,会当今之变,创作更多彰显中国审美旨趣、传播当代中国价值观念、反映全人类共同价值追求的优秀作品。"我觉得,这段话放在杨刚的艺术实践上,是非常合适的,放在他的冬奥题材创作上,也是非常贴切的。杨刚在十多年前就为我们做了一个很好的艺术探索和尝试。因为中国走向世界、我们的美术艺术走向世界,除了以纯正的、正统的、纯粹的中国画走向世界以外,我们还应该有体现现代性的作品和中西融合的作品。这类创作能够让外国观众看了也感觉很亲切、很明白,又有非常鲜明的中国气派、中国风格、中国特色。我觉得杨刚的冬奥题材创作,在这方面是非常有说服力的。

另外,这个展览也令我联想到一些一直在思考的问题,借这个机会简单地谈谈。

其一,中国画除了有众所周知的写意美学传统外,其实一直是有走向逼真、写实的自然主义的追求的,也在这方面形成了自成传统的技法。山水画、花鸟画,也是在逐渐向自然靠拢、模仿的,甚至出现逼真的山水、花鸟、鱼虫、草木。但是在人物画方面,由于缺乏解剖学的知识,始终没有写实地展现人体。西学东渐这个渠道打通之后,在这个方面才打开了一个新的艺术探索方向。杨刚的创作在人物外貌、人体、运动方面,用传统的写意手法,在表达准确的人体方面独树一帜。这种基于人体科学、西方人体艺术基础的人物人体写意,与中国传统的人物写意,我认为是不可同日而语的,是中国人物写意的新样貌，新境界。

其二，我觉得还有必要回答，杨刚的艺术产生的原因，他是怎么达到这个水平的，他有什么可值得借鉴和学习的艺术经验，改革开放以来，我们的创作路数，可能发生了一些重要变化，杨刚的画和前不久在这里（北京画院）举办展览的安正中的画都有一个特点——中西融合。他们还有一个特点，就是油画、版画、国画，对这三个画种研究都很深入。这个经验是值得注意的，我认为杨刚的成功之道是油画、版画、素描和速写这些西方的技巧，再加上中国画方面一大批名师的教导和引导（他在中央美院读研究生期间接触了很多这种大师级的老师，受到他们的熏陶）。

其三，就是非常扎实的生活体验，"文化大革命"期间的草原生活，对他的影响非常深刻。我们现在很多人可能具备前两点，但是就缺这第三点。实际上生活对杨刚艺术的影响，我觉得是深入骨髓的。你看他画的草原，一般人肤浅地去那里走一趟，是画不出草原的这种感觉、这种韵味、这种深刻性、这种一眼就会让人产生曾在草原里面真正生活过的感觉，包括一些著名文学作品（如张承志的《黑骏马》）里所描绘的那种使我们深深感动的感觉。

所以，杨刚的艺术，其成功的美学价值在于融中西画法为一体。水墨、写意、黑白、线条、墨块、人体，熔中西为一炉，亦中亦西。他的艺术里有西方写实派到印象派到抽象派的影响，再彻底消化吸收后又形成自成一格的具有中国风格和中国气派的写意画，也就是说，这些作品是一目了然的中国画，并没有让人感觉是西画。新时期以来，总体上看，我们的油画、国画、版画的发展局面没有出现彼此有意的融合，而是分道扬镳了。相反，好几个经历过"文化大革命"这一特殊时期并且卓有成就的画家，都有过这种深入几种不同画种进行研究和创作的经验。这个分分合合的现象，孰优孰劣？谁在进步，谁在退步？还有待于我们深入思考。

当然，这种"三合一"的画种融合，这种亦中亦西的画法，不是每个画家成长都一定要走的道路，这是一条新的路，也是值得探索的路，或者说应该有一部分艺术家要献身于这条道路，我觉得应该是这样来理解。所以我觉得是杨刚的这种艺术经历，这种艺术道路，这种艺术追求，特别值得深入研究。大家还要注意展览上有几个细节，在杨刚画作作品集、网上展览和其他场合都没有机会了解到的几个细节。一个是杨刚一生画过 10 万幅以上的速写，这个量的积累到了让人瞠目结舌的地步，但是这一点太重要了。没有这个积累，他的这些一笔成形的动态水墨作品是出不来的。为了其中的水墨性，他甚至对传统书法也进行了长期的临、写、创的研究。他的书法一方面自成一体，成为真正的书法艺术，另一方面也使之在中国画的题款、诗跋中与画作互相匹配（而书、画不匹配正是当代中国画饱受诟病的一个重要方面）。杨刚的书法还在更深刻、内在的书写性、线条感、造型能力上辅助了他的水墨速写、水墨人物写意和写意人物，这一点，甚至可以使西方的速写都望"杨"兴叹。他的冬奥运动水墨画，表现力非常强：有时几缕飞白，妙趣横生；有时，墨色浓淡，尽显动态；有时一个意态，力透纸背。另外，他实际上是有自觉的追求，是有融通中西的艺术自觉的。他的画论，他的艺术追求，他的艺术思想里面，有非常自觉融通中西的意识，想把这二者很好地融通。当他解决了中西融通问题时，他也就解决了遇到的古今问题。这方面我们实际上有很多画家也在探索这种路径，当然还有更多的人，学习了西方的技法，但是没有有意识地把中西高境界地融合起来。能够达到这种艺术自觉的人其实并不是很多，这也是值得我们特别关注的一个现象。这也是杨刚给我们的一个重要启示。

　　杨刚在油画、国画、版画这三个画种上的创作，都达到了很高的成就，这个现象特别值得关注。最后，我也同意张祖英老师说的，这样一条艺术道路，这样一种特殊成长的历程，对我们现在的艺术家充满启示意义。比如，他们都有"文化大革命"时期的这种经历，彻底地体验生活，这个我们在现在这个时代怎么继承？我一直批评简单的"采风"这种接触生活的方式代替真正的深入生活。当然，你深入生活，不一定都能成为大家，但是真正的大家一定是非常深刻地懂得生活。年轻的画家、年轻一代该如何去感悟这一点？另外，几个画种的打通，也是一个很大的命题。我们已经有这样的人物出现。我们要爱护这些天才的思想，爱护他们的作品，爱护他们给我们留下的宝贵的精神财富，虽然晚了，但是亡羊补牢，对后代的年轻画家也还有机会，这些精神财富还是可以让我们分享和共享，能够获得很多的启示。

作者系中国文艺评论家协会副主席、中国艺术报原社长

破解"文化折扣",建构"第三极电影文化"理想

王宜文

中国电影经过百余年,特别是中华人民共和国成立后 70 余年的发展,建立起了具有中国特色的电影创作模式与理论体系,中国电影的发展都与中国社会、民族命运、民生状况密切相关,这既是延续了中国文化"知行合一"的传统,也是新的时代赋予电影的历史使命与责任担当。通过梳理当代中国电影国际传播的历史、现状与问题,我们也深切意识到中国电影依然没有脱离传播主体单一化、传播内容缺乏核心竞争力、传播受众存在文化隔离、传播效果仍待提升等困境,中国电影亟待各界通力合作,加大各种途径的传播及改善电影的叙事模式,才能不断推动中国电影的跨文化传播。

一、融合中国表达与国际化传播,
破解"文化折扣"

文化折扣是文化传播过程中的普遍现象,也是中国电影在国际传播过程中遇到的最大问题。"中国拍摄的电影符合中国人的观影偏好,所以在中国本地市场表现很好,但是由于这其中的文化

差异导致影片中很多值得品味的地方或者有趣的地方国外观影者难以发现，这就形成了文化折扣问题。"①不同的受众存在不同的文化差异与文化认知程度差异，当海外受众在接受他们不太熟悉的中国电影时，其兴趣、理解等方面都会大打折扣。以影片《哪吒之魔童降世》为例，这部电影在中国以 49.74 亿元票房成绩位居中国电影票房前列，在北美上映时最终票房却不到 300 万美元，同样的例子比比皆是，比如《西游记之大圣归来》《战狼 2》在国内受热捧的电影一旦走出国门，可能就泯然于某些地区的市场中。中国电影要想真正"走出去"，必须最大限度地消除"文化折扣"的负面影响，从内容开发与传播机制上注重与国际接轨，使海外观众既"看得到"，也"看得懂"。

文化折扣虽然不可避免，但可以通过多种措施将其影响降至最低。

（一）重视内容开发，兼顾共同价值和中国特色

受历史与国家政策等因素影响，中国电影在很长一段时间内只关注国内票房，着力于创作为中国人民所喜闻乐见的大众电影。然而，过于本土化的内容导致国产电影的海外传播程度与国家发展国际化水平不匹配的局面。从文化上说，中国电影是历史悠久的中国文化的现代呈现，承载了五千年文明深厚的精神积淀。因此，中国电影的跨文化传播不可避免地碰触中西方价值观的差异。在黄会林等学者的中国电影的国际传播研究中②，"古老""独特""发展""神秘"等词语是海外观众在描述中国电影中的形象时最常使用的词汇。这种"神秘"与"古老"的特质有着很强的"双刃剑"效应，既是特色，也较难让不熟悉中国文化的受众产生共情。

为向外推荐展示中国电影，首先须在电影内容上进行调整，生产出更具共同价值的电影产品。国内影视创作人员的思维方式和创

---

①　王元亮、王裕乐：《浅谈中美电影海外票房差距》，载《经贸实践》，2018 年第 19 期。

②　参见黄会林主编的"银皮书"系列。2012 年 5 月 30 日，北京师范大学中国文化国际传播研究院联合华夏电影发行公司、《现代传播》杂志社，发布了《银皮书：2011 中国电影国际传播研究年度报告》。该项目每年出版一项关于"银皮书"报告，积累了丰富而又权威的中国电影国际传播的数据。

作习惯还不能完全适应跨文化传播的时代要求。文化折扣产生的根本原因在于文化差异，目前中国影视的普遍做法是在内容上进行调整更多体现在对民族文化的独特性做"减法"，缩小观众在观影时所感受到的差异强度与密度。其实，中国电影应学会用差异性的内容来表达人类普遍的道德和情感，开掘人类永恒的主题，以期引起各国观众共鸣。

当然，创作具有共同价值的作品不是在抽象意义上空谈概念，也不是一味讨好海外观众，而是要求在中国的语境中挖掘可供国际交流的主题与内容。中国电影呈现出的文化折扣一定程度上恰恰来源于中国故事的独特性。爱、同情、苦难、欲望等主题需要通过具体的事件表达出来，否则只是一堆空洞的名词，而这又必然要求一种本土化的叙事。应明确的是，以符合中国观众观影心理的方式讲述的中国故事，在文化语境上是最贴近本土化的创作方式。未来所有对于中国文化内涵有追求的中国电影，也都将在此之中找寻电影自身的文化意义。在中国电影市场如此庞大的前提下，我们不应将海外反响视为第一要务，使全部中国电影削足适履，应坚守对于本土文化的信念，提高文化自觉与文化自信。但我们要加强自身的文化与电影的国际影响力，一方面要剖析在国内外均能产生较大影响的中国电影在哪些层面、哪些问题上深入中国文化的语境当中，另一方面如何发扬运用更为普泛化、国际化的语言习惯。

国外许多深受好评的电影，如日本是枝裕和的《小偷家族》、韩国奉俊昊的《寄生虫》等，都表现出导演对于自身社会文化中贫困与生存主题的独特理解，因而具有很强的感染力。中国电影在国际传播中窘境的产生原因，除了有时过分刻意传扬民族文化的独特性外，更多的还在于没有把全球性问题、全人类命运纳入文化思考的范畴。而要做到这一点，必须具备全球的文化视野和精神境界，并通过本土语境将人类共同的问题与精神提炼出来。例如，李安导演的《卧虎藏龙》（2000）无论在海内外都有着较高的知名度与认可度，其利用多种中国文化符号，表达中国传统美学观念，在叙事上又通过对个人主义、女权主义等西方世界所认可的价值观表达，赢得了中西方观众的双向接纳。在其剧本创作过程中，先由李安导演构建具有东方神韵故事架构，由美国编剧添进血肉，使之成为一个完整的剧本，随后再由中国编剧翻译成中文，进而呈现出最终的故事与台词风格。这一利用中英语言创作和翻译剧本的过程实则是一种文化的编码与解码，实现全球与本土的深度联合，消弭其中可能存在的障碍与误解，成功跨越文化表达差异。

（二）细分海外市场，精准定位观众

中国电影的海外市场分布广泛，其中北美、澳新（澳大利亚和新西兰）、欧洲、东亚、东南亚等地为主要的电影市场。世界市场不能被笼统地视为一个整体，而应合理布局，精准定位受众群体，因地制宜制定推广策略。

基于地理位置、历史文化等因素，一些国家或地区的文化与我国存在亲缘性，当地观众在理解中国影片时会产生较低的"文化折扣"，这样的国家或地区是"走出去"的突破口。比如，韩国影视推行走出去战略时，首先从文化和地缘认同感较强的中国和日本开启。韩国文化产业振兴院（KOCCA）将文化出口的区域战略分为：集中攻略型——日本和中国；渐进强化型——北美洲、欧洲；竞争力维持型——东南亚；新兴市场开拓型——非洲、南美洲、亚洲其他地区。多年来，我国电影"走出去"的一个重要区域是东南亚，也是基于相近的文化渊源。从与我国存在地缘优势的东南亚各国入手，在有较好的情感基础前提下，充分发挥东南亚各国华人社区的带动效应，利用语言交流的便利、血缘纽带的亲近、价值观念的相似等客观因素。

除此之外，可借助大数据，追踪社交媒体和主要视频网站，建立受众市场定位数据系统，随时掌握海外受众的评价与喜好，协助电影企业在题材选择、特效制作、受众定位、营销宣发等方面有的放矢地进行调整，增强电影产品的供需对接。

习近平总书记曾提到，讲好中国故事"要采用贴近不同区域、不同国家、不同群体受众的精准传播方式，推进中国故事和中国声音的全球化表达、区域化表达、分众化表达，增强国际传播的亲和力和实效性"①。因而，认真研究不同区域观众的文化背景、风俗喜好以及对于中华文化的熟悉程度，以尊重和平等的心态，精准定位，循序渐进，让中国电影、中国人文艺术的"亲和力"得以释放，获得有效传播。

(三)尊重他国文化，善用他国元素

处于一个经济全球化时代，电影制作难免需要处理与不同文化打交道的场景。如徐峥的"人在囧途"系列、陈思诚的"唐人街探案"系列、吴京的"战狼"系列等，故事常常在异域的文化背景下发生，塑造了大量的外国人群像。因此，导演首先应尊重他国文化，在充分理解后进行创作，避免丑化他人的现象发生。

中国电影要面向世界，必须在坚持"民族风格"的同时做到超越"民族风格"，去寻找中外观众审美需求的契合点。这就要求中国电影在海外谋求发展时，需积极借鉴他国的民族特色元素，共享彼此相同的文化价值。另外，基于文化软实力具有的通过吸引、感召、同化等手段获得客体的认同、亲近、归属感的特点，中国电影应该有意识地吸纳能有助于增加国际认知度的演员、台词、场景、服化道等元素，照顾到更大范围受众的文化需求和欣赏习惯，从而增强吸引力和感染力。

二、构建世界"文化共同体"与"第三极电影文化"

在电影尚处于幼稚状态的早期，匈牙利诗人和电影理论家贝拉·巴拉兹就预言，电影会成为人类最具影响力的媒介，形成一种世界性的视觉文化，并引领人们走向一种可能的"大同"社会。巴拉兹的预言在一定程度上实现了。电影是人类历史上传播和被接受最

---

① 习近平：《习近平谈治国理政》第四卷，318页，北京，外文出版社，2022。

快最广的艺术形式。1895 年 12 月 28 日，电影诞生在巴黎，仅仅在第二年，上海的里弄里已经放映电影了，这时，电影几乎传遍了全世界。当下，电影早已成了世界性的文化工业和最流行的艺术娱乐方式之一，以电影为起点和核心的影像时代也早已来临。

在电影成为一种联系世界的媒介的同时，人们对电影的担忧也始终存在，特别是在面对全球 70％以上的电影市场份额为好莱坞所占有的局面时。电影市场和营收自然是重要的，但人们更看重的是市场占有后的文化影响。作为文化产业的电影在世界的传播，一般情况下是没有强制力的，或者说，世界上其他国家的人们愿意花钱买票去观看好莱坞电影，貌似是自觉自愿的过程。这就出现了一个吊诡的现象，虽然美国在国际社会肆意的霸权行为招致了全世界大多数国家的反对和抗议，但是美国好莱坞电影却被世界观众普遍接受了。英国社会学家罗兰德·罗伯逊（Roland Robertson）等人在《全球化：社会理论与全球文化》（*Globalization：Social Theory and Global Culture*，1992）中试图解释这种现象，经济全球化是一个充满竞争、掌控话语权、争取合法性的过程，在此过程中，市场并不是经济全球化的唯一动力，跨国公司凭借自身的经济硬实力与国家霸权，会造成一种"高度不均衡、扭曲畸形的模式"①。就美国而言，凭借其经济实力、文化与技术控制优势，跨国巨无霸的好莱坞必然是全球范围电影业的"游戏规则制定者"，好莱坞的时尚就成了全球的潮流。好莱坞电影通过商业化、产业化的运作方式，通过影片的吸引力以及消费者的多次消费体验进而通过影响力形成电影产业的外部收益系统，具体表现在产业内溢出（好莱坞化的产业影响力）以及产业间溢出，进而形成美国国家影响力（即深入影响全球各行各业、各个领域的美国化），从而形成人们对美国国家形象的一般性认知。② 所谓溢出是借用经济学的"溢出效应"理论，在市场交易中没

---

① ［英］罗兰·罗伯逊，［英］扬·阿特·肖尔特（英文版主编），王宁（中文版主编）：《全球化百科全书》，363 页，南京，译林出版社，2011。

② 王纪澎、袁军：《电影产业国际化在国家形象传播中的溢出效应》，载《未来传播》，2020 年第 6 期。

有被包含的额外成本与收益。美国正是通过这种形式，将电影产业同国家对外传播和国家形象传播联结在一起，从而促进美国的全球化战略在全方位、全领域中的实现，并为美国营造良好的外部舆论环境和创造国际民众对美国国家形象的良好认同。

由此可见，巴拉兹所憧憬的由电影营造的世界性文化似乎存在着，但在文化内容构成上又是高度偏颇、不均衡的。好莱坞电影尽管丰富了当地的文化生活，但不仅吞噬着其他国家的本土电影工业，而且在悄悄地吞噬着那里的民族文化。本土电影无人问津，民族想象变得苍白。这种文化上的侵蚀使世界各民族文化出现"同质化"趋势。……好莱坞在输出美国文化，同时，在用美国的价值观、文化观去评判其他族群的民族文化，甚至是价值取向。① 习近平总书记提到了中国在世界上的形象很大程度上仍是"他塑"而非"自塑"的问题，他指出，我们在国际上有时还处于有理说不出、说了传不开的境地，存在着信息流进流出的"逆差"、中国真实形象和西方主观印象的"反差"、软实力和硬实力的"落差"。因而，要下大气力加强国际传播能力建设，加快提升中国话语的国际影响力，让全世界都能听到并听清中国声音。②

基于中国文化国际传播现状，黄会林、绍武两位先生于 2010 年正式提出了"第三极文化"理论。其核心内涵是指：当今世界文化呈现多元并存格局，每一种文化都应该得到公平独立的发展机会。首先从尊重和发展自己的文化开始，再到了解和欣赏别人的文化，然后是达成不同文化间的共处和共识，最终实现天下大同。但此处的天下大同并不是指某种强势文化消灭了其他文化，掌控单一的新文化殖民霸权，而应该是指各种文化主体能容忍不同的文化价值观念，进而在多元文化中能够生成人们普遍认同的新多元主体文化价值观。黄会林先生认为，这是一种包括了各种不同矛盾相互依存、相互排

---

① 李华：《以好莱坞电影全球化为视角看文化输出》，载《青春岁月》，2013 年第 6 期。
② 中共中央文献研究室：《习近平关于社会主义文化建设论述摘编》，212 页，北京，中央文献出版社，2017。

斥的动态和谐，就像太极阴阳鱼在共同的世界里（圆）生存，互相排斥又互相依存。①

　　"第三极文化理论"认为，当今的世界文化格局大体可以认为有三极。其一：欧洲文化；其二，美国文化；其三，中国文化。中国文化是有着独立传统且具有强大文化根基和绵长生命力的持久存在。历经百年不屈斗争，考验并证明了古老的中国文化没有死去，但必须改造和创新，探索文化复兴之路，正是今天中国文化的要义。"第三极电影文化"理论可以看作当代中国电影理论构建的创新体系。作为文化载体和表征的世界电影，亦大致呈现与当今世界文化格局相适应的分野。电影诞生于欧洲，并在欧美形成了世界电影的主流发展模式，二者在电影形态和影响力方面各有特色，也互有交织，共同构成了世界电影的主流模式，在电影文化格局中形成了两个既相互关联又彼此区别的"极"。如果说欧洲电影在艺术理念与文化表现性方面居于重要的一极，那么美国电影则在电影产业与文化影响力层面居于最为重要的一极。在欧美为代表的主流电影文化之外，虽然亚洲除中国外还有印度、日本、韩国、伊朗，以及南美洲一些国家的电影发展，但从文化和艺术影响力层面还很难构成独立的一极。"第三极电影文化"理论认为，拥有100多年历史的中国电影文化，可以构成欧洲电影文化和美国电影文化之外的"第三极电影文化"。"第三极电影文化"所弘扬的理念与情怀，正是中国传统文化以"和谐"为基石的价值观，体现了人类在现代文明进程中一种新的文化范式与风采。

　　对中国电影而言，在坚持民族文化主体性前提下，根据时代和社会发展需要，吸收、借鉴、融合包括欧洲电影文化、美国电影文化在内的各种电影文化，不断丰富、发展和创新中国电影文化，使电影这种艺术形式更好地反映"第三极文化"所代表的核心价值和民族精神，发展、倡导和弘扬"第三极电影文化"，显然是从电影大国

---

　　① 黄会林、刘江凯：《文化多样性与命运共同体：中国作为"第三极文化"的思考》，载《民族艺术研究》，2017年第1期。

走向电影强国的必由之路。将中国美学的视听语言表达融入国际话语体系中，融入过程中带着鲜明特色与主体性，既不是融没，消失不见，又不是取而代之，而是成为全球话语中的一极，发挥建设性作用。独立而又协调，有所区分，但又彼此连接，呈现为文化的共同体。这是中国电影文化的理想，也是世界电影文化的未来理想。用民族影像联通世界，用世界语言讲述中国故事，才是中国电影国际传播的发展之道。

可以从中国两部世界级影片《长城》（2016）和《流浪地球》（2019）展开讨论。

《长城》是中美合拍的规模最大的电影，完全按照好莱坞的电影工业体系营造出的高概念、高投入、高科技的世界级电影，直接进入好莱坞的全球电影发行网络。故事取材于中国经典古籍《山海经》，创意和故事的主体设计来自好莱坞。"饕餮"这个银幕怪兽的创造出自好莱坞制片人和众多好莱坞编剧之手，熟悉又陌生，既是中国传说的，又是好莱坞怪兽片家族新成员（异形、狼族、哥斯拉、恐龙等）。张艺谋是被好莱坞请来讲这个故事的人，第一次完整地尝试用好莱坞模式讲述中国故事，他与好莱坞是一种互动和互补的关系。张艺谋在影片里高密度地置放中国元素，塑造了一个中国主体的"拯救世界"的传奇故事，试图借用好莱坞的设备、技术、市场，向世界输出属于中国的文化与价值观。但观众和评论界对这种极致化展示中国文化元素的做法形成了截然不同的观点，这也成为张艺谋和影片被诟病的原因之一；特别是在中国内地，张艺谋因此被媒体和网络猛烈抨击。令人大跌眼镜的是，这部号称"用好莱坞模式讲述中国故事"的影片遭遇的最严厉批评之处恰恰是好莱坞模式。对于这部由好莱坞主导的中国题材影片，很多人质疑马特·达蒙这个白人扮演的拯救者的角色，为什么一个西方人成为中国的拯救者，为什么中国人自己不能完成这个工作？显然，尽管好莱坞试图引导人们仅仅将《长城》视为娱乐品，即所谓的"爆米花"电影，更多评论者和观众则很严肃地探讨影片的文化主题——好莱坞模式与中国文化主体性的问题。好莱坞模式并不是个通用的公式和简单套用的形式；好莱坞有其特定的文化背景，所谓好莱坞模式也是以这种文化背景为基础的。《长城》是一部由中国导演完成的好莱坞电影，张艺谋试图以一种妥协或者回避的方式解决合作中可能存在的文化矛盾与冲突，但并不意味着文化冲突不存在。很多人因为张艺谋，而误认了《长城》是部中国电影，张艺谋其实是在为好莱坞模式背黑锅。这从反面恰恰证明了电影文化的独立性和主体性问题。中国电影要发展，应该坚持自身文化的根性，要有独立的价值和世界观。《长城》实际的叙事时间只有 90 分钟，这或许是国际大片中篇幅最短的。观众对《长城》最不满的地方，全片都在打怪兽，张艺谋和《长城》在叙事中似乎忽略了一些内容。有人曾设想，影片中中国女将军林梅和西方人马特·达蒙在一起会怎样？据说原剧本本有这样的设计，但被张艺谋坚定地取消了。《长城》最薄弱的地方，就是情感和人性的接触，只凭一些东方色彩和符号，是很难承载中国文化走向世界的。

《长城》获得了前所未有的发行空间，抵达了世界上很多国家和地区，这是中国电影发行自身暂时无法实现的。张艺谋借船出海的文化走出去战略，是一种值得肯定的模式，首先要成为国际交流的一个部分，再谋取更理想的效果。自然，自觉的文化立场是不能放弃的，这恰恰是根本性的。

而《流浪地球》的出现可以被看作中国电影走出去的关键节点，探索了走向国际视野的中国电影应当具备的基本要素。《流浪地球》抛弃了以往中国电影对宏大主题、空洞符号奇观的过分强调，放下了原来的那种过分拘泥的东方本位视角。影片试图寻找全人类共同追寻和坚信的人性光辉与伟大之处，探寻未来灾难世界中东西方价值观念互相理解、共同升华的可能，这是一种求同存异的尝试，作为一部国产电影最大限度地接近了中国和西方在价值观层面上的共性。例如，《流浪地球》强调了个体家庭中情感的真挚，直面人物角色内心深处最根本的执念，并将这种执念同宏大故事主题中的"牺牲"真实地融合在一起，每一个主人公的挣扎和离开都是有意义的，他们的选择和主动性在东西方价值体系中都能够找到合理的逻辑解释，人物和故事并不是飘荡在电影文本中不着边际。电影的制作组设计了很多接地气且令人动容的细节符号，例如，母亲对儿子温暖的叮嘱，伴随着刘培强走向生命终点的那张全家福，每一句都彰显着人性正义的非标准普通话台词，等等。《流浪地球》以更加广阔的视野去描绘中国文化价值观念与世界接轨融合的可能性。

《流浪地球》在一定程度上体现了中国国家意志和体制优势，在全球灾难事件面前，观众感受到了人类科技在集体信念统筹调度下的秩序与效率。在《流浪地球》的救援道路上，家国传承、精神使命在中国这片古老而传统的土地上以一种从未想象过的手段——国产科幻，被凝结和释放出来。这种意念同西方电影中表现的个人英雄主义不同，《流浪地球》实际上是用科幻的外衣讲述了中国历史上每一个刻骨铭心的灾难时刻，它可以是汶川地震等任何一个中国人挣扎前行的真实案例。以《流浪地球》为起点，中国人民在面对灾难时的那种坚韧品质将会成为海内外观众尝试理解中国国家意志，正视中国体制优势，了解中国文明内核的重要桥梁。

《流浪地球》在国内外的传播也有良好的反响，它的成功包含着新IP的转换和高超的影视技术制作水平，达到了国际化水准。在价值观的表达方面，它充分体现了民族性与国际性的相融合，一是表现出中国传统价值观里的"愚公移山"精神，故土与家国情怀的集体主义；二是也展现了人类命运共同体这一涉及全球全人类的共同话题。

由此可见，中国电影是可以在本身的内容制作上下功夫，在借鉴前人优秀案例的基础上，探索出一条新的叙事道路。中国电影创作者应拓宽视野，从本土文化中汲取养分与灵感，尽力开拓电影类型与题材，保证中国电影市场能带给观众更多分层化与多样化的选择。除了在电影中呈现受海外认可的长城、中医、茶、武术等中国文化符号外，中国电影还应更加重视现实主义题材的创作，以强烈的戏剧冲突塑造故事性与典型性，以时代特点讲述集体记忆，以立体的人物塑造直击观众内心，从中找寻能够引起海内外观众共鸣的情感与价值观念。

习近平总书记高瞻远瞩地提出了"共同构建人类命运共同体"的

世界发展方向，打出了中国引领时代潮流和人类文明进步的鲜明旗帜。影片《流浪地球》成功地将"人类命运共同体"的合作理念传播给世界，实现中国电影的跨文化传播从文化折扣走向文化共鸣，并且中国政府对电影产业的积极扶持也推动了中国电影的国际传播。中国电影应该在承认文化差异性的基础上，努力挖掘文化接近性，消除明显的意识形态隔阂，尊重多元文化的碰撞与交融，只有找到了不同文化间的互通点，才能引发全球观众的情感共鸣。

王宜文，北京师范大学艺术与传媒学院教授。本文系黄会林教授主持的国家社科基金重大项目"当代中国文化国际影响力的生成研究"（批准号：16ZDA218）电影子课题的阶段性成果，课题组成员还包括杨歆迪、李雅琪、孙子荀、王艳等

当代中国美术国际影响力生成资本论

梁　玖

目前讨论当代中国美术国际影响力生成资本论，有两个可以明确起来的前提内容，首先，当下讨论中国美术国际影响力生成是一个最好的时机。这个"最好的时机"体现在四个"得力于"的内容上，其一是得力于中国社会有了不断的新发展。"中国特色社会主义进入新时代""拥有团结奋斗的强大政治凝聚力、发展自信心""完成脱贫攻坚、全面建成小康社会""坚定不移扩大开放"，[①] 以及经过疫情这几年的世事风雨，世界格局发生了很大的变化，中国人自己看自己和看世界的心态、思维也发生了重大变化。以前是我们"要"自信，我们现在的确是自信了，真正有了基于文化自信的中国特色社会主义道路自信、理论自信、制度自信，这一点是非常重要的，尤其是在思考如何进一步促进当代中国美术国际影响力生成这个老议题的时候。其二是得力于确信了中国艺术文化价值。随着对中国自身文化价值的重新认识，如今国人对中国自己的艺术文化不再有往昔那种因缺乏真正认知而显现出的轻视状态，这就为提升当代中国美术国际影响力奠定了物质基础和心理

---

① 习近平：《高举中国特色社会主义伟大旗帜 为全面建设社会主义现代化国家而团结奋斗》，载《人民日报》，2022-10-26。

基础。其三是得力于有了鲜明和正确的当代中国社会思想。把习近平新时代中国特色社会主义思想称为"中国当代社会思想"是非常重要的，它让中国人在纷繁时局中有一个正确的方向，有不怕风雨的定力，有"共克时艰的磅礴力量"，实践证明有了主心骨才能够汇聚完成任务目标的能力，忽视这一点是做不好当代中国美术国际影响力生成这个复杂工程的。其四是得力于外界认识中国的愿望和窗口不断扩大。2022 年 12 月 1 日，欧洲理事会主席米歇尔来访，他就认为"当前国际形势和地缘政治正在经历深刻复杂变化，国际社会面临诸多挑战和危机。中国不搞扩张，是维护联合国宪章宗旨和支持多边主义的重要伙伴……欧盟愿做中方可靠、可预期的合作伙伴"[1]。以及 2022 年 12 月在沙特阿拉伯首都利雅得举行的"首届中国-阿拉伯国家峰会、中国-海湾阿拉伯国家合作委员会峰会"等，就是当今外界对中国态度的一个缩影[2]，尽管荒野的杂音时时都有，但在中国与世界彼此需要中，在"和平、发展、合作、共赢的历史潮流不可阻挡，人心所向、大势所趋决定了人类前途终归光明"的时代主潮界定中，在中国坚持"推进高水平对外开放"的国家发展战略中，在持续"致力于推动构建人类命运共同体"实践与诉求"更好惠及各国人民"的理想中，[3] 当代中国美术国际影响力生成之事必将有新的发展空间。

其次，如何基于条件守正创新地做好生成当代中国美术国际影响力工作是当下的基本任务目标。在探寻进一步拓展性提升当代中国美术国际影响力的过程中，第一，务必坚持守正创新的基本原则，包括"五大坚持"内涵：坚持人类命运共同体理念、坚持当代中国美术的责任和理想视点、坚持针对中国美术国际传播目前还存在不被理解的问题、坚持赢得论的研究与实践、坚持当代中国美术国际影

---

① 《习近平同欧洲理事会主席米歇尔举行会谈》，载《人民日报》，2022-12-02。

② 刘华、郝薇薇、吴中敏、胡冠：《开启中国同阿拉伯世界关系新时代》，载《人民日报》，2022-12-13。

③ 习近平：《高举中国特色社会主义伟大旗帜 为全面建设社会主义现代化国家而团结奋斗》，载《人民日报》，2022-10-26。

响力生成资本论。这里的资本，是指一种存在的资源价值、实现目标条件与手段。资本论，则是指主张运用条件资源与方式的观点。当代中国美术国际影响力生成资本论系统包括能力资本、意志力资本、理想资本、经验资本和工具资本。第二，清醒认识当代中国美术国际影响力生成的内在"三大内涵命题"。提升当代中国美术国际影响力既是新时代中国美术学科的一个基本专业命题，也是当代中国发展的命题，又是证明和标识中国式现代化成形的命题。第三，主张以确立"用其道开吾道"思想和中国美术"坐地而动"生成影响力观点提升当代中国美术国际影响力生成的水平与品质。总之，正确认识条件、任务、目标，充分运用一切资本开创性促进当代中国美术国际影响力的生成是中国发展的恒定使命，诉求"中华文化影响力不断增强"，[①] 也是中国未来的发展目标。

　　基于现有的当代中国美术国际影响力生成实践经验与事件意义，现实国际格局与科技环境，以及诉求当代中国美术国际影响力生成的理想与既有条件，至少可以探明和提供给当下和未来超越既有界限，获得生成当代中国美术国际影响力的五个新可能认识结论。

一、提升和释放当代中国美术国际影响力生成的能力资本

　　美术文化是由美术之道术学与方术学构成的视觉知识体系，当代中国美术国际影响力生成的前提和确信条件，一是中国美术自身具有能力，二是要着力提升和释放当代中国美术国际影响力生成的能力资本。

（一）确信当代中国美术能力资本及其内涵

　　能力资本是指将确保完成特定活动本事当作一种条件资源与方式，缺乏能力资本就会缺乏完成活动的力量。确信中国美术文化＋确

信中国美术人＋确信中国美术价值，是当代中国美术能力资本的基本内涵，它是当代中国美术国际影响力生成的基本前提、是行为的根本。

当代中国人、当代中国美术家是有自己的文化创造力与不可替代的学科价值，这为创造出值得传播分享的当代中国美术作品、生成当代中国美术国际影响力提供了确信和确保的基本条件。只要不丢掉这个关于生成当代中国美术国际影响力的基本认识资本论，始终都会生成当代中国美术国际影响力。而今的中国不仅是打开了生成当代中国美术国际影响力的茅塞，而且开辟了增强自己自信的路。

（二）展示当代中国美术能力资本的内涵与目标

展示当代中国美术能力资本的内涵与目标是呈现中国式美术。呈现中国式美术＝传统中国美术＋当代中国美术＋分享中国美术＋资助他者美术。

首先，诉求全面呈现性分享。当代中国美术能力资本不是一个平面的存在，是一套完整的整全系统，在提升和释放当代中国美术国际影响力生成能力资本的过程中，不能仅仅让某一单一的方面予以呈现。同时，呈现的时候要注重中国的美术知识体系与价值的传播。如，笔走龙蛇——书法，是指中国美术中的书法艺术；栩栩如生——剪纸，是指中国美术知识体系中的民间美术文化；精妙绝伦——瓷器，是指中国美术中的工艺美术等具有个性化的内涵。

其次，确立和用好"用其道开吾道"思想。中华文明不仅一直确信"万物并育而不相害，道并行而不相悖"的和睦相处思想，而且坚持和倡导世界各国弘扬和平、发展、公平、正义、民主、自由的全人类共同价值，主张以"第三极文化论"，期望在传播中华文化的进程中，作出能"促进各国人民相知相亲，尊重世界文明多样性，以文明交流超越文明隔阂、文明互鉴超越文明冲突、文明共存超越文明优越，共同应对各种全球性挑战"[①]的实在贡献。虽说美术不等同于

---

① 习近平：《高举中国特色社会主义伟大旗帜 为全面建设社会主义现代化国家而团结奋斗》，载《人民日报》，2022-10-26。

"美的艺术",但"真好看"是美术诉求的本质,包括可见性"真好看"的样式存在,和不可见"真好看"的价值存在。"用其道开吾道"思想,是指主张用彼此认可"真好看"的内容来传播自己美术文化的观念,包括美术揭示和体现"反对种族歧视＋反对文化歧视＋反对压制人权＋反对虚伪＋共生价值站位"等内涵,以此获得基于彼此认知"最大共性"的传播力量,西方人不是最愿意说他们站在什么制高点上吗?你反对种族歧视,我也坚决反对种族歧视,你反对文化歧视,我也坚决反对文化歧视,你反对压制人权,我也坚决反对压制人权,不仅如此,我们还特别反对虚伪、欺诈和国际霸凌行为。何况中国古有"天下为公"思想和今有"人类命运共同体"思想,中国还坚持致力于"坚持对话协商,推动建设一个持久和平的世界;坚持共建共享,推动建设一个普遍安全的世界;坚持合作共赢,推动建设一个共同繁荣的世界;坚持交流互鉴,推动建设一个开放包容的世界;坚持绿色低碳,推动建设一个清洁美丽的世界"①。"用其道开吾道"思想,是促进和提升当下和未来当代中国美术国际影响力生成中不可忽视的程序性方法观念。

最后,确立和充分实践中国美术"坐地而动"生成影响力观点。研究当代中国美术国际影响力生成论需要从原理上思考。比如,为什么要去影响?要形成怎样的影响力?有什么可影响的?不单纯是美术的事(复数论),是否要注重立场与利益?因此,基于关键存在、美术的社会形态发展、彼此切身利益等因素,在当下和未来的中国美术国际影响力生成论中,应当确立起"坐地而动"生成影响力观点。"坐地而动"生成影响力观点,是指主张把当代中国美术建构成为具有"专业门店"与"连锁分店"品质与价值的存在生态。我们中国美术如何形成一个台风式的、龙卷风式的影响力存在,是值得好好研究的课题,真正建构起了"酒好不怕巷子深"的全球瞩目标识存在,成了台风式的、龙卷风式的影响力存在,人人都想来看新奇的中国视

---

① 习近平:《高举中国特色社会主义伟大旗帜 为全面建设社会主义现代化国家而团结奋斗》,载《人民日报》,2022-10-26。

觉艺术。比如，我们用不着天天想"如何把长城抬着漂洋过海去给人家看"，而是轰轰烈烈地、高品质持续创生出当代中国美术文化的"长城式"景观，形成让人拒绝不了的传播态势，如是，中国的美术国际传播才真正有底气、自信和自然生成影响力。确立中国美术"坐地而动"生成影响力观点，就是要避免让当代中国美术成为"流浪"乞讨式传播状态与钝感力影响状态。中国美术国际影响力生成论中也需要建构明晰的"需要"与"价值"重合使然的资本思想与方法。在外化实施中国美术"坐地而动"生成影响力观点过程中，诉求基于赢得论的"赢得的'2＋2实施方法'＋辨真伪＋中国善良＋欣赏（不是代替＋不是寻求冲突）"是基本方法和策略。

赢得论，是指当代中国美术文化在国际传播中以作为价值和学术魅力获得他者由衷欣赏的观念。赢得的2＋2实施方法，是指诉求将"适宜＋不适宜"与"专业＋大众"进行区分性传播与影响。人类总是有共性的，中国也是世界＝你在其中，我也在其中，因此，在具体传播当代中国美术的活动中，要认真区分"适宜＋不适宜"的对象、内容与方法，要将美术的专业内容与非专业内容同"专业对象与大众对象"区别开来，这样才会有更广泛的适切性和影响力，一刀切式的传播方式是不会生成理想效果的，毕竟不是所有"美好的事物"都会被人看见和爱的。总之，真正让他者通过当代中国美术文化能够直面感知到中国善良和欣赏到中国美术的魅力，除了居心叵测之人的不良动机之外，是会给予尊重和善待的。

总之，提升和释放当代中国美术国际影响力生成能力资本是持续实施传播当代中国美术生成国际影响力的首要条件。

二、增强外化当代中国美术国际影响力生成的意志力资本

持续实施传播当代中国美术生成国际影响力不仅需要自信力，而且需要有明确目的的意志力，这是确信传播与影响力生成的不可缺失的基本条件。"继续推进实践基础上的理论创新""推动构建人类

命运共同体，创造人类文明新形态""不信邪、不怕鬼、不怕压，知难而进、迎难而上，统筹发展和安全，全力战胜前进道路上各种困难和挑战，依靠顽强斗争打开事业发展新天地"，① 这些都是中国当下和未来促进当代中国美术国际影响力生成的意志力内涵。

（一）确信当代中国美术意志力资本及其内涵

17 世纪荷兰哲学家巴鲁赫·斯宾诺莎认为意志力是"精神力量"的一种重要内涵，所谓意志力是指每个人基于理性的命令努力以保持自己的存在的欲望而言。② 意志力资本，是指将确保完成特定活动执着品质当作一种条件资源与方式，缺失意志力资本，是缺失完成活动信念的表现。确立起"主动＋开放＋执着＋明确目标＋适时调控＋诉求高品质化"等意识、观念、方法，是意志力资本的基本内涵。

当代中国的美术家是有成就、有自信、有能力、有责任、有贡献和敢于持续走向与走进他者生活世界的意志，这种关怀人类、予人仁爱、真诚奉献分享的意志，是持续生成当代中国美术国际影响力不可替换的不竭动力。一方面，在美术创作上呈现了执着的、系统性的研究与创造表达。比如，天津美术学院油画系第一工作室主任祁峰教授在谈到自己的美术创作实践时就讲："艺术创作是艺术家的生命体验转换为艺术呈现形式的过程。（从 2006 年）……到现在为止（的创作阶段）是三个。一个是架上绘画的《云》这一系列作品，然后接下来是一个观念性的作品《观自在云》，现在正在进行一个新的系列作品，暂时还没有明确的题目，也都没有全部最终完成，还在摸索之中，在这个作品中也有云的元素出现了。"③另一方面，在美术文化的内传播上，于现代传播方式、作品呈现方式和大众影响力上，实现了创造性转化和创新性发展。北京卫视创设的"大型文化类

① 习近平：《高举中国特色社会主义伟大旗帜 为全面建设社会主义现代化国家而团结奋斗》，载《人民日报》，2022-10-26。
② ［荷］斯宾诺莎：《伦理学》，贺麟译，北京，商务印书馆，1983。
③ 祁峰、吴洁：《观看与呈现方式的内在探索——祁峰艺术创作访谈实录》，载《天津美术学院学报》，2022 年第 2 期。

慢综艺节目"——《书画里的中国》就是很好的一个范例。① 《湖北美术学院学报》也创设有"美术与传播",以及"全球史视野下"的"美术文化交流与本土化"研究专题的栏目。

实践证明,当代中国美术家只要牢记自己的时代使命、充分释放个体美术智慧、关怀人类、分担历史责任、创造卓越、敢于走出去、真诚奉献分享,当代中国美术一定会在丰富他者美术世界过程中生成强劲的国际影响力。

(二)展示当代中国美术意志力资本的内涵与目标

尽管当前,新冠疫情影响深远,逆全球化思潮抬头,单边主义、保护主义明显上升,世界经济复苏乏力,局部冲突和动荡频发,全球性问题加剧,世界进入新的动荡变革期,② 但是,当代中国美术国际传播工作是不会停步的,因为"中国坚持对外开放的基本国策,坚定奉行互利共赢的开放战略,不断以自身新发展为世界提供新机遇"③,因此,中国一直将致力于通过美术文化为推动人类生活美好而作出自己的重要贡献。

展示当代中国美术意志力资本的内涵与目标是呈现中国式美术。中华视觉、表现未知视觉形式、关怀人类、分担历史、予人仁爱、精神力量、真诚奉献、高品质分享,是"呈现中国式美术"的核心内涵。

从中国美术存在论视点看,"专业＋相关＋魅力＋道德＋生活＋意义＋价值"是中国美术的系统内涵。因此,只要执着地、高品质地、有区分地持续传播"真好看"的中国美术文化,当代中国美术国际影响力必然会自然生成。

---

① 徐怡恒:《传统书画艺术呈现方式的现代转换——以北京卫视〈书画里的中国(第一季)〉为例》,载《艺术评论》,2022 年第 9 期。

② 肖新新、张梦旭、强薇等:《共创开放繁荣的美好未来(2022·年终专稿)》,载《人民日报》,2022-12-24。

③ 同上。

三、晋级性释放当代中国美术国际影响力生成的理想资本

不忘提升当代中国美术国际影响力的初心，与晋级性推进当代中国美术国际影响力生成是有机的一体之事。

（一）确信当代中国美术理想资本及其内涵

理想是个人和群体的一种期待基于之后顶格需求满足心理。理想资本是指将确保完成特定活动需求满足当作一种条件资源与方式，缺失理想资本会失去完成活动最根本的内在动力。比如，在诉求美术的国内传播过程中，有在我们的美术馆内举办钢琴独奏会或音乐演唱会的意识、设施和活动，就是关于美术文化传播和影响力生成的一种理想。

给予能满足对美术文化的憧憬——真好看＋善美＋神圣＋空灵＋心灵之爱，是当代中国美术理想资本的基本内涵。孟子在回答"何谓善？何谓信？"时讲"可欲之谓善。有诸己之谓信。充实之谓美。充实而有光辉之谓大。大而化之之谓圣。圣而不可知之之谓神。乐正子，二之中、四之下也"。

中国文明之始就具有和平、奉献的理想、思想与能力。《尚书·尧典》开篇就说帝尧放勋是具有"克明俊德，以亲九族。九族既睦，平章百姓。百姓昭明，协和万邦。黎民于变时雍"的思想、品格和能力。当代中国美术的国际影响力生成工作从起步的那一天起，就不是单边主义的意识与行为，而是为了交流互动和提供他者可分享的另一种美术文化，这也是传播当代中国美术生成国际影响力的理想。

在当今，中国基于自我提出当代中国美术的国际影响力生成的诉求，更是为了切实地践行构建人类命运共同体理念，而不是为了引发人类矛盾或新的冲突。

（二）展示当代中国美术理想资本的内涵与目标

认知和分享中国美术提供的人生价值＋生活价值＋专业价值，

是充分实践渐进性释放当代中国美术国际影响力生成理想资本基本内涵与目标，其中的核心是提供能满足对美术文化的新憧憬＋通过中国美术文化生成的个人美好愿景。

中国美术文化有自己的一套学理逻辑和实践内涵，在传播当代中国美术生成国际影响力的过程中，不断让他者直面感知和深刻认识到其中的美好，必将是彼此共赢之事。这一点仅从《庄子·达生》所论"梓庆削木为𫓧"的描述中就能够得到证明，庄子揭示了作品创作的目标与效果应当是"见者惊犹鬼神"。达此目的的态度与方法是"必齐以静心"和"辄然忘吾有四肢形体也"，最后成就为"以天合天。器之所以疑神者"的高级创造价值。在当下，中国美术人不仅是心中有数地有自己的美术创造取向，而且是有自己内在深沉的美术理想。比如，天津美术学院贾广健院长在论及我们身边的美术大家的时候就说："我们继承传统，固然需要继承形式、风格、技术、手段等等传统的'内容'。然而，当艺术面对现代科技对人类经验世界的改造，各种思潮与价值取向流布，择取传统中有益的精神资源，让艺术给予现实以人文关照，点亮时代理想的火炬而前行，便显得尤为重要。"[1]

总之，无论是在初心中，还是晋级性推进当代中国美术国际影响力生成，都不能缺失和忽视传播当代中国美术生成国际影响力的理想资本价值。

四、充分运用当代中国美术国际影响力生成的经验资本

在新的时期，如何才能蹄疾步稳地有效推进当代中国美术国际影响力生成，必须重视和充分运用已有的经验资本。事物存在与运动都有一个历史性变化内涵，在晋级性探究推进当代中国美术国际影响力生成的过程中，对原有工作经验和教训的吸取是一个重要的

---

[1]　贾广健：《我们身边的大家》，载《天津美术学院学报》，2021 年第 6 期。

事情，它不仅是一笔重要的知识财富，而且是重要的方法。

（一）确信当代中国美术经验资本及其内涵

人的生活方式和人类行为模式，总是基于自在经验而成形的。虽然存在的高质量发展不仅仅取决于既有经验，但是，要获得高质量发展，也不可缺失对既有经验的观照。一句话，对当代中国美术国际传播和影响力生成的经验不能忽视、对待历史不能冷漠。经验资本是指将确保完成特定活动的认知当作一种条件资源与方式，缺失经验资本是会提升完成活动风险的。确信有一套方法，并确信可以更好，是经验资本的基本内涵。

新时代更强劲的当代中国美术国际影响力生成不仅是可能的，而且是已经存在的事实，还会做得越来越有意义、越来越好，尤其在中国综合国力增强、国际地位不断提升和对国际贡献力度增大的今天，以及在信息技术更新发展的时期，当代中国美术国际影响力生成的视野会不断拓宽，将既有经验事实转换为理论的意识会更加明确，途径和办法也会越来越多。只要把握好国际国内的各种时机、善于调用自我的系列资本条件，当代中国美术国际影响力生成的新可能就将不断出现。

（二）展示当代中国美术经验资本的内涵与目标

充分运用中国美术经验资本的内涵与目标是在呈现中国式美术上诉求"更有办法＋可靠＋有价值"，核心就是明确基于历史教训的更有办法。"没有什么疼痛不会过去的，眼前的疼痛也是一样。"[1]这就是一种基于历史分析现实存在得出的有价值的学理结论。当下及未来任何时候的中国美术国际传播与影响力生成活动，都不可忽视历史视域的经验内容。

为了传播当代中国美术生成国际影响力的办法更经济、更有效率、更能达成理想的状态，不仅要有基于历史思维和经验、走出经验的重要意识，而且要善于积累新的经验，直至能够在丰富经验的

---

① 阿来：《尘埃落定》，337 页，杭州，浙江文艺出版社，2020。

基础上，生成一套更具有理论原理的完整知识体系，以传播当代中国美术的国际影响力，包括国际影响力思想、观念、学理、程序技术路线、发展战略、学术研究等知识系统，确保当代中国美术在持续传播中更好地提升其国际影响力。

五、诉求和落实当代中国美术国际影响力生成的工具资本

如何真正确保当代中国美术有突破性传播、当代中国美术国际影响力取得历史性提升、形成标志性事件成果，这些都是需要不断研究的事项，其中，思考和探寻最新的有效的工具资本是一个不可忽视的重要内容。

(一)确信中国美术工具资本及其内涵

人类在实现某些特定目标活动过程中，是必须借助于一定工具的。工具资本是指将确保完成特定活动手段当作一种条件资源与方式。缺失工具资本将增加不必要的活动障碍。方法、技术、程序、更新，是工具资本的基本内涵。

人类一切文明新形态的不断丰富和发展都离不开工具这一资本，尤其是在信息时代，不断产生的科学技术都在客观上提供了当代中国美术国际传播的新可能性，随之为提升当代中国美术国际影响力提供了工具资本。因此，如何前瞻性关注一切可以为当代中国美术国际影响力生成提供可能的方法、技术、程序等凭借和手段，就成为推进当代中国美术国际影响力生成的新命题和新任务。事实上，诸如 AI 美术表现等利用人工智能的美术创作活动已经拓展了美术的边界，为美术文化的新生提供了新的可能性与新的样态，这也就为促进当代中国美术国际影响力生成提供了新的资本力量。

(二)展示中国美术工具资本的内涵与目标

在诉求和落实当代中国美术国际影响力生成工具资本的过程中，"守候＋运用＋多形式＋多方式＋达成目标＋获得实在"地呈现中国

式美术是基本的内涵与目标。

　　工具在本质上只是完成活动的凭借，而不是目的本身，因此，灵活运用工具、充分完成任务目标、干得漂亮、达成心愿，是工具资本的根本价值。

　　总之，无论从理想逻辑，还是从现实逻辑及能力意志逻辑来看，加强对当代中国美术的国际影响力生成"资本"的研究，既是一个具有学理意义和现实价值的命题，又是具体推进当代中国美术国际影响力生成的新方法。

　　综上所述，讲资本、用资本、成资本是当代中国美术国际影响力生成资本论的重要内涵，而当代中国美术国际影响力生成资本论，是持续推进当代中国美术国际影响力生成策略中不可忽视的重要学理与方法。讲资本，就是必须重视获得传播当代中国美术生成国际影响力的条件资源；用资本，就是诉求将一切有助于传播当代中国美术生成国际影响力的资本发挥最大价值；成资本，就是诉求把提升传播当代中国美术生成国际影响力的存在，转变形成一种自身资本与一种他者资本。当代中国美术国际影响力生成本身就是一种重要的中国文化资本。一句话，当代中国美术国际影响力生成的资本越来越丰厚的演变过程，就是当代中国美术国际影响力得到了不断提升的过程。

作者系北京师范大学艺术与传媒学院教授

关于中国当代文学海外传播学科与跨学科的思考

刘江凯

关于中国当代文学海外传播的思考，我想研讨的是它的学科问题。这一问题，是我从 2009 年做中国当代文学海外传播研究时就开始思考的。2015 年回到北京师范大学后在更多基础研究、实践项目、课程教学后，大约在 2020 年前后有了相对成熟的思考，并将之撰写成文，发表在《扬子江文学评论》2022 年第 5 期，引发了包括海外汉学（中国学）、翻译学、中国当代文学等不同学科相关专家的关注。学界同人表示愿意参与研讨该话题。

我想从三个方面向大家汇报我的思考。

一、提出中国当代文学海外传播学科
问题的价值和意义

明确提出中国当代文学海外传播的学科问题，是因为这一问题不仅对中国现当代文学的学科建设构成了事实上的边界与问题意识的拓展，而且对其他如比较文学、翻译学、传播学、海外汉学等参与学科或研究领域带来了对话可能。如果我们将这一问题纳入近年来国家推出的"双一流"、

新文科建设和交叉学科设置与管理办法的视野中，尤其是在国家加强国际传播工作，提升中华文化国际影响力，发展中国特色社会主义文化总体背景下，这个问题就不仅仅是单一的学科建设问题，或者发展新兴交叉学科的理论问题，也可能对当代中国文化与教育发展等更为宽广的问题具有特殊的示范意义和重要的参考价值，还是一个如何用教育的方式服务国家文化国际传播的战略问题。

二、中国当代文学海外传播面临的学科困境

中国当代文学海外传播作为近年来一个新兴热点研究领域，存在兴起时间短暂、研究内容跨界、前期积累薄弱、参与人员混杂、研究成果和方法不成熟、相关教学和研究体系不完善等问题，在参与的相关传统学科中，都处于相对边缘的位置。

多学科参与的局面也让它的学科问题"在每个领域都沦落为边缘话题或附属演练对象，一定程度上耗散了它本应深入探查的许多问题，形成了在各领域都一直存在却始终难成气候的研究局面"①。近年来当代文学海外传播研究的发展动力更多地源自热点效应和国家文化政策，"相对缺少来自学科内部严谨的学术价值与方法方面的讨论，主流学界往往将其视为一种边缘的附属产物"②。

对待当代文学的海外传播，国内部分主流作家和学者在思想上还有一道较为普遍的隐形"长城"把海外和国内隔离开来，海外传播和传统当代文学相比，是中心和边缘的关系，是国内主场之外的客场，是一个"附录"式的存在。此类惯性思维导致海外传播和相关学科的关系高度模糊，这些都极大地限制了海外传播的贡献空间。

中国当代文学海外传播虽然每年都有相当数量的研究成果涌现，

---

①　刘江凯：《影响力与可能性——中国当代作家的海外传播》，载《文艺研究》，2018年第8期。

②　刘江凯：《世界经典化视野下的中国当代文学海外传播研究反思》，载《文学评论》，2019年第4期。

但多数是各参与学科立场与方法的演练，成果多聚集于当代文学海外传播的翻译、形象、策略、方法等，或者是作家作品的案例及延展问题的研究，几乎没有看到学科发展角度的思考。

三、中国当代文学海外传播作为学科和跨学科发展的可能

中国当代文学海外传播和现有国家学科分类里的诸多学科关系紧密，如文学里的中国现代文学、比较文学，语言学及应用语言学里的翻译学，新闻与传播学下的国际传播、跨文化传播等。

它的学科问题可以有"向内""向外"两个方向的发展。"向内"是作为以上学科的新兴研究领域，扩展并充实这些学科；"向外"则是作为新兴交叉学科的组成部分，发展出一片广阔的新天地来。并且这两个方向不但可以同时展开，而且可以互相促进。应该说，2018年教育部的"新文科"建设，2021年国务院学位委员会印发《交叉学科设置与管理办法（试行）》以及 2021 年 5 月 31 日中央政治局的集体学习关于加强国际传播工作的国家战略需求，都给中国当代文学海外传播"向外"作为新兴学科的发展可能提供了有利的土壤和保障。

从理论的倡导到学科体系的实践创立并非易事，但"国际文化交流"方向的交叉学科确实可以为中国提升国际文化影响力提供持续稳定的教育支撑。据我们多年的研究，相对于新时代、新形势下巨大的国际文化交流传播的实际变化与需求，现有国内高校国际文化交流传播，尤其是人文艺术类科研和教育体系存在传统涉外专业科教体系难以紧跟时代发展的新要求，新型科研体系发展滞后且分散，融创型教育体系基本空白，新型科研和教育体系互相脱节等显著问题。近年来，虽然很多大学可以短平快地成立国际传播类的研究机构，却很少有高校从学科体系发展角度进行长远布局。与国家加强国际传播工作、提升中华文化影响力重大持久的战略需求相比，我们以为如果缺少高校层面体系性的学科教育支撑，恐怕从理论到实践的逻辑上都存在着明显的薄弱环节。当一项工作的所有相关要素

都在那里时，唯一需要的就是有一小批有远见卓识和非凡魄力的人聚拢在一起探索和改变这个世界。

作者系北京师范大学副教授

关于提升中国工业设计国际影响力的一些思考

王　艳

　　工业设计作为工业制造周期的核心环节，既影响着国家制造业的发展方向，也左右着国家工业升级转型的质量和水平。随着"中国智造""中国创造"概念的提出，国家"十四五"规划提出要制定科技强国行动纲要，我国工业设计迎来了新一轮发展的机遇。同时我们也要看到，目前我国工业设计仍然面临缺乏文化内涵、地区和行业发展极度不平衡的问题和现象，如何在当前提倡"校企结合""产学研媒合作"的大背景下，发展和塑造属于中国自己的工业设计，提升中国工业设计的国际影响力，是迫切需要解决的问题。本文将从当前我国工业设计发展的政策背景、发展过程中面临的问题与挑战、发展工业设计的四个需要、实践案例四方面，基于前期调研结果和实际工作经验，分享几点关于提升中国工业设计国际影响力的路径和策略的思考。

一、当前我国工业设计发展的政策背景

　　2021年4月，习近平总书记在清华大学考察时强调，美术、艺术、科学技术要相辅相成，要

相互促进，要相得益彰，要把美术的成果更好地服务于人民群众的高品质需求，要增强文化自信，以美为媒加强国际文化交流。2021年11月以来国务院相关机构印发的若干指导文件也指出，要提升工业设计附加值，发挥国家工业设计中心、国家工业设计研究院等机构的作用，激发设计成果转换动力和活力。国家"十四五"规划纲要也提出，要制定科技强国行动纲要，健全社会主义市场经济条件下新型举国体制，打好关键核心技术攻坚战，提高创新链整体效能，推进科研院所、高等院校和企业科研力量的优化配置和资源共享。

二、我国工业设计发展过程中面临的问题与挑战

在探讨如何发展我国工业设计前，我们仍要清楚其面临的诸多问题和挑战。

首先，我国工业设计产业整体竞争力偏弱。调研结果显示，中国工业设计中还有很多处于我们想象不到的空白状态，我国的工业企业，包括很多出海的企业参展或者参加奖项评选的都是国外的奖项，而国内的工业设计奖项基本呈两极分化态势，省部级奖项缺乏广泛影响力，国家级奖项受疫情等客观因素影响，难以持续。同时，国内工业设计奖项之间存在一定的恶性竞争，互相举报的风气比较常见，另外许多奖项流于形式，后续转化工作不够充分，且缺乏完整的评价体系。因此，像华为、小米以及一些优秀的科技企业，它们不得不出海去参评美国、日本、德国的工业设计奖项，以此证明自己的品牌价值、创新能力和技术能力，这对于我们无论从应用型还是理论型的学界和产业界来说实属遗憾，但是，这样的遗憾对于我们来说也可以是一种机遇。

其次，我国的工业设计缺乏艺术与科学技术的深度融合创新。我国目前虽然已在技术和工业层面处于世界领先地位，但是在艺术与科技的深度融合，即审美和科学的层面，在打通产品的应用渠道、提升产品功能、审美、科技含量、融入可持续发展理念等方面，我

国的工业设计缺少覆盖全方位的作品。

我国的工业设计缺乏高端复合型人才。工业设计讲求的不是单纯的设计，而是将艺术与科技进行有机的结合，设计的产品应具有传播设计理念、升华品牌价值等更加复杂高端的属性。这表明了工业设计是一个需要懂得"跨界"的高端复合型人才的领域，而这样的人才正是目前我国所稀缺的。

我国工业设计没有属于自己的评价体系。目前我国的工业设计整体的教育体系、创作理念、评价体系，基本都是借鉴国外，过度依赖国外的框架，缺乏中国文化自有的审美元素和体系，这是我国工业设计领域所面临的一个非常突出的问题。

三、发展工业设计的四个需要

结合上述政策背景和挑战可以看出，在做好工业设计，提高我国工业设计的国际影响力方面，我们面临着四个层面的需要。

一是国家层面，我们需要打造更高质量的新型人才选拔体系、建造培养设计人才的专业平台、提供更加丰富的资源和机会、助力健全成熟的工业设计体系发展、提高国家设计的创新民族意识。我们在工业设计当中也要体现出中华文化的自主性、包容性和国际性，因此我们要激发大众创新的积极性和主动性，助力制造业实现自强创新发展，助推制造强国的建设。

二是政府层面，我们既要在"十四五"期间实现新型的校企合作，也要做成重大的科技创新平台，通过形成以企业为主体、市场为导向、产学研用深度融合的创新体系，进一步营造创新环境。

三是行业层面，我国制造业规模和品质已经达到世界领先水平，需要我们达成从"量变"到"质变"的转换，这也要求我国的工业设计水平要与之匹配。工业设计作为整个工业制造周期的核心环节，是产业转型升级、实现可持续发展的必由之路。因此，我们需要发展符合我国制造业发展水平的工业设计，助推行业发展过程中艺术与科技、设计与产业的融合，增强产业链韧性，为制造业的高质量发展提供有力的支撑。

四是学术层面，在艺术与科学融合的背景下，我们需要为复合型和融创型人才的培养做出实验性尝试，促进产学研用一体化模式进入新的高度。因此，我们需要进行工业设计及营销的理论与实践研究，搭建艺术与科学融合，同时交叉营销学、传播学等学科的理论研究和应用研究的高水平国际学术实践中心等平台。

四、提升中国工业设计国际影响力的路径讨论
——以工业设计及营销中心为例

2021年中国科学院大学与山东魏桥创业集团设立了联合实验室，2022年，魏桥国科联合实验室组建设立新部门——工业设计及营销中心，通过"校企合作＋产学研媒融合"形式，从艺术与科学深度融合创新的角度出发，通过办成"一个奖/赛＋一个展＋一个论坛"，搭配覆盖工业设计全流程的基础服务设施和人才培养机制，打造具有中国文化特色与内涵的工业设计和评价体系，拓展中国工业设计的国际影响力，其工作目前可分为三步。

首先，借助社会、企业和学校的力量，找准牛鼻子，办成"一个奖/赛＋一个展＋一个论坛"。我们需要根据国家和地方政府的规定，来申请和设立一个工业设计奖项或者大赛，同时，根据奖项和大赛的成果，举办国际展览。然后举办产业界、学术界、研究机构和媒体等不同领域的代表共同参与的论坛，在金融资本的赋能之下，形成从概念设计到产品，从产品再到商品的链条。

通过对数十个知名国际工业设计奖项的调研分析，可以总结出三点值得我们借鉴的要素。第一点是赛前准备阶段，国际工业设计大奖/大赛拥有完备的组织架构，赛事幕后有稳定的资金链和高端咨询团队，为大奖/大赛定制方案，同时拥有国内外高校、博物馆、美术馆等机构提供学术支持。第二点是赛事运营，国际工业设计大奖/

大赛拥有专业的运营团队，工作高效且工作理念与时俱进，可以保证大赛顺利进行的同时，彰显其专业性和独特性。第三点是成果转化，这与资本、产业、媒体都有着密切的联系，成功的国际设计大赛经过多年的运营一般享有极高的国际声誉，参加评选的设计师可以通过奖项提升作品的价值，甚至获得成果转化的资金支持，实现品牌增值溢价和实质性投资，同时还可以获得比较高的媒体曝光度，帮助设计师在将转换产品为商品的过程当中提高知名度，激发 IP 企业及工业企业购买其设计版权的积极性，因此成果转化需要资本、产业和媒体紧密结合。

其次，通过校企合作、产媒融合，搭建工业设计营销与宣传平台，创建和运营设计人才社区。目前中国科学院大学与山东魏桥创业集团联合成立的魏桥国科联合实验室已经作为校企合作的第一步投入运行，后续将会扩展国内外在工业设计研究实践和人才培养及科普方面的交流合作。

最后，打造从概念到商品全流程中的配套支撑设施。工欲善其事，必先利其器，工业设计涉及设计、测试、制造等许多专业领域，需要不同的软件和硬件设施予以支撑，需要优良的小试中试环境。提升工业设计能力很重要的部分是提升设计工具和测试基地的水平，因此我们计划设计中心将设立服务平台、条件平台、人才孵化基地、成果转化基金等基础设施，帮助工业设计人才解决从概念转化到产品过程中遇到的困难，从材料、工艺、工具和试验等方面支持他们完成量产前的设计测试工作。

工业设计中心目前正在积极筹备工业设计奖/赛，以此为契机，打造艺术和科学的复合创新型人才培养平台、艺术和科学的融合发展平台，以及艺术和科学的产业转换助推器，过程虽然十分复杂和困难，但是也充满机遇和可能性。我们相信，在新工科和新文科学科发展的大框架下，将艺术与科学融合，使跨学科建设、科学研究和人才培养、实践与评价体系的建立同步推进，联动教育界、科研界、产业界和传媒界，引入资本赋能，使工业设计的发展真正实现产学研用一体化，不仅有效地提升其国际影响力，而且让蕴含中华优秀文化审美和创新科技的工业设计成果走向世界,而且实现从"中国制造"到"中国创造"和"中国品牌"的跨越。

作者系中国科学院大学艺术中心副教授

作为请入者的在地性体验与微纪录片创作:一种有效的跨文化传播模式

杨卓凡

近些年涌现出不少由外国主体创作,或以体验者身份出现在影像中的关于中国的纪录片或短视频,参与这些影像作品创作的机构与创作者则在很大程度上决定了观众看到的是什么。纵观这些影像,可以发现,它们或服务于欧美政治与文化立场下对中国的迷思甚至误读,或带有国内主流媒体宣传色彩的叙述甚至迎合,或来自当前"外国网红"服务于商业需求的猎奇与浮光掠影,这些影像中的中国人和中国事,一定程度上成为被审视、被阐释或被消费的对象,拍摄对象和外国创作者之间很难形成平等的对话互动的地位。基于这一背景,才有了今天的议题,希望对"看中国"项目的外国青年主体进行分析。本文将从主体性、在地性体验、与拍摄对象共建认知图式三方面进行简要的分析。

一、外国青年创作者的主体性

关于创作主体性有大量的研究和阐述,"看中国"项目的核心是"请外国青年用影像讲述中国故事",外国青年是创作主体,且受邀而来,而非一般人类学的记录者闯入拍摄对象的生活。这些外国青年作为创作主体的特征包含三方面：第一，由于"看中国"项目的非政府、非营利属性，使得这些外国青年参与者可以真正作为创作主体聚焦他们所关注并感兴趣的人物和话题。第二，学生身份使得这些外国青年易于被拍摄对象接纳并融入被拍摄对象的生活，与被拍摄对象建立起平等的对话关系，让这些在宏大叙事中处于失语地位的普通人可以自信地在镜头前发声，让这些因熟悉而被我们忽视的日常生活被重拾并闪现出光芒。第三，"Z世代"特指1995年以来出生的网生代，受数字技术影响较大，有该群体独特的关注话题和话语体系。这些身份特征，在很大程度上决定了观众看到的内容。在"看中国"项目中，由这些外国青年记录的中国故事，弥补了长久以来"以我为主"或"被解读"的单声道输出的文化鸿沟。

这些外国青年创作者，和一般人类学纪录片创作者相比，最大的区别在于他们受邀来到中国，而非闯入中国。Cecilia（丽娅）在论文 *Transit*, *Ethnography and the Camera Gaze*：*a Cross-cultural Perspective*（《过境、民族志与相机凝视：一种跨文化视角》）中提出"请入者"概念，这些参与"看中国"项目的外国青年从受邀那一刻起便带着"客人"的身份和情感来到中国。印度学者 Gupta（古普塔）也曾基于自身经历对"请入者"的身份进行了描述。作为"请入者"，外国青年不仅仅是影像记录者，也是受邀而来的文化体验者或跨国合作的参与者。"请入者"所创作的影像，是他们在异地与客体文化共同参与下创造的新的认知图式，而不仅仅是在一定距离外对他者群体的窥视或审视。

此外，受邀来中国拍摄纪录片的外国青年，带着他们自身的文化背景和对中国的刻板印象进行创作。与中国青年、主流媒体、成熟的独立电影人相比，这些外国青年具有独特的观察视角、个体化的内心观照，甚至极具创意的创作风格。这些主体印记直接烙印在他们的作品当中，并影响着他们对客体文化的认知。

这些外国青年怎么看，已有不少中外学者从比尔·尼科尔斯的纪录片叙述模式分类进行过归纳，有外国青年突出自我反射的参与式叙述；也有像墙上苍蝇一样的非介入式观察，当然更多的还有阿尔伯特·梅索斯提到的"热情的注视"，既竭尽全力融入拍摄对象的生活，又抽身而出保持一定距离的记录。无论哪种模式，都映射出创作主体在当下的主观阐释。

二、在地性体验与参与合作

对于"在地性"有不少含义相近的概念，如在地性即在现场，指特定的时间、地点、人物、事件，既包含自然地理的空间维度，也包含历史人文的时间维度。[①] 本研究所指的"在地性"强调外国青年在中国的经历与体验，强调与拍摄对象共建的认知图式。例如，2020 年以来，"看中国"项目涌现出不少关于抗击疫情的动人故事，其中"湖北行"的作品《刻痕》很好地体现了外国青年在地性体验，导演是华中师范大学的博士生，同时是全世界第一位康复的新型冠状病毒感染的阿拉伯人，他在中国武汉用镜头记录了自己感染病毒、接受治疗、与病魔斗争并康复的整个过程，并通过短片表达了他和外国朋友们对中国在抗击疫情方面的肯定。这些情景和他作为经历者的主观解释，直接影响了他对中国及中国人的认知。再如《乡村大篷车》(2020)的导演通过远程创作，以动画和图表的形式与实拍素材进行后期剪辑，向观众传递了中国城市化进程中中国家庭的变革、农村留守老人群体的生活现状，以及中国传统文化中的"孝"文化。视频创作者 2017 年曾经受邀来到中国广西农村进行 17 天的体验与创作，这段"在地性"经历深深影响着他在《乡村大篷车》中传递的对中国的认知图式。常言"百闻不如一见"，外国青年讲述中国故事的真切感悟，受到在地性体验的影响。

---

① 易雨潇：《重新思考空间——Site-Specific Art 与在地艺术》，载《上海艺术评论》，2018 年第 5 期。

三、外国青年与拍摄对象：共建认知图式

图式的概念是由泰勒和克劳克（Taylor & Crocker，1981）提出，指一套有组织、有结构的认知现象，它包括对所认知物体的知识，有关该物体各种认知之间的关系及一些特殊的事例。[①] 外国青年如何与拍摄对象共建认知图式？

基于泰勒和克劳克对图式的定义，外国青年对中国的认知图式应该包含三个层面：第一，对中国的符号的了解，如对茶、丝绸、戏曲、功夫、电子支付、中国传统音乐的认知等；第二，对中国符号与深层文化之间的关系，如广场舞之于集体主义思维导向，水墨画中的留白之于高语境文化的"言外之意"，传统建筑格局之于古代中国人对宇宙的朴素认知等；第三，他们经历的特殊事件，如新加坡青年郑欣怡 2020 年春节受邀来中国福建泉州寻祖，与亲人短暂而温馨的相聚，这段经历改变了她对血亲关系的认知。这些认知图式无一例外是与拍摄对象共建而来的，拍摄对象可以是具体的人，也可以是当地某一时空下的生活景观。外国青年或以局外人的视角观察，或以局内人的视角在体验互动中深入了解，或是将共情与理性相结合，思索、解释眼前的世界。无论哪一种方式，都离不开拍摄对象的存在，外国青年与拍摄对象共建了认知图式。

综上，"看中国"项目作为学术机构发起的一项跨文化影像实践项目，探索出了一条行之有效的跨文化传播路径。以"看中国"项目为例，重点围绕外国青年这一主体，从主体性、在地性、与拍摄对象共建认知图式三个层面进行了微观分析，希望为跨文化传播、跨文化管理等领域提供一定参照和启发。事实上，在这一跨文化传播

---

① Taylor, S. E. & Crocker, J. (1981). *Schematic Bases of Social Information Processing*. In: Higgins, E. T., Herman, C. P. & Zanna, M. P. (Eds.). *Social Cognition：The Ontario Symposium*. Hillsdale, NJ: Erlbaum, pp. 89—134. // 管健：《社会心理学》，135 页，天津，南开大学出版社，2011。

模式中，还有许多有待讨论的元素、路径和意义，也有值得反思或有待改进的问题，还可将其放置在时代背景、文化语境、历史时空下进行宏观讨论的众多议题，都是非常有意义的。作为参与其中的一员，非常期待更多的学者、朋友关注"看中国"，提出更多有意思的观点和分析。

作者系北京师范大学中国文化国际传播研究院副教授

新时代海外华文媒体海外网络传播力建设研究

祁雪晶　王美力

2021 年 5 月 31 日，习近平总书记在主持十九届中央政治局第三十次集体学习时强调，讲好中国故事，传播好中国声音，展示真实、立体、全面的中国，是加强我国国际传播能力建设的重要任务。然而受主客观多重因素影响，我国媒体的国际化进程、海外本土化建设推进较慢，海外发声渠道较少，信息落地能力偏弱，受制于人的情况时有发生，这在一定程度上导致了我国"有话无处讲，有理说不开"的尴尬处境。广大海外侨胞则因为其特殊生活环境，具有较强的优势能够推动所在国与中国各领域交流合作，起到重要的沟通"桥梁"作用。海外华文媒体对于传播中华优秀文化，促进中华文明与世界各国的文化交流、推动中国大国形象的建立，具有无可替代的重要作用。它连接着所在国和中国文化，作为当代中国故事的讲述者、文明交流互鉴的促进者，坚定文化自信，推动国际舆论格局朝着更加公正、平衡的方向发展。海外华文媒体更是改变"西强我弱"国际舆论格局的同盟军，对于构建大外宣格局具有重要意义。①

---

① 李锟鹏：《海外华文媒体在构建"大外宣"格局中的作用研究》，载《广西社会主义学院学报》，2021 年第 6 期。

一、海外华文媒体海外传播力研究设计

(一)研究对象

本研究根据海外华文媒体的地域分布、过往发展和知名度等综合内容,选择了 35 家海外华文媒体作为研究对象,分布于亚洲、欧洲、美洲、大洋洲等不同国家和地区的影响较为广泛的海外华文媒体(见表 5.1),在谷歌(Google)、维基百科、YouTube、推特(Twitter)、Meta、Instagram、TikTok 等海外典型跨文化传播社会化代表性媒体平台抓取 2021 年 7 月 1 日—2022 年 7 月 1 日的内容发布、互动反馈等数据,深入分析海外华文媒体账号建设、内容方向、传播形式,解析其海外网络场域中的"在场""评价""承认"三个方面的现状,同时为了与国家官方媒体进行海外网络传播力对比,选取了人民日报(海外版)(*People's Daily Overseas Edition*)和中国日报(*China Daily*)作为参照。并对部分海外华文媒体负责人进行一对一访谈,切合实际情况,针对性地提出应对措施,在指出问题的同时推动问题的解决。

表 5.1　研究对象:海外华文媒体名单

华文媒体(中文)	华文媒体(英文)	国家/地区
《海内外》杂志	Home and Abroad	马来西亚
国际日报	International Daily News	美国
欧洲时报	Nouvelles D'Europe	法国
汉天卫视	HTTV CH31.2	美国
华侨周报	the Oriental Post	非洲
东方先驱报	Asian Voice Weekly	澳大利亚
华夏商报	Chinese Commercial Weekly	澳大利亚
关西华文时报	Kansai Chinese	日本

续表

华文媒体（中文）	华文媒体（英文）	国家/地区
星暹日报	The Sing Sian Yer Pao Daily News	泰国
澳大利亚华语广播电视台	Voice of Australian Chinese	澳大利亚
欧洲华信报	Europe Huaxinbao Newspaper	欧洲
德国侨报	Chinesen in Deutschland	德国
新欧洲侨报	Europe new-broad	欧洲
法国侨报	Journal Le Pont	法国
联合时报	United Times	荷兰
中欧文联报	China-Europe Culture & Arts News	捷克
北欧华人报	Nordic Chinese Newspaper	瑞典
西班牙《欧洲侨声报》	LA VOZ CHINA	西班牙
希华时讯	Greek Report China	希腊
新导报	XINDAOBAO	匈牙利
新华时报	LA NOUVA CINA	意大利
南美侨报	Diario Chines Para A America Do Sul Ltda（葡萄牙语）	巴西
《华人》杂志	We Chinese in America	美国
加拿大七天文化传媒	Sept Days	加拿大
华盛顿中文邮报	The Washington Chinese Post	美国
新世界时报	New World Times	美国
北美新侨网	US New-Broad	美国
中华商报	CHINESE BIZ NEWS	美国
斐济日报	Net Fiji	大洋洲
《乡音》报	Home Voice	新西兰
聚澳传媒	AUSFOCUS	大洋洲

续表

华文媒体(中文)	华文媒体(英文)	国家/地区
加拿大共生国际传媒	SIMC Inc	加拿大
加拿大维多利亚传媒	Victoria Media	加拿大
美国新闻速递	US News Express	美国
Prime Media 环球中文台	Prime Media	新西兰

(二)指标算法

1. 指标

本研究采用层次分析法和专家法设立指标和权重,选取谷歌(Google)、维基百科、YouTube、推特(Twitter)、Meta、Instagram、TikTok 7 个平台作为考察维度,各维度下设具体指标,各指标以不同权重参与维度评估。7 个维度共计 32 个二级指标,注意赋予权重进行量化统计和分析,得出 35 家境外华文媒体的海外网络传播力指数,具体指标体系权重如表 5.2 所示。

2. 算法

首先,研究将非定量数据转化为定量数据进行分析处理。非定量数据所在指标分别为维基百科中的"词条完整性"、推特等 5 家社交媒体"是否有官方认证账号"等。其次,根据表 5.2 所列出的指标权重计算每个指标的校正指数。最后计算出每所大学的海外网络传播力的综合指数和单一指数。[①]

表 5.2　各维度指标构建情况

维度	指标	权重	
谷歌(Google)	新闻数量(总数量)	15%	15%

---

① 指标计算方式:$Y = \sum_{i=1}^{7} \sum_{j} a_{ij} X_{ij}$

续表

维度	指标		权重	
维基百科	词条完整性		2.5%	10%
	词条被编辑的次数		2.5%	
	参与词条编辑的用户数		2.5%	
	链接情况（What links here）		2.5%	
推特（Twitter）	账号建设	是否有官方认证账号	1%	15%
		粉丝数量	3%	
		发布的内容数量	3%	
		总转发量	2%	
		总评论量	3%	
		总点赞量	3%	
Meta	自有账号建设	是否有官方认证账号	1%	15%
		好友数量	3%	
		发布的内容数量	4%	
		总点赞量	4%	
		总评论量	3%	
Instagram	是否有官方认证账号		1%	15%
	粉丝数量		3%	
	发布的内容数量		4%	
	总点赞量		4%	
	总评论量		3%	

维度	指标	权重	
YouTube	是否有官方认证账号	1%	15%
	订阅数量(粉丝数量)	3%	
	发布的内容数量	3%	
	总观看量	2%	
	点赞量	3%	
	评论量	3%	
TikTok	是否有官方认证账号	1%	15%
	粉丝数量	3%	
	发布内容数量	4%	
	点赞量	4%	
	评论量	3%	

二、海外华文媒体海外传播力指数

(一)海外华文媒体海外网络传播力综合指数分布

35 家海外华文媒体海外网络传播力排名前五位的依次是国际日报、Prime Media 环球中文台、欧洲时报、聚澳传媒和希华时讯。具体指数见表 5.3。

表 5.3　海外华文媒体海外网络传播力综合指数排名

排名	华文媒体	海外传播力综合指数
1	国际日报	3234734.5
2	Prime Media 环球中文台	2220595.1
3	欧洲时报	1340738.2
4	聚澳传媒	844533.3

排名	华文媒体	海外传播力综合指数
5	希华时讯	689484.0
6	《华人》杂志	428261.1
7	澳大利亚华语广播电视台	296079.3
8	新导报	226632.2
9	星暹日报	193751.9
10	新华时报	188071.3
11	加拿大七天文化传媒	158880.1
12	汉天卫视	158011.4
13	《乡音》报	156030.0
14	东方先驱报	148039.6
15	德国侨报	148039.6
16	北欧华人报	148039.6
17	华侨周报	85027.0
18	法国侨报	45293.1
19	南美侨报	17071.1
20	关西华文时报	6044.3
21	中华商报	1867.2
22	华盛顿中文邮报	1000.3
23	美国新闻速递	70.3
24	联合时报	26.2
25	西班牙《欧洲侨声报》	0.8
26	《海内外》杂志	0.0
27	华夏商报	0.0
28	欧洲华信报	0.0
29	新欧洲侨报	0.0

续表

排名	华文媒体	海外传播力综合指数
30	中欧文联报	0.0
31	新世界时报	0.0
32	北美新侨网	0.0
33	斐济日报	0.0
34	加拿大共生国际传媒	0.0
35	加拿大维多利亚传媒	0.0

与参照媒体对比，海外华文媒体的海外网络传播力与参照媒体存在一定差距。其他华文媒体的海外网络传播力与头部媒体（国际日报）差距较大。（见图 5.1）

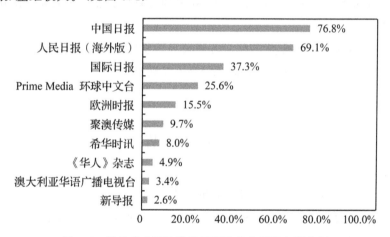

图 5.1 海外华文媒体海外传播力综合指数参照分析

（二）海外华文媒体各平台海外网络传播力

以各媒体的英文名称进行搜索，仅 3 家海外华文媒体有维基百科英文词条，排名顺序为星暹日报、国际日报和加拿大七天文化传媒。大量海外华文媒体缺乏维基百科英文词条，有英文词条的媒体词条完整性也较差。

推特传播力指数排名前三位的为：国际日报、希华时讯和《华人》杂志，国际日报远远领先其他媒体。大部分境外华文媒体推特粉丝数量在 50 个以下。

Meta 传播力指数排名前三位的华文媒体依次为：希华时讯、国际日报和新导报。

Instagram 传播力指数排名前三位的华文媒体依次为：国际日报、华侨周报和聚澳传媒。国际日报的传播力指数遥遥领先于其他媒体。8 家有 Instagram 账号的华文媒体均无官方认证账号。与推特和 Meta 相比，境外华文媒体在 Instagram 上的传播建设力较为不足，有待加强。

YouTube 传播力指数排名前几位的华文媒体依次为：欧洲时报、国际日报、汉天卫视和新导报。欧洲时报的传播力指数遥遥领先于其他媒体。14 家有 YouTube 账号的境外华文媒体均未进行官方认证。

从目前的研究数据来看，35 家境外华文媒体均无 TikTok 账号，仅参照媒体人民日报(海外版)有 TikTok 账号。

三、结论与分析

(一)传播平台布局不完善，部分平台缺失

数据显示，目前部分海外华文媒体的海外传播平台建设还有所欠缺，各社交平台均有部分媒体未开通账号，其中 17 个媒体在推特、Meta、Instagram 三大社交平台上均无账号。35 家媒体中只有 11 家媒体有推特账号，3 家媒体有维基百科英文词条，14 家媒体有 YouTube 账号，8 家媒体有 Instagram 账号，19 家媒体有 Meta 账号，且参与研究的 35 家海外华文媒体均无 TikTok 账号。

当前布局了社交平台建设的媒体也还存在平台功能建设不全面、没有进行官方认证、发布内容少等问题。除了在社交媒体平台上的不足之外，华文媒体对维基百科、谷歌新闻建设也有所忽视。维基

百科作为提供多语言版本的网络百科全书，依托于实时更新的庞大信息规模和流量，可以成为境外华文媒体的重要传播平台。维基百科词条也同时被谷歌搜索收录和推荐，有利于提升媒体的传播力。很多境外华文媒体没有维基百科英文词条，部分媒体虽有词条，但是比较简陋，信息覆盖面少，无法从中获取有效信息，更遑论链接其他重要信息。而且目前仅有 11 家境外华文媒体在谷歌新闻上能搜索到相关英文新闻报道，且数量均在 100 条以下。整体谷歌传播力较弱，亟须提升。

（二）媒体建设头部效应显著，建设差异显著

研究选取的境外华文媒体海外网络传播力建设差异十分显著，有不少媒体海外网络传播力指数计算为 0。在各个平台维度，少数媒体的头部效应显著，与其他媒体拉开较大差距。比如，所有媒体谷歌新闻平均数量为 10 条；国际日报的推特账号有 2100 位关注者，而大部分海外华文媒体推特粉丝数量在 50 个以下；同时，在 Instagram 平台维度，国际日报分别以粉丝数量 4673 人、内容数量 1936 条、总点赞量 18199、总评论量 488 远超其他大部分媒体；希华时讯发布的推特内容数量达到 1402 条，同时存在大量境外华文媒体在推特平台无内容建设；欧洲时报的 YouTube 传播力远超其他媒体，其视频总点赞量为 209 万以上，显著提升整体平均水平；从中都可以看出海外华文媒体在现有的海外网络传播力建设，无论是在整体水平还是在各平台维度中，各媒体之间建设差异均十分显著，其中不乏部分媒体如国际日报、欧洲时报、希华时讯等头部效应显著，远超其他媒体。

（三）各平台发展冷热不均，传播力存在差异

研究数据显示，当前海外华文媒体在海外网络传播力建设中，各个平台维度存在发展冷热不均的情况。整体来看，在 Meta、YouTube 平台发展较好，在维基百科平台、Instagram 平台发展较为弱势，在 TikTok 平台尚未布局，存在缺席的情况。19 家华文媒体均有 Meta 账号，平均好友数量超过 10000 人，52.1% 的媒体发布的内

容数量在 100 条以上。华文媒体 YouTube 账号的订阅数量主要在 101～10000，平均发布视频内容 301 条，超半数媒体视频最高观看量在 10000 次以上，总点赞量平均值为 175947 次。维基百科平台仅有 4 家媒体有英文词条，且发展都不完善，Instagram 平台仅有 8 家媒体注册，且除了国际日报之外，其他媒体不论是发布内容数量，还是总点赞量、总评价数量均不到 100 次。这实际上也和 Meta、推特推出时间比较早，媒体建设时间比较长，相对更加完善有关。Meta 于 2004 年上线，推特也于 2006 年正式上线，而 Instagram 则在 2010 年才推出，更别说在 2017 年才上线的 TikTok 平台。这实际上也反映出当下海外华文媒体对于新时代新兴社交平台关注不足，建设发展冷热不均。

（四）内容建设集中于传统文化，目标受众相对狭窄

目前在内容类型上，不少海外华文媒体的内容还比较单一。传统华文媒体因为传播语言为汉语，更多局限在于联系侨胞与祖国情感，服务侨胞生活的范围，目标群体较为小众，多元文化传播的桥梁作用并不明显。首先是因为不少海外华文媒体的目标受众主要限定在海外华人华侨群体之中，因而在内容建设策略中也多采用以中国传统文化联结他乡与故乡，通过对中华传统文化习俗、传统节气、传统糕点、传统表演、传统器具等的传播，连接着海外华人心底的乡愁，比如国际日报在推特平台常发布的国风歌曲、中国民乐、京剧等图文视频内容。其次，其实也与部分海外华文媒体缺少当地重大新闻采访权，发展比较受限相关，因此部分媒体在对本土重大新闻，以及国家现代形象的传播表现中存在不尽如人意的情况。最后，这也和部分境外华文媒体尚未转变思维紧密相关，部分媒体未能从新时代的角度塑造当代中国形象，而是落入窠臼，还停留在过去外国人对我国的形象理解之中，在为中华优秀传统文化感到骄傲的同时，未能传播现代文化的新特色和新形象。

四、对策讨论

(一)加强传播平台建设，拓宽传播渠道

海外公共传播平台的建设是海外华文媒体扩展传播范围，打破以往仅"面向华侨、影响华侨、辐射华侨"的局限，走向更广阔的传播，迈出讲述中国故事、传播中国声音的第一步。因此，海外华文媒体应该注重海外传播平台的建设，拓宽海外传播的渠道，将搭建海外社交平台、其他重要海外展现平台纳入媒体建设体系之中作为重要工作考核内容；保证重要海外传播平台都有所布局，并在相关平台上进行官方认证，将这些平台和网站、纸媒等一样作为媒体品牌的重要传播矩阵建设部分，保证账号功能的完善和维护，并划定专门部门或者专人进行运营，保证账号建设的完整度；及时掌握这些平台的"新玩法""新功能"，对此类重要海外传播平台推出的新功能积极尝试，并根据平台定位发布内容。例如，在维基百科的建设上，应该注重完整性、全面性，对媒体的重要地位和下属品牌建设进行外部链接，并及时进行更新，及时发布媒体的最新发展情况。

(二)多举措并行，推动社交媒体运营人才培养

通过访谈了解到，造成海外传播平台运营困难的一个重要原因就是运营人才的缺乏，当前不少海外华文媒体的运营人员仍然是传统媒体人才，他们的思维和传播习惯仍然停留在传统媒体时代，应对日新月异、一日千里的传播环境，难以把握年轻受众的喜好和偏向。传统媒体人才对于内容的创作熟练，但是对于轻量化、娱乐化、图片化、视频化甚至游戏化的表达还不是很适应。因此，在进行境外传播时，常出现运营乏力，缺乏创新的情况。

解决运营人才问题，一方面，境外华文媒体可以组织成员定期参加海外传播运营培训，利用好相关社会资源，向当地发展较好的专业运营公司学习取经。另一方面，海外华文媒体可以引进专业社

交媒体运营人才，专职运营社交媒体，推动平台的建设。华文媒体还可以积极与当地高校新闻传播类、新媒体类专业学院进行合作，学界业界互助发展，媒体为当地学院了解中国文化、喜欢中国文化的学生提供实习实践平台，当地学院则为华文媒体发展提供创新型人才，以学界的新鲜血液推动创新。同时，媒体还可以为传统媒体人才的运营转型提供进修机会，在合作高校或者学院进行专业化、系统化知识的学习，协助培养适应传播新形势、新变化的运营人才。

(三)创新海外传播内容，完善海外传播形式

海外华文媒体要顺应内容运营的改革趋势，推动海外网络传播力的提高，内容建设和形式完善缺一不可。在传播内容建设上，海外华文媒体首先应该保证更新频率，同时有策略、有重点地打造自身品牌。推动内容建设的创新，首先需要明确报纸定位，加强传播内容布局，突出重点内容，打造突出品牌。

其次在内容建设上加强软新闻的建设，不仅向当地侨民，而且要面向世界网络用户传播国内政治、经济、人文、生态发展等多方面信息。不能仅将内容局限在国内传统文化之中，依靠侨民思乡念祖情感进行传播，更要将国内当代发展现状如实传递，向世界展现当代中国的时代精神。除此之外，为弥补部分境外华文媒体内容建设的不足，媒体主体还可以积极纳入 UGC(用户生成内容)模式，借助海外留学人员、华文媒体受众、官方账号的粉丝等产出相关内容，在平台上设置用户分享内容，打造更广阔的内容池，同时也能提高受众的参与感和黏性，扩大媒体的影响力。

最后，在传播形式上，一方面，媒体运营者可以通过对社交平台中点赞、评论、抽奖、话题、公开征集、社群等方式的组合应用增强与粉丝的互动和情感联系，提升感召力和说服力，增强传播效果，吸引留存粉丝；另一方面，海外华文媒体在表达中应匹配当地传播语境，适应社交网络平台的表达方式，对于严肃题材应采用亲民、轻松、活泼的表达方式，减少海外受众的抵触情绪，积极更新媒体表达的形式，顺应目前以图片和视频为主的视觉化传播趋势，对所传播图片和视频进行深加工，增强其美学价值，吸引受众，并结合使用文字、图片、音频、视频、动漫、VR 等多元表现形式，展现全面、立体、多元的中华文化。

（四）融入当地环境，促进多元文化传播

新媒体时代是世界范围内资讯共享的时代，华文媒体是在世界范围内进行华语文化传播，在全球语境下讲述中国故事。为此，海外华文媒体，必须拓宽目标受众，将多语种、多文化背景下的海外受众纳入服务范围，针对当地文化背景调整不同的传播策略，内容建设、形式建设、媒体形象建设等均注重融入当地实际环境，针对当地受众进行用户画像，采取策略性多元文化传播，减少误读和对抗，提升华文媒体网络传播的国际化、精准化和分众化表达，增强国际传播的亲和力和实效性。

海外华文媒体，肩负着促进中国文化与当地文化交流对话的重要责任。一方面，可以通过创办当地语言和华文语言双语报刊进行双语传播，既有利于帮助当地华人学习当地语言，也可以吸引当地居民了解华语世界。另一方面，海外华文媒体的内容服务不仅仅局限于国内发生的新闻事件和华人华侨身边发生的事件，还要对当地发生的重大新闻进行报道，关注当地生活，拓展受众群。同时，海外华文媒体还可以在社交媒体平台以英文形式发布媒体最近关注的事件，并积极对当前关注的主要新闻进行讨论，融入当地、融入世界。

（五）打造媒体传播矩阵，聚合国内外媒体资源

除了少数财力雄厚的跨媒体集团，很多文化瘠土中的海外华文媒体存在"资金少、规模小、专业人员少"的问题，且一些媒体之间存在恶性竞争，最终两败俱伤，也未能在内容上赢得受众青睐。实质上，海外华文媒体，市场本身较为狭小，多家华文媒体需要联合起来，将各自零散的资源和人才进行整合，深入提升内容的报道水平，扩充既有市场空间。这样既可降低新闻生产的边际成本，又可发挥整体聚合效应。

首先，海外华文媒体加强媒体内部矩阵建设，整合网站、纸媒、社交媒体等资源，一些传媒集团还可以将集团内部的各媒体品牌社交账号，比如，TikTok、Meta、Instagram、推特、YouTube 等互相关注，互相链接，构建华文媒体账号矩阵，针对重大新闻事件进行统一发声，在增加影响力的同时也有利于账号引流，增加旗下较弱势媒体品牌的粉丝量和关注度。

其次，海外华文媒体还可以与其他华文媒体的账号互相关注，形成海外传播外部矩阵。不同境外华文媒体账号主体之间经常进行互动，比如，对其他媒体发布的重要或者有趣新闻进行积极点赞、评论、转发等，把握互联网的"连接"本质，作为促进中国海外宣传的重要一环，与其他媒体环环相扣，共同打造海外人民深度了解中国文化的桥梁，共同织就海外华文宣传网络。

最后，加强国内媒体和互联网平台与境外华文媒体之间的联合协作。随着我国综合国力的提升，以新华社、《人民日报》为代表的主流媒体正着力强化新闻报道的主场优势，提升中国话语的国际影响力，力求掌握中国道路的解释权、中国声音的传播权和中国形象的塑造权。充分利用国内一流互联网平台和企业的海外社交媒体平台，加大海外华文媒体信息的转载、评论和分享的频率，形成倍增效应。打造全媒体传播矩阵，聚合国内外媒体资源力量，链接海外华文媒体与国内大型媒体和互联网平台，构建中国海内外宣传一体化格局，是促进海外华文媒体发展的有效途径。近几年，国内华文媒体论坛的举办也为聚集海外华文媒体资源提供了重要平台，海外华文媒体可以借助侨联、侨办等平台牵线，与国内媒体达成合作，打造有特色、品牌化的国际传播项目。

作者祁雪晶系北京师范大学新闻传播学院党委副书记，王美力系北京师范大学新闻传播学院硕士研究生

附录：观澜索源 互鉴共美："文艺与国家形象的建构传播"国际学术会议综述

郭星儿　蒋正邦

　　党的二十大报告指出，"推进文化自信自强，铸就社会主义文化新辉煌"，要"增强中华文明传播力影响力，坚守中华文化立场"，"深化文明交流互鉴，推动中华文化更好走向世界"。中国文艺是中国形象国际传播、国际形塑的重要名片。由北京师范大学中国文化国际传播研究院、北京师范大学会林文化基金、《中国文化国际传播》（IC-CC）杂志社共同主办的中国文化国际传播研究院第十三届年会暨"文艺与国家形象的建构传播"国际学术会议近日成功举办。这次会议是在党的二十大胜利召开、向第二个百年奋斗目标进军，新冠病毒感染疫情持续变化大背景下开展的。与会专家发言紧紧围绕党的二十大精神对于文化建设的战略定位，内容涵盖中华文化影响力生成的方法与成就、中华文化国际传播的理论与实践、中国学派理论建构概念与硕果、数字时代艺术创作的趋势与实操、微影像创作研究现状与展望等主题。会议旨在在"各美其美、美美与共"的国际交往、文化交流、文明互鉴基本原则上，研究规律、提供方法、探索途径，为"加强中华文化的主体性，加强新时代中国文化在国际上的有效影响力"

贡献学界、业界的思考。

一、经正而后纬成，中华文化影响力生成之路

2022 年 11 月 25 日，由北京师范大学中国文化国际传播研究院、北京师范大学会林文化基金、《中国文化国际传播》（ICCC）杂志社共同主办的中国文化国际传播研究院第十三届年会暨"文艺与国家形象的建构传播"国际学术会议成功举办。这次会议是在党的二十大胜利召开背景下开展的，与会专家发言紧紧围绕党的二十大精神对于文化建设的战略定位，"在全社会形成与社会主义现代化强国相适应的理想信念、价值理念、道德观念和精神风貌，全民族文化创新创造活力充分释放，公民文明素质和社会文明程度显著提高，中国精神、中国价值、中国力量在全球更加彰显"。这次会议展现了学界、业界对中华文化国际传播、中国文艺发展建设的关注与思考。

在本次论坛上，北京师范大学资深教授、中国文化国际传播研究院院长黄会林立足党的二十大精神，对打造与我国综合国力和国际地位相匹配的国际话语权提出自己的灼见：一是树牢主体意识、坚定文化的自信自强，牢固中国文化的主体意识。文化的主体意识是指作为特定文化主体的民族群体，对本民族文化传统、本民族文化价值的信念、本民族文化发展趋势及良好前景的理性把握，以及对外来文化的鉴别与吸收。二是掌握历史主动、把握好国际舆论引导的话语主动权。身处百年未有之大变局，新冠肺炎病毒感染疫情加速变化，国际的经济、科技、文化等方面的格局都在发生深刻的调整，对经济全球化与多边合作带来了冲击。面对国际局势的急剧变化，我们务必敢于斗争、善于斗争，在斗争中扭转国际传播领域西强我弱的过往局面，牢牢掌握我国发展和安全的主动权。三要充分调动自身的主观能动性，做文化两创的先行者，文明互鉴的领路人。经过几代学者接续努力，我国的中华文明探源工程等重大项目的研究成果已经实证了我国百万年人类史、一万年文化史、五千多

年的文明史。我们不仅要推动中华优秀传统文化的创造性转化、创新性发展，而且要通过各国文明的交流互鉴，积极构建人类命运共同体，最终以文明交流超越文明隔阂，以文明互鉴超越文明冲突，以文明共存超越文明优越，弘扬中华文明蕴含的全人类共同价值。

在中华文化在全球影响力的实现路径上，与会学者从战略布局上提出了自己的见解。山东大学戴元初教授从文明互鉴和视域融合角度探讨了中华文化辨识度提升的两种进路。他认为，要完成对不同文化价值鸿沟的跨越，要寻求我们的视域和海外受众的视域重叠和交融的可能性，这也是习近平总书记在论述"推动构建人类命运共同体"理念时所指出的："形成共建美好世界的最大公约数。"中国电影作为中华文化国际传播中的重要标识，也需要从顶层设计上加以指导。北京电影学院原党委书记侯光明认为，整体观是新时代系统观形成和发展的思想基础，而系统观则具有指导包括中国电影国际传播在内的当下问题的历史逻辑、理论逻辑与现实逻辑。党的十八大以来，习近平总书记在许多场合多次强调用系统观念认识世界、改造世界的重要意义，特别是党的二十大再次强调"六个必须坚持"的指导原则，其中重要的一条就是必须坚持系统观念。新时代中国电影国际传播应以系统观为指导，从整体性、适应性、联系性、发展性、复杂性五大系统原理出发，制定五大战略，相互作用，总体建构中国电影国际传播的战略体系。中国传媒大学新闻学院院长隋岩认为，我们在国际传播中构建国家形象的行为需要把握传播规律，例如，自然化机制和普遍化机制可以很好地结合在一起，利用人类的思维方式和文化认同来实现传播效果。

国外专家学者立足自己的研究和实践，阐述了自己对中国文化的理解。德国波恩大学教授顾彬批驳了"中国威胁论"，认为这是西方中心主义视野下的双重道德，进而提出创造中西方"对话"的机会是破题的关键。中国政府友谊奖获得者、国际儒学联合会副主席安乐哲阐述了儒学世界观中的整体性问题，进而阐述了"礼"在社会秩序、伦理中的整体性作用。法国国立东方语言文化学院教授、法国国民教育部原汉语总督学白乐桑认为，与西方听觉渠道不同，中国文明的传播以视觉渠道为主，他引用语言学家雅各布森的语言六要素理论，阐释了汉字的诗性功能，提出汉字是一个美学单位，也是中华文化之根。来自西南政法大学的叙利亚籍教授王可维，从他者角度谈到宏观层面的中国梦，提出中国梦也是世界梦。中国有着悠久的历史、多元化的文化包容性和改革开放以来的经济发展成果，中国的发展对全世界其他很多国家和民族来说也是一件益事。中山大学瑞典籍博士后研究员 Christian NORDVALL（王子安），从唐太宗所作政论文章《金镜》的 1756 年瑞典语译本入题，阐述了瑞典人在从君主制转变为共和国政体过程中，怎样从中国唐代文化中寻求政策借鉴。

二、千虚不博一实，中华文化国际传播之行

中华文化国际传播是一项理论与实践并举、"知行合一"的具体行动。中国美术馆馆长吴为山结合自己的雕塑作品在国际传播中的效果，总结了"脸、心、魂"的概念，认为中国文化走向世界，要通过艺术的具体形式和文化载体进行传播，探索出一条向世界传播中国文化的有效途径。中国山水写意水墨画一直作为中国美术的标志性成就，但长期以来，水墨画是否能够展现人体结构之美一直存疑。北京师范大学京师特聘教授、中国文化国际传播研究院执行院长向云驹通过分析画家杨刚的冬奥题材作品，展示他用水墨写意表达人体的成就，回应了以上问题。向院长进一步指出，我们的美术艺术走向世界，除了以纯正的、纯粹的中国画走向世界以外，还应该有体现现代性的作品和中西融合的作品。同样关注中国美术国际传播的还有北京师范大学梁玖教授，他立足构建人类命运共同体理念，讨论了中国美术的责任和理想，提出"用其道开吾道"观点，并从能力资本、意志力资本、理想资本、经验资本和工具资本五个方面阐述了如何提升中国的美术国际影响力。

新闻传播影响力一直是研究国际传播能力的重要指标。北京师

范大学新闻传播学院张洪忠院长，从北京师范大学新闻传播学院组织 6 个团队全程跟踪俄乌冲突在互联网的博弈情况得出的结论，阐述了人工智能技术参与国际传播新特征：一是信息生产已经由手工生产转变为信息社会的智能生产；二是国际传播正在转变为人工智能技术之间的博弈；三是声音数量多少的影响超越话语的权威性与理性。他进而提出，整个互联网空间正在走向 web3.0 时代，要分析新的国际传播人类文明交流的新技术形态，建立中国的影响力、解释力。北京师范大学新闻传播学院党委副书记祁雪晶，直面我国媒体在国际上话语权弱势现状，引用大量数据和实例提出了她的解决之道：提升海外华文媒体影响力。埃及记者、2017 年中国政府友谊奖获得者侯萨穆·法鲁克认为，中国网络媒体提供的中国信息应坚持自己的定位，通过传播正确的中国政治经济和社会状况，塑造外部舆论，纠正一些西方媒体造成的负面形象。世界许多地区，特别是阿拉伯世界和非洲国家所经历的危机，需要从中国模式中受益。外文出版社英籍高级改稿专家、2021 中国政府友谊奖获得者大卫·弗格森认为，中国目前的国际传播形式过于单一，政治话语居多，需要更广泛地与人民进行交流，让更多人能够参与到交流过程中。中国电影恰恰有与大众进行交流的优势，《赤壁》《长津湖》《我和我的祖国》等电影都是成功讲述中国故事的实例。

在影像国际传播实践研究角度，辽宁师范大学教授石竹青通过介绍中国早期动画三人——杨左匋、梅雪俦、万氏兄弟的成就，总结出中外审美在动画艺术尝试和创作过程中是共生互鉴的，中国动画在文化传播中与国外同行在文艺价值与审美趣味上深度交融。北京师范大学艺术与传媒学院博士生，《文艺报》艺术评论部编辑许莹从现实题材电视剧"出海"的国际传播现象，总结了民心相通、突破表达手法、精准落地、打造文化 IP 四点相关启示。北京电影学院青年学者杨歆迪研究了赛博影像中"唐人街"意象的视觉风格、文化表征与跨界流转，通过丰富的个案、实例探讨影像符号的流变及发生原因。

三、变通以为趋时，中国学派理论建构之举

党的十八大以来，学界尝试建立学术研究中国学派的努力已初见成果，中国电影评论学会会长、中国电影家协会原秘书长、中国文联电影艺术中心原主任饶曙光详细阐述了共同体美学理论的生成和发展。共同体美学理论从 2018 年提出以来，始终响应国家的顶层设计，始终坚持关照和指导中国电影的实践，强调尊重差异、包容多样、良性互动、相通相约、融合发展。北京外国语大学教授曹霞认为，黄会林先生提出的"第三极文化"理论为解决世界文化隔阂提供了有效策略，也为中国在世界格局中的文化交流提供了强有力的理论支持。中国学者应该把握中国传统与历史的创造性转化，在世界格局中进行中国的文化战略理论建构。北京语言大学中国文化研究院教授李瑞卿从《老子》的阐释问题着眼，认为中国阐释学应该重新思考中国传统文化中重视语言逻辑的阐释传统及其理解模式。学界应当拒绝人文学术的"大跃进"，拒绝传播话语狂欢，为真正落实党的二十大精神共同努力。

关于中国电影学派建构，浙江传媒学院电视艺术学院院长倪祥保从三个方面进行了阐述：首先，立足已有发展成果，在此基础上进行继承、发展和提升；其次，着力于局部成功及特色张扬，在美人之美的基础上培育中国特色；最后，强调创作与理论并重，提倡学界与业界增强互动，优秀影片的涌现才是中国电影学派立足之根基。北京大学艺术学院副院长李道新对"源代码"概念的系统梳理，在一系列概念、观念、理论、方法中回溯重构，将"源代码"概念纳入中外文化沟通和话语整合框架内进行了系统厘清。

具体谈到中国电影的创作实践，上海大学上海电影学院教授陈犀禾通过对陈凯歌导演个人创作脉络的分析，总结了从《黄土地》到《长津湖》由国家形象历史性隐喻到现实性歌颂的创作理念转变。《长津湖》海内外票房的反差，也说明中国电影出海之途漫漫。北京大学

陈旭光教授以大量电影实例，重点阐述了繁复奇丽的民间大众美学和怪奇的鬼神美学精神在电影中的现代转化，以及这种转化与当下电影想象力消费问题的切合。

交叉学科研究是当下新文科建设的热点，北京师范大学青年学者刘江凯从中国当代文学海外传播学科问题的价值和意义、面临的学科困境、作为学科发展的两种可能三个方面，立足学科体系发展布局角度，阐述了中国当代文学海外传播交叉学科建设为提升中国国际文化影响力的文化发展战略提供持续稳定的教育支持的创新观点。中国科学院大学青年学者王艳同样在科学与艺术融合的跨学科思维下展开观点，她探讨了工业设计的国际影响力及其生成的问题，以及如何在新工科和新文科学科框架中培养人才，如何实现产学研用一体化。

四、至变以通其数，数字时代的艺术创作之势

习近平总书记曾多次指出，数字技术、数字经济是世界科技革命和产业变革的先机，是新一轮国际竞争重点领域。数字经济事关国家发展大局，中国国家话剧院院长、一级导演田沁鑫对此深有体会。作为国有院团，中国国家话剧院创新艺术创作方法，促进线上线下融合，加强艺术与科技融合，为数字化时代到来做足准备。同时，抓住明星与粉丝间的良性互动关系，引导明星演员更好地为提升国家文化形象助力，用艺术形式传播中国价值观。北京师范大学田卉群教授同样关注了戏剧创作话题，她分析了北京人民艺术剧院（人艺）与央华戏剧（央华）两个版本的《北京人》诗化特征的呈现。李六乙导演把人艺版的《北京人》表现为一种"废墟"的意象，央华版《北京人》则极尽舞美之能效，展现了繁华一梦的诗化特征。

传统文化如何实现大众传播？中国传媒大学研究员、《现代出版》执行主编张国涛一方面阐述了传统文化类节目破圈传播的本质逻辑是从圈层化传播走向大众传播，从追求"小而美"处谋求"大而和"

的文化价值；另一方面建设性地提出了传统文化类节目破圈的路径，即文化提纯、圈层整合、形式拼贴、科技赋能、媒介融合。

主流话语如何能更打动人心？国家京剧院编剧、故宫博物院博士后池浚讲述了他担任中国共产党成立一百周年庆祝大会广场活动总撰稿的经历，介绍了稿件篇章结构把握、庆典现场氛围融入、献词领诵同学指导等经验，号召文艺工作者勇挑重担、为时代而歌。

纪录片是一种既要尊重客观事实呈现又不能忽视创作主体态度的艺术形式，北京师范大学教授张同道梳理了纪录影像中人与自然关系的演变，阐述了人与自然用影像相处的过程，提出了影像，特别是纪录片在当下应当成为一种呼吁人与自然和谐共处，推动生态文明建设的力量。中国传媒大学教授王甫以《航拍中国》第四季广西篇为例，介绍了其在叙事结构、叙事风格、视听语言等艺术手法上的革新，强调了航拍在呈现生态文明建设中发挥的特殊作用，以及在中外传播的过程中树立生态文明大国形象的重要性。中国视协纪录片学术委员会副主任张力表示，近二十年中国纪录片走向国际市场的效果并不理想，在传播纪录片乃至文化的过程中，应当更加注重强调文化的多元共存，进而突出文化的辨识度。

五、行有恒自芬芳，微影像创作研究实践之实

作为黄会林先生提出的"第三极文化"理论指导下的首创性中国文化国际传播利器，"看中国·外国青年影像计划"这一跨文化影像实践，被牛津大学研究者称为"伟大的项目"。辽宁大学教授庚钟银的研究解释了为什么"看中国"项目可以获得诸多国内外肯定：微影像是传播中国文化不可忽略的重要手段，要达到良好的传播效果，就要注重微影像传播的微言群构与微力群发，一方面是创作者的多种言说对中国文化传播体系的集体建构，另一方面是作品的多种类型汇聚合力，挖掘中国文化的价值与趣味。他还强调微影像的中国文化传播要注重真实性与准确性，才能达到良好的有效性。

　　北京师范大学教授罗军从多年"看中国"项目实践出发，认为当今是一个基于屏幕口语化的信息时代，我们吸取了印刷时代、电子时代、书写文化里和他国文化里的经验，正在传播基于屏幕的视听文本知识形态。北京师范大学副教授杨卓凡从另一个角度切入"看中国"项目研究，认为该项目旨在邀请外国青年来中国用影像讲中国故事，此其创作行为不同于一般的人类学的记录者。"看中国"项目的组织机构具有非政府、非营利属性，外国学生的身份使他们关注的视角更加多元，更容易让拍摄对象接纳他们并融入拍摄对象的生活。

　　针对跨文化交流中的对话难题，美国资深媒体人、纪录片导演方家麟从自己指导"看中国"项目的实践入手，认为在跨文化创作中，中西方文化观念差异、影片的话语权等问题必然会产生冲突和博弈，应该利用知情同意书此类"法律"调解可能预见性的问题，探讨了青年跨文化纪录片共创、冲突能否促进理解的话题。塞尔维亚贝尔格莱德戏剧艺术学院电影和电视导演全职教授普瑞卓格·炜里诺维奇与"看中国"项目有多年合作经验。他认为，"看中国"项目给了塞尔维亚贝尔格莱德戏剧艺术学院学生很好的实践机会。在高强度的创作中，他们应对了纪录片拍摄中可能遇到的诸多不确定性问题、各种突发情况，充分发挥了自己的艺术创造力，加深了对中国文化的思考和喜爱。巴西圣保罗大学教授丽娅和南非硕士研究生坎图·落里斯·多希用"看中国"项目中的具体影片阐述纪录片创作新样态以及外国友人对"看中国"项目的喜爱与感谢。

　　本次论坛以开幕式、闭幕式主持人，北京师范大学京师特聘教授、中国文化国际传播研究院执行院长向云驹的发言作结尾：我们身处剧烈变动的国际环境中，中国的国家形象塑造和传播，切实遇到一些实际困难。研究问题、拿出方案是中国学界、业界的课题，更是使命。围绕这次会议主题，中外专家、学者们在"各美其美、美美与共"的国际交往、文化交流、文明互鉴基本原则之上，研究了规律，提供了方法，探索了途径。北京师范大学中国文化国际传播研究院将继续致力于落实党的二十大精神，对"加强中华文化的主体性，加强新时代中国文化在国际上的有效影响力"的要求，不断为"增强中华文明传播力影响力，坚守中华文化立场，提炼展示中华文明的精神标识和文化精髓，加快构建中国话语和中国叙事体系，讲好中国故事、传播好中国声音，展现可信、可爱、可敬的中国形象。深化文明交流互鉴，推动中华文化更好走向世界"贡献力量。

作者均系北京师范大学博士生

后　记

又一辑论丛编辑结束。这辑论丛的编辑工作一度受疫情影响，因为 2022 年年初至 2023 年年初，编辑团队和文稿作者一起都经历了一个特殊的时期，这严重影响了我们的沟通和汇集进度。所以，等到 2023 年 3 月份我们基本汇集好文稿后，内心对所有专家作者的付出与帮助充满了感激。

论丛编辑是中国文化国际传播研究院的一项年度重要工作。不论是前期的国际论坛组织，还是后期的论丛编辑，都是在中华文化国际传播研究院全体人员密切分工合作中完成的。黄会林院长和研究院的领导成员对于论坛组织和论丛编辑全程参与和具体指导。

本辑文稿编辑中，重点工作和具体分工如下：国际论坛文稿征集与论丛编辑总负责人：刘江凯。后期论丛文稿的汇集与第一次编辑由原来各论坛负责人完成，具体分工如下：

第一辑：刘江凯

第二辑：黄歆亚　郭星儿

第三辑：孙子苟　杨卓凡

第四辑：许莹　蒋正邦

第五辑：法苏恬　郭欣炜

全书统稿：刘江凯　郭星儿　王明洁

书稿终审：向云驹　罗军

感谢所有作者和工作人员的付出。

2023 年 4 月 5 日